UTB 2335

Eine Arbeitsgemeinschaft der Verlage

Beltz Verlag Weinheim · Basel
Böhlau Verlag Köln · Weimar · Wien
Verlag Barbara Budrich Opladen · Farmington Hills
facultas.wuv Wien
Wilhelm Fink München
A. Francke Verlag Tübingen und Basel
Haupt Verlag Bern · Stuttgart · Wien
Julius Klinkhardt Verlagsbuchhandlung Bad Heilbrunn
Lucius & Lucius Verlagsgesellschaft Stuttgart
Mohr Siebeck Tübingen
C. F. Müller Verlag Heidelberg
Orell Füssli Verlag Zürich
Verlag Recht und Wirtschaft Frankfurt am Main
Ernst Reinhardt Verlag München · Basel
Ferdinand Schöningh Paderborn · München · Wien · Zürich
Eugen Ulmer Verlag Stuttgart
UVK Verlagsgesellschaft Konstanz
Vandenhoeck & Ruprecht Göttingen
vdf Hochschulverlag AG an der ETH Zürich

Rhesis. Arbeiten zur Rhetorik und ihrer Geschichte 1

herausgegeben von Lothar Kolmer

LOTHAR KOLMER/CARMEN ROB-SANTER

Studienbuch
Rhetorik

FERDINAND SCHÖNINGH

Coverillustration: dpa

Prof. Dr. Lothar Kolmer, geb. 1948, Studium der Germanistik, Geschichte, So-
ziologie, Politologie in Regensburg und Heidelberg, 1974 Staatsexamen, 1980
Promotion, 1986 Habilitation, 1992 o. Univ. Prof. an der Universität Salzburg
für Mittelalterliche Geschichte und Hist. Grundwissenschaften, 1998 Grün-
dung der „Rhetorik AG", seither deren Leiter.

Carmen Rob-Santer M.A., geb. 1975, Studium der Geschichte und Klassischen
Philologie (Lehramt), Philosophie, Italienisch in Salzburg, 2000 Sponsion,
Doktoratsstudium der Geschichte; seit 1998 Mitglied der „Rhetorik AG",
2001/02 „Diplôme des Études Médiévales" in Rom.

Bibliografische Information der Deutschen Nationalbibliothek

Die Deutsche Nationalbibliothek verzeichnet diese Publikation in der Deutschen
Nationalbibliografie; detaillierte bibliografische Daten sind im Internet über
http://dnb.d-nb.de abrufbar.

Gedruckt auf umweltfreundlichem, chlorfrei gebleichtem Papier (mit 50 %
Altpapieranteil)

© 2002 Verlag Ferdinand Schöningh, Paderborn
(Verlag Ferdinand Schöningh GmbH & Co. KG, Jühenplatz 1, D-33098 Paderborn)
ISBN 978-3-506-97017-6

Internet: www.schoeningh.de

Printed in Germany.
Herstellung: Ferdinand Schöningh, Paderborn
Einbandgestaltung: Atelier Reichert, Stuttgart

UTB-Bestellnummer: ISBN 978-3-8252-2335-9

Inhaltsverzeichnis

1. Vorrede

Verdient ein Student Nachsicht, der rhetorisch-ironisch das Haupt der gegnerischen konservativen Fraktion vor seinesgleichen lächerlich macht? Verzeiht dieser, der Ältere, abgeklärt, weise, fromm die vorwitzigen Worte des Jüngeren? Vergibt er mit Ausdrücken sanftmütiger Milde oder verdeckt er – selbst ein brillanter Rhetoriker – damit nur ganz andere Absichten?

Drei „rhetorische" Fragen, die „lehrbuchartig", wie es sich gehört, ins Thema führen.

Milde und Gnade lasen der Herausgeber (und die überwiegende Zahl der Studierenden) aus dem Text heraus. Demnach hätte Bernhard von Clairvaux (um 1091–1153) in seinem Brief (ep. 35, s. unten S. 19f.) der irrenden Jugend gegenüber bewundernswürdigen Langmut bewiesen.

Doch die rhetorische Textanalyse zeigt, dass Bernhard nicht auf Gnade, sondern auf Unterdrückung abzielte. Das freilich konnte er wegen der Selbst-Darstellung als künftiger Heiliger nicht direkt äußern. Mit Rhetorik verdeckte er seine Absicht, die der damalige Empfänger, der zuständige Abt, aber verstand: vom jungen Mönch wissen wir danach nichts mehr!

Ein treffender Beweis, wie die Kunst des Briefeschreibens Gegner bezwingt – und nebenbei auch dafür, dass es trotz (immer noch) gegenteiliger Meinung im Mittelalter Rhetorik gab.

Brief 35 des Bernhard von Clairvaux lieferte das „Schlüsselerlebnis" für dieses Buch. Die Mehrzahl der studentischen Leser fiel auf die Rhetorik des Autors herein. Auch die sonstige universitäre Erfahrung zeigt, wie unzureichend derartige Texte – historische wie heutige – „decodiert" werden, sei es wegen zu schnellen „Überlesens", sei es aus Unkenntnis der eingesetzten rhetorischen Stilmittel. Auf die Ergebnisse der PISA–Studie lässt sich zusätzlich verweisen: mit der Lesefähigkeit und dem Textverständnis steht es nicht zum Besten. Ungenaue, ungenügende Lektüre aber führt zur Missinterpretation des Inhalts und zum Verfehlen der richtigen Erkenntnis.

Es ist ein Irrtum anzunehmen, mit dem Ende des Schulfachs Rhetorik im 18./19. Jh. sei auch letztere verschwunden. Eher kann überraschen, wie wenig sich im Grunde seit der Antike geändert hat: die persuasiven (überredenden) Elemente scheinen heute in Werbung und Politik sogar noch stärker, weil auch subtiler geworden zu sein. Nur das Analysevermögen hat sich reduziert.

Eristische (unfaire) Diskussionstechniken, Rhetorik, die nur auf Emotion zielt, nicht zu erkennen und dem nicht begegnen zu können, liefert an andere aus, verhilft Demagogen zu Wirksamkeit. Das zeigt sich gerade auch in den Medien, wenn hilflose, weil offensichtlich schlecht ausgebildete und vorbereitete Talkmaster einem geschulten Populisten unterliegen. Wenn aber allenthalben sprachlich-rhetorische Defizite auftreten – wie wirkt sich das auf die Demokratie aus? Mit ihr ist aber Rhetorik in idealer – vielleicht auch nur idealistischer – Weise immer verbunden.

Rhetorische, das ist kommunikative, Kompetenz macht heute eine allenthalben geforderte Schlüsselqualifikation aus. Um mit Medien umgehen, gerade auch die elektronischen nutzen zu können, braucht es aber ein vorhandenes sprachliches Ausdrucksvermögen. Die beste Vorbereitung für Medienkompetenz liegt im intensiven „Einüben der klassischen Kulturtechniken Sprechen, Lesen und Schreiben" – mithin bei der Rhetorik. So wird auch der „Führerschein für die Datenautobahnen der Zukunft" erworben (Ulrich Wechsler, Süddeutsche Zeitung 80, 6./7. 4. 2002, I). Ein verbreiteter Irrtum, gerade bei Bildungspolitikern, verkennt diese Grundbedingung. Nicht der Computer verhilft primär zu Medienkompetenz, sondern die vorliegende Sprachkompetenz.

Diese Erfahrungen und Erkenntnisse haben uns dazu bewegt, an der Universität Salzburg Rhetorik-Kurse anzubieten. Die überraschend große und anhaltende studentische Nachfrage führte zu einem eigenen Curriculum. Rhetorik kann jetzt als Studienschwerpunkt (24 Semesterwochenstunden) zur Zusatzqualifikation belegt werden.

Für die Lehrveranstaltungen stützten wir uns zunächst auf die vorliegenden Werke. Da wir aber zunehmend einen eigenen, „salzburgischen" Weg einschlugen, etwa mit der engen Verbindung von praxisorientierter Anwendung, „Training", theoretischer Fundierung, wissenschaftlicher Forschung, dem modularen Aufbau der Lehreinheiten, brauchten wir entsprechende Unterrichtsmittel. Aus einer ersten Materialzusammenstellung erwuchs, Semester für Semester überarbeitet, ein immer umfangreicheres, immer wieder diskutiertes Skript. Erfahrungen wie Schwierigkeiten wurden berücksichtigt, Beispiele gesucht (und wieder verworfen). Der „Lehrbehelf" mündete schließlich in eine relativ stabile Form, damit sahen wir den Zeitpunkt für eine Druckfassung gekommen.

Wir wollen mit diesem Buch unseren Beitrag zum „Einüben" einer der zentralen „klassischen Kulturtechniken" leisten.

Wie Jean Pauls (1763–1825) Schulmeister Wutz über das Verfassen eigener Werke sagt, können „ [...] die [...] Seelen [...] ja nichts [...] beschreiben [...], als was jede sich davon selber erdenkt [...]"; wollte „er mithin etwas Gescheites lesen [...] so müss er [...] den

Bettel ersinnen", und es sich selber schreiben. „Und wenn die gelehrte Welt sich" über das Produkt „wundert, [...] so wundert sich niemand weniger über die gelehrte Welt als ich" (Jean Paul, Leben des vergnügten Schulmeisterlein Maria Wutz in Auenthal, Sämtliche Werke I, 1, hg. v. Norbert Miller, 1996, 422-462, 425-428).

Wenn also eine „Seele" sich eine andere Vorstellung vom nötigen Inhalt erdenkt, werden wir deren Anregung und Kritik aufnehmen – aber zum Mindesten verlangen wir einen gut geschriebenen Text!

2. Danksagung

Das Buch verdankt sein Entstehen einer dialogischen – und manchmal dialektischen – Wechselwirkung zwischen Studierenden und Lehrenden. Unserer Meinung nach macht das die Universität aus, ganz im mittelalterlichen Sinne der *universitas magistrorum et scholarium,* des gemeinsamen Arbeitens und Forschens an einem Thema.

Darum gehört der erste Dank auch den Studierenden, die an den bisherigen Rhetorik-Kursen teilnahmen. Die Rückmeldungen und Anregungen sind in den Text eingeflossen. Besonders möchten wir uns bei Michaela Reiterer und Claudia Weixlbaumer bedanken, die den Text kritisch und gründlich – gerade auch auf seine Gebrauchseignung durchlasen.

Spezieller Dank gebührt auch Paul Dienstbier MA. und Peter Rettenegger MA., deren Kenntnisse der klassischen Philologie wir nutzen durften. Gelesen und geholfen haben Dr. Monika Dannerer und Dietmar Till MA. (Tübingen/Regensburg), denen wir dafür besonders verbunden sind. Ohne Dr. Günther Kreuzbauer und seinen großartigen Einsatz könnte die „Rhetorik AG" nicht ihren Erfolg verbuchen. Wir haben oft und lange über das Buch (und die folgenden) diskutiert, vor allem was den Argumentationsteil betrifft, bzw. wie rhetorische gegen die anderen Arten von Argumentation (rationale, kritische, etc.) abgrenzbar ist. Unser Dank gilt ihm – neben allem anderen – dafür wie auch für die kritische Lektüre, das erstreckt sich auch auf Benno Fuxjäger MA., der ebenfalls das Argumentationskapitel genau gelesen hat und Dora Gmeiner–Jahn MA., die daran letzte und genaue Hand angelegt hat.

Frau Herta Stoiber erstellte wesentliche Teile des Manuskripts, formatierte und sorgte für alles, nicht nur für die Ordnung der Dateien. Dafür dass alles so gut, „stressfrei" und termingerecht ablief, statten wir ihr unseren eigenen Dank ab.

Mit dem Ferdinand Schöningh-Verlag verbindet uns seit Jahren eine überaus erfreuliche Zusammenarbeit, die wir fortsetzen wollen und werden. Dr. Hans Jacobs hat das Projekt auf den Weg gebracht, perfekt betreut wurden wir dabei von Dr. Diethard Sawicki. Auch ihnen gilt unser Dank.

3. Gebrauchsanweisung

Das Buch wurde aus dem praktischen Lehr- und Lerneinsatz heraus konzipiert und gestaltet. Es soll in der schulischen wie universitären Ausbildung zu zwei grundlegenden Fertigkeiten verhelfen:

Zum einen zu einer systematischen Analyse der in vorliegenden Texten eingesetzten rhetorischen Stilmittel, um Gestaltung, Gehalt, Aussage, Textintention zu erkennen. Die dazu benötigten diagnostischen „Werkzeuge" sind zusammengetragen und aufgelistet. Die Textanalyse bietet einen guten Einstieg in die Materie, zudem erweitert sie die Textinterpretation.

Die Analyse von Metaphern z. B. eröffnet den Blick auf die „metaphorische Konzeption von Welt" (☞ Metapher), lenkt darüber die Aufmerksamkeit auf die eigene Verwendung und präzisiert, verändert sie vielleicht auch. Im Unterricht lässt sich dies gezielt als Einstieg, zur Aufmerksamkeitserregung usw. nutzen und über Beispiele vertiefen.

Zum anderen bewirkt die analytische Praxis ihrerseits einen Lernprozess für die eigene Ausdrucksfähigkeit. Sind die Stilmittel genügend eingeübt und zumindest die wichtigsten er- und bekannt, fließen sie in die Textproduktion ein. Die Anfertigung von Referaten bietet z. B. ein aktives Übungsfeld. Dabei können für die Aussageintention geeignete Formen dem Buch entnommen werden.

Zum Aufbau des Buches

Der historische Abriss vermittelt einen knappen Einstieg unter dem Aspekt der „Pragmatik": Rhetorik war über alle Zeiten hinweg mit Zwecken und Zielen verbunden. Die folgenden Teile über Redeaufbau und Gestaltung sollen bei einer Textanalyse den grundlegenden (oder im Vergleich damit: fehlenden) Aufbau einer Rede etc. erkennen lassen. Die Orientierung richtet sich dabei an den bis heute klassischen Autoren aus. Nach dem von ihnen aufgestellten Schema folgte als nächster Teil die Argumentation. Wir haben hier umgestellt: in der heutigen Praxis steht die Analyse mehr im Vordergrund, darum sind die Kapitel der Figuren und Tropen vor die der Argumentation gezogen worden. Für die Textarbeit scheint uns diese Reihung praktischer. Wer eine Rede oder einen Vortrag gestalten will, zieht eben den Argumentationsteil vor!

Wir haben aus der Unterrichtspraxis heraus versucht, möglichst viele der bekannten Klippen zu umsegeln. Die unterschiedliche Benennung und Zuordnung der rhetorischen Stilmittel wie der Argumente, samt daraus entspringender Unübersichtlichkeit, rührt aus der langen Geschichte der Disziplin her. Jede Epoche teilte ein, systematisierte, benannte und beschrieb, wie es Zeitgeist, Verständnis, Bedürfnis, Wissen erforderten und zuließen. So hat sich bis heute kein einheitliches Schema ausgebildet.

Bei den Bezeichnungen der Figuren und Tropen wurde die geläufigste ausgewählt, ggf. dem deutschen bzw. einfacheren Begriff der Vorzug gegeben, der andere in Klammern gesetzt. (Beide finden sich dann im Register. Als Überblicksinstrument hat sich die tabellarische Auflistung bewährt; auch sie steht im Anhang). Auswahl und Einteilung orientieren sich einmal an den vorhandenen Traditionen, die aufgegriffen wurden, wo sie sinnvoll wirken. Zum anderen – und dies hat in Zweifelsfällen den Ausschlag gegeben – bildete der heutige Gebrauchswert die Richtschnur.

Die Einteilung soll zu besserer Merkfähigkeit und rascher Orientierung bei der Suche dienen. Vollständigkeit ließ sich nicht anstreben. Dem Ziel der didaktischen Klarheit wurden traditionell wichtige Begriffe untergeordnet (z. B. bei der Congeries, mit stark unterschiedlichen Anwendungsbereichen und Überschneidungen mit anderen Figuren. Wer tiefer in die Materie eindringen will, sei dafür auf die Werke von Lausberg verwiesen).

Schaffen wollten wir ein praktikables Instrumentarium für die rhetorische Textanalyse, etwa der einer Rede oder eines Briefs. Die grundlegenden Mittel und Muster sind angegeben, damit lassen sich auch und gerade „historische" Texte behandeln. Weitere theoretische Bemerkungen zu den unterschiedlichen Einsatzbereichen sind beigefügt. So sind stilistische, argumentative, wirkungsintentionale Analysen von modernen Werbe-Slogans ebenso möglich wie die von Ovid-Versen: das Reich der Rhetorik erstreckt sich weithin über Zeiten und Gattungen!

Die gewählten Textbeispiele stammen aus einem Zeitraum von über 2000 Jahren und den verschiedenen Literaturgattungen. Sie sollen das jeweilige Stilmittel möglichst aussagekräftig und verständlich illustrieren, wo dies mit Witz, Scharf-/Doppelsinn, Humor geschah – um so lieber!

Für verschiedene Epochen wurden ein Hauptautor bzw. eine Hauptgattung ausgewählt, gleichsam als Muster-Beispiele der Rhetoriktradition. Die lateinische Literatur „repräsentiert" Seneca, besonders in seinen lebenspraktisch-philosophischen Briefen, die frühe Neuzeit Martin Luther, mit seiner Vielzahl an deutschen, und im konkreten Fall religiösen sowie polemischen Schriften; für das 19. Jh. und das Theater stehen die Komödien Johann Nestroys, für die Prosa des 20. Jh. Friedrich Torbergs „Tante Jolesch" (eine kurze biographische Einführung zu den Autoren findet sich im Anhang). Fehlen sollte schließlich auch nicht die Werbung, bietet und verwendet sie doch ein breites Feld rhetorischer Strategien, freilich auch mit dem Preis schnellen Veraltens und prompten Vergessens. Lediglich auf original-griechische Beispieltexte haben wir des heutigen Wissens-/Bildungsstands wegen weitestgehend verzichtet (s. dafür die „Einführung in die Stilistik der griechischen und lateinischen Literatursprachen" von Manfred Landfester).

Ein weiteres Auswahlkriterium bildete das Vorliegen von Taschenbuchausgaben. Wir haben, des besseren Zugangs wegen, vor allem den Reclam-Ausgaben viele Zitate entnommen und darum weniger auf die wissenschaftlichen Standardeditionen zurückgegriffen.

Ein besonderes Anliegen dieses Buches besteht in der Wiederaufnahme der seit dem 18. Jh. zurückgegangenen pragmatischen Überlegungen zu Verwendung und Wirkung der einzelnen Stilmittel und Argumente. Nach deren jeweiliger Nennung, Übersetzung bzw. deutscher Kurzbezeichnung und Erklärung folgt deswegen ein Abschnitt zur Pragmatik, von zusätzlichen Beispielen ergänzt. Das Zeichen ☞ verweist auf einen Begriff im Buch, der an anderer Stelle ausführlicher erläutert wird.

Das Nachschlagen und den schnellen Zugriff erleichtern die Tabellen und Register im Anhang.

Für das Selbststudium bzw. die häusliche Arbeit empfiehlt es sich, von einem konkreten Text auszugehen und diesen schrittweise zu analysieren. Dabei gilt es, einen Ausdruck, eine Figur schnell zuordnen, benennen, finden zu können. Dafür dient auch die „Top 20 Liste" der wichtigsten Stilmittel im Anhang.

Ein Lerneffekt ergibt sich dabei aus dauernder Analysepraxis. Üben (*exercitatio*) bleibt unabdingbar. Das pure Auswendiglernen der gesamten Figuren und Tropen ist sehr mühsam, wenn nicht hoffnungslos – für manche auch angesichts der griech.-/lat. Bezeichnungen. Durch ständige Arbeit prägen sich die Bezeichnungen am besten und nachhaltigsten ein; der Blick ins Buch bleibt freilich lange unabdingbar.

Für Unterrichts-/Lehrzwecke hat es sich als am effektivsten erwiesen, einzelne „Blöcke" zu bilden, also etwa die Klangfiguren eigens herauszugreifen. Diese lassen sich mittels geeigneter Texte, etwa anhand von Gedichten, systematisch durcharbeiten. Ebenso kann mit den Metaphern (etwa für „Liebe") begonnen werden, um dann die Tropen zu behandeln. Werbetexte wie: „Katzen würden […]" (schon erkannt?) bieten den Einstieg über die eigene Textproduktion nach vorliegenden Mustern an. Ein Bereich nach Wahl aus dem großen Feld der Konsumartikel findet sich leicht – und damit der Weg zum eigenen „Slogan".

Das Buch im Unterricht einfach der Reihe nach durchzugehen, empfehlen wir nicht: die Stoffmenge und -fülle wirkt dadurch „trocken" und stellt die Lernenden vor Schwierigkeiten.

Als weiteres Hilfsmittel wird dazu ein „Arbeitsbuch" mit Textbeispielen, Analysen und sonstigen Materialien als eigener Band in dieser Reihe erscheinen.

Es soll nicht verschwiegen werden: grundlegende Kenntnis in Rhetorik zu erwerben, bedeutet Arbeit und Einsatz. Eine „Schlüsselqualifikation", die ihren Namen und Wert verdient, fällt nicht vom Himmel.

Noch eine falsche Meinung lässt sich hier korrigieren, es braucht kein „rhetorisches Genie" dazu: Die Kunst „gut zu sprechen" *(ars bene dicendi* – Quintilian, Institutio oratoria II, 17, 37) lässt sich erwerben. Nach antiker Auffassung ist eine „*ars* (τέχνη) ein System aus der Erfahrung […] gewonnener, aber nachträglich logisch durchdachter, lehrhafter Regeln zur richtigen Durchführung einer auf Vollkommenheit zielenden beliebig wiederholbaren Handlung […]". (Lausberg, Handbuch, § 3f.). Ähnlich wie ein Handwerk kann jede *ars* damit gelehrt und durch Übung und Fleiß erlernt werden.

Auch bei der Rhetorik kommt der Genuss erst mit – und nach – der Arbeit. Wer sich in Texte vertieft, sie analysiert, wird zunächst viel nachschlagen und sich abmühen müssen, doch mit zunehmender Übung steigert sich der Lust-Gewinn, auch eine antike Erkenntnis – durch Freud bestätigt. Zur eigenen Scharfzüngigkeit und rhetorischen Ironie ist es dann nur noch ein kleiner Schritt – und dergleichen hilft auch im täglichen Leben ganz gut!

Milde oder Härte?
Die Einstiegsfrage – und Brief 35
des Bernhard von Clairvaux:

Da der „Decodierschlüssel" bereits in der Einleitung geliefert wurde – und damit die Anweisung, wie der Brief zu interpretieren ist – springt die Intention des Textes deutlicher ins Auge als bei unvorbereiteter Lektüre. Bernhard hat sein doppeltes „image" (wie man heute sagen würde) in der Öffentlichkeit durchaus im Auge: Einmal muss er, schon im Rufe der Heiligkeit, diesen pflegen – also Milde erweisen – zum anderen weiß er durchaus um seine Macht, dank seines Ansehens und seiner (kirchen-) politischen Beziehungen. Dies nutzt er, um seine Interessen bei dem Abt aus einem anderen Orden durchzusetzen, über den er keine Disziplinargewalt hatte.

AD HERBERTUM, ABBATEM SANCTI STEPHANI DIVIONENSIS.
Si frater Ioannes dixit in nos, aut scripsit quod non decuit vel quomodo non decuit, non tam nos laesit quam seipsum. Magis namque ita scribendo suam prodidit levitatem quam nostrum deprehendit errorem. Quamquam, etsi laesisset in aliquo, nostrum tamen non erat reponere malum. Attendens proinde non quod ille mereatur, sed quod me decet, donari iuveni etiam a vobis hanc culpam rogo et supplico, quae magis gloriolam quam malitiam redolere videtur, ita tamen ut manum deinceps inhibeat a scribendis tractandisve quae supra ipsum esse constiterit. Nam ut liquido satis apparet, in hoc exiguo quod praesumpsit, opus erat stilo et animo maturiori. Certum enim sit vobis hominem, licet in brevi pagina, aut non scripsisse ut sensit, aut non sensisse ut debuit.

AN HERBERT, ABT VON ST. STEPHAN IN DIJON.
Wenn Bruder Johannes gegen uns etwas gesagt oder geschrieben hat, was sich nicht geziemte, oder in einer Art, die ungeziemend war, so hat er damit nicht so sehr uns als sich selbst verletzt. Indem er nämlich so schrieb, hat er mehr seine Leichtfertigkeit geoffenbart als uns beim Irrtum ertappt. Aber auch dann, wenn er uns mit irgendeiner Bemerkung verletzt hätte, ist es nicht unsere Art, Böses zurückzugeben. Indem ich also nicht das im Auge habe, was jener verdienen würde, sondern was sich für mich schickt, bitte ich Euch inständig, dass dem jungen Mann auch von Eurer

Seite die Schuld nachgesehen werde, die offensichtlich mehr nach kindlicher Ruhmsucht als nach Bösartigkeit riecht. Er soll jedoch künftig seine Hand davon fernhalten, etwas zu schreiben oder zu erörtern, was erwiesenermaßen für ihn zu hoch ist. Denn wie es in dieser kleinen Schrift, an die er sich gewagt hat, ganz klar zutage tritt, wären ein reiferer Stil und ein reiferer Geist nötig gewesen. Für Euch dürfte es ja unzweifelhaft sein, dass der Mensch selbst in seiner kurzen Schrift entweder nicht geschrieben hat, wie er dachte, oder nicht gedacht hat, wie er sollte.

I. Geschichte der Rhetorik

1. Die Ausbildung von Rhetorik und Rhetoriktheorie bei den Griechen

Rhetorik und Demokratie sind seit ihren Anfängen eng verbunden. In Demokratien spielt die Rhetorik eine wesentliche Rolle bei der Entscheidungsbildung und Konsensfindung, unter Diktaturen verkommt sie zur doktrinären Massenmanipulation.

Rhetorik und Demokratie

Nach der Durchsetzung der attischen Demokratie im 5.–4. Jh. v. Chr. wurden die politischen Auseinandersetzungen in der viele Köpfe zählenden Volksversammlung ausgetragen; analog entschied vor dem Volksgericht eine große Zahl von Laienrichtern strittige Fragen. Jede Partei musste dort ihre Sache selbst vortragen, konnte sich allerdings die erforderliche Rede von einem Fachmann, „Logographen", schreiben lassen. Da es für den Erfolg wesentlich auf die Wirksamkeit, die Überzeugungskraft des Vortrags ankam, machten sich diese Redenschreiber auch die ersten Gedanken über die gerichtliche Rede (*genus iudiciale*). Sie sollte der Abwägung von Schuld/Unschuld, belastenden/entlastenden Faktoren dienen; die politische Rede (*genus deliberativum*), die zweite Gattung, hingegen anstehende Entscheidungen begründen bzw. gegnerische Vorstellungen zurückweisen. Die dritte Gattung entstand aus den Grabreden. Diese Lob- oder epideiktische Rede (*genus demonstrativum*) erstreckte sich bald von den rühmenswerten Taten und Werken der Toten auf die der Lebenden. Am Ende ließ sich alles preisen: die Schönheit einer Landschaft, eines Pferdes – und die der Frauen. Rhetorische Selbstgefälligkeit und überbordende Schmeichelei führten bald von plumper Anbiederei hin zu unfreiwilliger Entlarvung oder Komik.

Redegattungen

Gorgias von Leontinoi (Lentini bei Syrakus, ca. 480–380 v. Chr.) ist der erste historisch fassbare Redelehrer. Er behandelte den richtigen Aufbau einer Rede, deren Ausschmückung, Ausgestaltung und die überzeugenden Argumentationstechniken – auch die Metapher von der Rede als Waffe findet sich erstmals bei ihm. Schon damals wurde erkannt, dass ein guter Redner der schwächeren (und manchmal auch schlechteren) Sache zum Sieg verhelfen konnte (ein auch schon verwendetes „Reklameargument"). Für Gorgias stand die Kunstfertigkeit im Vordergrund, weniger die Frage nach der Wahrheit. Im Streit der Philosophenschulen attackierte Sokrates (470–399 v. Chr.) die Gruppe um Gorgias als käufliche

Gorgias

Rede als Waffe

Sokrates

Lehrer der „Weisheit" – als „Sophisten". Isokrates (436–338 v. Chr.), Isokrates selbst ein gefeierter Redner, verteidigte sich mit dem Verweis auf den kulturstiftenden Aspekt der Sprache: Durch sie – somit die Redekunst – sei Zivilisation überhaupt erst möglich. Platon (427–347 v. Chr.) kritisierte in seinem Dialog „Gorgias" die Sophistik, die nur den Leuten nach dem Munde rede. Er forderte im „Phaidros", „dass der Redekünstler gerecht ist und dass der Gerechte gerecht handelt". Er unterschied die „Logographie" der Rhetoren, die auf Wahrscheinlichkeit beruht und auf Wirkung ausgerichtet ist, von der „Psychagogie", der Ausbildung der Seele durch das Wort. Letztere allein sei eine Kunst, sie allein sei die „wahre Rhetorik".

Weil aber im gewöhnlichen Leben, in den Alltagsargumentationen, oft das Wahrscheinliche eher als das Wahre geglaubt wurde, arbeitete Aristoteles (384–322 v. Chr.) die Differenz zwischen wahrscheinlichem und letztbegründetem Wissen heraus: auch ersteres könne Basis für sinnvolles Handeln sein. Diesen Unterschied sah er auch in den literarischen Gattungen: Die Dichtung etwa sei philosophischer und bedeutender als die Geschichtsschreibung.

Seine dreibändige „Rhetorik" wurde für spätere rhetoriktheoretische Werke richtungsweisend. Den drei Redegattungen wurden typische Argumente und redespezifische Überzeugungsmittel (Induktion, Deduktion) zugeordnet. Seine „Topik" (vor 347 v. Chr.) sollte in Argumentationen schnell zu Material verhelfen.

Doch schon zu seinen Lebzeiten überwog die praxisorientierte Ausrichtung ohne wissenschaftliche Theorie im Hintergrund, wie sich an der „Rhetorik an Alexander" eines anonymen Autors erweist. Sichtbar werden zudem extremere Positionen: Der Asianismus (benannt nach der römischen Provinz Asia) wollte mit einer manieriert-schwülstigen, stark rhythmisierten Sprache auf den Zuhörer einwirken. Der Attizismus (benannt nach Attika) strebte nach einem sprachlich puristischen Ausdruck. Dazwischen lässt sich die als gemäßigt geltende Rhetorikschule von Rhodos ansiedeln.

In der griechischen Antike erscheint ein breites Spektrum von „Rhetoriken": von handfester, materiell ertragreicher Pragmatik über wissenschaftliche Reflexion und Systematisierung bis hin zur richtigen, philosophischen Gestaltung des Lebens spannt sich der Bogen. Die Stoiker in der Nachfolge des Zenon von Kition (335–262 v. Chr.) sahen den Menschen als ein „politisches Wesen", der für die Gesellschaft zu wirken habe. Dafür bedürfe es der Sprache, somit auch der Rhetorik. Freilich erwies sich diese immer auch als Herrschafts- und Verkündigungsinstrument von politi-

Marginalien:
Sophisten
Platon
Aristoteles
Asianismus
Attizismus
Stoiker

schen Gruppierungen, Hierarchien, wie etwa des römischen Senats.

Für bildungshungrige, aufstiegsorientierte Römer, die eine Karriere als Politiker und/oder Jurist anstrebten, gehörte es im 1. Jh. v. Chr. zu den Grundvoraussetzungen, in Griechenland bzw. Kleinasien eine Redeausbildung zu absolvieren.

2. Rhetorik bei den Römern

In Rom herrschte zunächst Skepsis gegenüber allen „kulturellen Verweichlichungen" der Griechen. 92 v. Chr. verbot die politische Führungsgruppe der Optimaten Rhetorik als Lehrgegenstand, ein wirkungsloses Unterfangen des Machterhalts, was nicht nur die bald darauf entstandenen Rhetoriken beweisen.

M. Tullius Cicero (106–43 v. Chr.) verfasste zunächst zwei Bücher „Über die Auffindung der Argumente" („De inventione", um 88 v. Chr.). Diese Schrift wurde von einem unbekannten Autor aufgegriffen und bearbeitet. Im Mittelalter Cicero zugeschrieben, auch deswegen weil er über Jahrhunderte als das Muster für rhetorischen Stil galt, blieb diese „Rhetorik an Herennius" („Rhetorica ad Herennium", um 86/82 v. Chr.) mit ihrer Darstellung der Stilfiguren und Tropen (Ersetzungen) lange in Gebrauch. *Cicero*

Ciceros rhetorisches Hauptwerk „Über den Redner" („De oratore", 55 v. Chr.), entstand während der innenpolitischen Machtkämpfe zwischen Caesar und seinen Widersachern. Er behandelt die Bedeutung der Redekunst, die Integrität des Redners, dessen notwendige, umfassende Allgemeinbildung, ferner die Aufgaben des Redners: die Stofffindung, Stilarten, Darbietung. Hauptthemata in „Der Redner" („Orator", 46 v. Chr.) sind sprachliche Brillanz, das Treffen des richtigen Tones, um den Zuhörer zu erreichen. Je nach Absicht und Situation müsse der Redner seine Stilart, den schlichten, mittleren, erhabenen Stil wählen, um zu belehren (*docere*), geneigt zu machen (*conciliare*) oder zu bewegen (*movere*). Mit seinen „Philippischen Reden" („Orationes Philippicae", 44–43 v. Chr.) bekämpfte Cicero den Marcus Antonius, was ihn wenig später den Kopf kostete. *„Über den Redner"*

Das Ende der Bürgerkriege und der römischen Republik führte zum Niedergang der Redekunst im 1. Jh. n. Chr., so sah es jedenfalls der berühmte Redner und römische Geschichtsschreiber Tacitus (ca. 55–116 n. Chr.) in seinem „Dialog über die Redner" („Dialogus de oratoribus", ca. 102 n. Chr.). Die Redekunst sei in den politischen Auseinandersetzungen der Republik zu einer Blüte ge- *Tacitus*

Verfall der Rhetorik

Quintilian

Ethos

Lob-/Scheltrede

langt und während der künstlichen Ruhe der Kaiserzeit verfallen. Der „Verfall der Rhetorik" kann selbst schon als Topos, als weit verbreiteter Gemeinplatz bis heute, gesehen werden. Daneben stand aber auch die Erklärung, der Niedergang rühre eher aus dem neuen Reichtum und der Oberflächlichkeit der Römer her.

Zur selben Zeit schuf Marcus Fabius Quintilianus (ca. 30–96 n. Chr.), mit den heute noch grundlegenden 12 Büchern „Über die Ausbildung des Redners" („De institutione oratoria"), das umfangreichste Rhetoriklehrbuch der Antike. Die nun in den Schulen gelehrte Rhetorik bildete einen Teil des Ausbildungssystems. In fiktiven Reden über mythologische oder historische Themen mussten die Schüler Ratschläge (*suasoriae* – von lat. *suadere* = raten) erteilen und Lösungen über kontroverse Meinungen (*controversiae)* in (juristischen) Streitfragen vorschlagen – eine gute und gesuchte Vorbereitung für die öffentliche Laufbahn. In Rom wurde ein eigener Lehrstuhl für Rhetorik eingerichtet und an Quintilian vergeben. Im Werk Quintilians erscheinen verstärkt Ansätze zu einer Rhetorik des Schreibens, denn ein größeres Publikum wollte nun Abschriften von Texten erwerben, um sie zu lesen.

Die Rhetorik bot nach Quintilian die Grundlage der Erziehung, hin zum umfassend gebildeten, moralisch hochstehenden *vir bonus.* Das Ethos, die (moralische) Glaubwürdigkeit eines Redners galt schon damals als wesentliches Mittel der Überzeugung. Die Rhetorik erscheint damit als „frühestes Konzept einer Anthropologie" (Kopperschmidt, Argumentationstheorie 33), die heute noch – und wieder – „relevant" ist.

Eine Redegattung erlebte in der Kaiserzeit einen Aufschwung: die Lobrede. Solche „Panegyriken" in lateinischer und griechischer Sprache auf Machthaber sind bis in die Ostgotenzeit überliefert. Ihr Gegenstück, die Tadel- oder Scheltrede, wurde in den Schriften kaum erwähnt, doch in der Streitpraxis gern eingesetzt und gehört.

3. Die Rhetorik in der Spätantike

Die Auseinandersetzungen zwischen dem Christen- und dem Heidentum verhalfen der Rhetorik in der Spätantike zu einem neuerlichen Aufstieg. Die Christen, exemplarisch Paulus, hatten die Schulrhetorik zunächst vehement abgelehnt, wollten mit einfacher Sprache die Unterschichten gewinnen. Die gebildeten, heidnischen Schichten kritisierten dieses Sprachniveau, wie auch die christliche Bildungsfeindlichkeit überhaupt. Das christliche Vertei-

digungsschrifttum, die Apologetik des 3. und 4. Jh., setzte sich immer wieder damit auseinander. Doch das Verhältnis zur Bildung
und Rhetorik blieb zwiespältig: Tertullian (ca. 160–ca. 225 n. Chr.)   Tertullian
warnte vor der Benutzung antiken Gedankengutes: der Glaube al-
lein genüge.

Nach dem Toleranzedikt von Mailand (313) und der Erhebung
zur Staatsreligion (391) wollte das Christentum alle Schichten erfassen. Hieronymus (ca. 345–420) übersetzte die Bibel ins Lateinische, die „Vulgata" wurde zum maßgeblichen Bibeltext. Die wir-
kungsvollsten Prediger, wie Gregor von Nazianz (329–390),
Basileios der Große (ca. 330–379), Johannes Chrysostomos
(347–407) wiesen alle eine hervorragende hellenistische Bildung
mit Rhetorikkenntnissen auf. Auch Augustinus (354–430) war in   Augustinus
jungen Jahren ein gefeierter Redelehrer, nach seiner Bekehrung dis-
tanzierte er sich von der „siegreichen Geschwätzigkeit" früherer
Zeiten, ohne seine Kenntnisse aber zu vergessen. In seinem rhetorischen Hauptwerk „Über die christliche Unterweisung" („De
doctrina christiana", 397–426) entwarf er, stark von Cicero beeinflusst, ein umfassendes rhetorisches Programm, um die manchmal
schwer verständliche Heilige Schrift zu durchdringen, sie auszule-
gen und den christlichen Glauben verkünden zu können. Das 5.
Buch (als „De arte praedicandi" – „Über die Predigtkunst", seit
1465 separat gedruckt) lieferte die Anfänge einer systematischen
Homiletik.

In der Spätantike erscheint ansonsten kein bedeutender Rhetoriker mehr. „Redelehrer minderen Ranges, die sogenannten *Rheto-*
res Latini minores" (Fuhrmann, Rhetorik, 72), fassten den vorliegenden Stoff zusammen. Ihr Wert liegt darin, dass sie dem
Mittelalter das antike Material in leicht zugänglicher Form überlie-
ferten. Das Grammatik-Lehrbuch des Aelius Donatus (4. Jh.) blieb
bis in die Neuzeit in Gebrauch, dies trifft auch auf Priscianus (um
500) und sein „Grammatisches Lehrbuch" („Institutiones gramma-
ticae") zu.

4. Mittelalterliche Rhetorik

Seit der Spätantike hatte sich ein Kanon schulischer Unterrichts-
fächer herausgebildet: die sieben *artes liberales* („Sieben Freie   artes liberales
Künste"), die in das *trivium* (Dreiweg) aus Grammatik, Rhetorik
und Dialektik sowie in das *quadrivium* (Vierweg) aus Mathema-
tik, Geometrie, Astronomie und Musik unterteilt waren. Seneca (4
v. – 65 n. Chr.) hatte den Begriff gebraucht, weil diese Studien „ei-

nes freien Mannes würdig" seien. Im Werk „Über die Hochzeit Merkurs mit der Philologie" („De nuptiis Mercurii et philologiae") des Martianus Capella (5. Jh.) treten in einer Allegorie alle „Sieben Freien Künste" auf, darunter als schöne, majestätische Frau – die Rhetorik. Um die Mitte des 6. Jh. verschwand der umfassende Rhetorikunterricht aus den Schulen. Teile von Ciceros Werken, so wie die ihm zugeschriebene „Rhetorik an Herennius" fanden Eingang in die zeitgenössischen enzyklopädischen Werke, etwa in Cassiodors „Unterweisungen in den göttlichen und weltlichen Texten" („Institutiones divinarum et saecularium litterarum", ca. 551–562) und bei Isidor von Sevilla (ca. 560–636). Rhetorik trat in den Dienst der Kirche und half wesentlich bei der Auslegung der Heiligen Schrift. Für die beratende Rede gab es angesichts der veränderten gesellschaftlichen Ordnung keine praktische Betätigung mehr, sie wird durch die Vorzeigerede – das *genus demonstrativum* – ersetzt. Beda Venerabilis (673–735) steht in augustinischer Tradition, wie auch Hrabanus Maurus (780–856). Dieser betont in seiner Schrift „Über die Unterweisung der Kleriker" („De institutione clericorum", 819) den Wert der Rhetorik für die Ausbildung zum Prediger. Ferner sollte die Rhetorik, ganz im antiken Sinn, zu einem – nunmehr christlichen – Weisen führen, was Alkuin (ca. 730–804), der wichtigste Berater Karls des Großen, in seiner „Erörterung über die Rhetorik und die Tugenden" („Dialogus de rhetorica et virtutibus") ausdrückte. Sie alle wollten diese „heidnischen" Künste in christlichen Gebrauch überführen. Die Bedeutung dieser Zeit liegt darin, die wichtigsten Handschriften gesammelt, wenngleich kaum rezipiert, und das System der *artes liberales* tradiert zu haben.

Das überlieferte Lehrgebäude der Rhetorik verlor mit dem allgemeinen (Bildungs-) Niedergang im 9. Jh. an Bedeutung. Die wesentlichen Inhalte der *artes* wurden jedoch im Schulbetrieb weiterhin gelehrt. Rhetorik, in Verbindung mit Logik oder Dialektik, entfaltete erst im 12. Jh. eine neue Wirkung, als sie zur Untersuchung theologisch widersprüchlicher Dogmen – und als Waffe in den inner- und außeruniversitären Auseinandersetzungen – eingesetzt wurde, etwa von Petrus Abaelard (1079–1142) gegen Bernhard von Clairvaux (ca. 1090–1153) und umgekehrt.

Der umfangreiche schulische Literaturkanon spornte zu eigener, weltlicher und geistlicher Dichtung an, sichtbar in den „Carmina Burana". Die heftigen Satiren, aber auch Minnesang, Troubadour-Dichtung und die mittelalterlichen Epen wurzeln in der rhetorischen Ausbildung. Auf ihr basieren, im Gefolge von Horaz, die neuen Dichtungslehren (*ars poetria*). Die erste „Verskunst" („Ars

Marginalien (linke Spalte):

Cassiodor

Isidor von Sevilla

Hrabanus Maurus

Alkuin

Abaelard

Carmina Burana

Poetiken

versificatoria", um 1175) stammt von Matthäus von Vendôme, mit breit ausgeführter *descriptio* (detaillierte Beschreibung). Ausführlicher ist die „Neue Poetik" („Poetria nova") des Galfred von Vinsauf (gest. 1210), die noch Dichter wie Geoffrey Chaucer, Dante Alighieri und Erasmus von Rotterdam beeinflusste. Katalogartig werden der Reihe nach die Methoden der Erweiterung *(amplificatio)*, Kürzung *(abbreviatio)*, die Tropen (Ersetzungen) sowie die Wort- und Sinnfiguren behandelt. Den Schlusspunkt dieser Gattung setzt Johannes von Garlandia (1195–1272) mit seiner „Pariser Poetik" („Poetria Parisiensis", nach 1229). Sie enthält neben einem Überblick über die rhetorischen Schmuckelemente auch eine Briefschreiblehre (*ars dictaminis*).

Galfred von Vinsauf

Pariser Poetik

In der Antike entstanden keine eigenen theoretischen Abhandlungen zur „Briefschreibkunst", wer entsprechend ausgebildet war, musste auch Briefe schreiben können. Erst im 11. Jh. setzt eine Serie von Traktaten ein, basierend wesentlich auf Ciceros rhetorischen Schriften, beginnend mit Alberich von Monte Cassino (ca. 1030–1107) und seinem „Breviarium de dictamine". Diese Welle hielt bis ins späte Mittelalter an, läuft aber in den Anleitungen und Hilfestellungen zum Briefeschreiben letztlich bis heute weiter!

Briefschreibkunst

Die Ursachen dieser *ars dictaminis* liegen weitgehend noch im Dunkeln, ein Grund könnte der wirtschaftliche Aufschwung in Italien sein, ein anderer der Verwaltungsausbau der damaligen Monarchien, vor allem der römischen Kurie. Schriftlichkeit hielt Einzug, Akten und Register wurden angelegt, durch Urkunden und Briefe fand „Kommunikation" nach festgelegten Regeln und Riten statt.

Schriftlichkeit

Auch was die Predigt anlangt, besteht noch Forschungsbedarf. Das Christentum übernahm die Grundzüge aus der jüdischen Tradition. Eine Reflexion erfolgte lediglich durch Augustinus (4.-5. Jh. n. Chr.), der im Mittelalter rezipiert wurde, ohne dass eigentliche Abhandlungen entstanden. Erst Alanus ab Insulis (um 1130–1203) schrieb wohl kurz vor der Wende zum 12. Jh. eine Anleitung zum Predigen („De arte praedicatoria"), der dann im 13. Jh. zahlreiche Abhandlungen zur Predigtkunst („ars praedicandi" bzw. „ars sermocinandi") folgten; Sammelhandschriften, Zitatsammlungen (Florilegien) und Musterpredigten lieferten praktische Beispiele.

Predigtkunst

Ein Grund für diesen plötzlichen Aufschwung könnte darin liegen, dass die üblichen, recht einfach gehaltenen Homilien, mehr eine Inhaltsangabe der Bibel, der Glaubenspropaganda umherziehender Volksprediger, aber auch von Katharern und Waldensern nicht mehr standhielten. Letztere wurden überhaupt nur zu Häretikern, weil sie sich gegen das Predigtverbot der katholischen Kir-

Homilien

Häretiker

che auflehnten. Diese, wie die anderen Autoritäten der Zeit, ge-
stattete nur durch sie legalisierte öffentliche Verkündigung und
Oratorik. Im Kampf gegen Häresien und Häretiker erhielten Fran-

Franziskaner, Dominikaner

ziskaner und Dominikaner die Predigterlaubnis und die dazu nöti-
ge Ausbildung. Die Predigten zu aktuellen Themen, zudem in
Volkssprache, wie von Berthold von Regensburg (ca. 1210–1272),

Berthold von Regensburg

zielten genau auf ihr (städtisches) Publikum ab. Einen weiteren
Aufschwung bewirkte die Mystik des 14. Jh.; auch die Reformation

Mystik

verbreitete sich durch die maßgeblichen und musterbildenden Predigten und Schriften Martin Luthers.

Politische Publizistik

Die politische Publizistik erlebte über den Auseinandersetzungen zwischen Kaisern/Königen und Päpsten bereits im Mittelalter
einen Höhepunkt. Marsilius von Padua (1275/80–1342/43) trennte
in seiner politischen Denkschrift „Defensor pacis" („Verteidiger des
Friedens") weltliche und geistliche Macht voneinander. Die Streit-

Satiren

punkte drücken sich auch in den bissigen Satiren des Mittelalters
und der Reformation aus. Überwiegend wurde – oft in Bibeltraves-
tien – „Das Evangelium nach der Mark Silber" (in den Carmina
Burana) – die Geldgier und Verkommenheit in Rom/Avignon an-
geprangert. Der Mammon erscheint schließlich personifiziert auf
dem religiösen Erbauungs-/Belehrungstheater: der moderne „Jedermann" basiert fast nur auf mittelalterlichen Texten.

Im Mittelalter wurde vor allem die praktische Seite der Rhetorik
wesentlich breiter genutzt, als in manchen heutigen Darstellungen
behauptet. Freilich ist vieles in diesem Mittelalter nach wie vor
„dunkel", da fast zu allen Bereichen noch Untersuchungen fehlen.

5. Die Wiederentdeckung der antiken Rhetorik bei den Humanisten

Die Rhetorik erlangte in der Renaissance eine dominierende Bedeutung unter den Wissenschaften. Sie wurde, ganz im antiken
Sinn, zu einem der wichtigsten Bestandteile der Erziehung, wieder
im Sinne des *vir bonus*–Ideals. Gleichzeitig suchten sich die Gelehrten als eigener Stand neben Klerus und Adel zu etablieren.

Der Aufschwung begann mit der Wiederauffindung vergessener
oder als verloren geltender Werke, etwa Ciceros oder Quintilians.

Lorenzo Valla

Der italienische Humanist Lorenzo Valla (1407–1457) erklärte in
seiner Euphorie darüber die Rhetorik zur „Königin der Wissenschaften" („Dialektische Disputationen" – „Disputationes dialec-

ticae", 1439). Im übrigen hat er quellenkritisch fundiert die „Konstantinische Schenkung" als Fälschung nachgewiesen.

Nördlich der Alpen strebte Erasmus von Rotterdam (1467/69–1536) die Beibehaltung der augustinischen Verbindung von Rhetorik und Frömmigkeit an. Sein Ideal war der in der Redekunst erfahrene Christ (*„vir Christianus dicendi peritus"*). Ihm lag daher die rhetorische Ausbildung in der Schule besonders am Herzen, wofür er in seiner Schrift „De duplici copia verborum et rerum" – „Über die doppelte Fülle der Worte und Sachen" (1512) ein ausführliches Konzept entwarf, mit 60 Auflagen schon zu Lebzeiten. Besonderen Stellenwert hatte die Erweiterung des Ausdruckes (*amplificatio)*, wofür 150 Variationen über den Satz „Dein Brief hat mich sehr gefreut" stehen. Er beherrschte auch die ironischen Stilmittel vollkommen, so im „Enkomion Morias" – „Lob der Torheit" (1509) und im „Ciceronianus" (1528). In letzterem polemisiert er gegen die Nachahmung und Hochschätzung Ciceros als Vorbild und Leitautor; eine Auseinandersetzung, die auf die Spätantike, auf Hieronymus, zurückgeht (HWRh 2, 225-242).

(Margin: Erasmus von Rotterdam)

Bei Erasmus zeigt sich die Nähe der Rhetorik zur Philologie, typisch für die Epoche. Die Rhetorik wurde zum wesentlichen Schulfach, ihre Verwendung im täglichen Leben, gerade auch in Hinsicht auf ein tugendhaftes, mustergültiges Leben, deutlich.

(Margin: Rhetorik als Schulfach)

Für den Schulgebrauch entstanden in der Nachfolge des Erasmus viele, oft sehr umfangreiche Rhetoriklehrbücher: so von Johannes Sturm (1507–1589). Philipp Melanchthon (1497–1560), der wichtigste Weggefährte Luthers, legte in seinen Werken über die Rhetorik sein Augenmerk mehr auf die Dialektik und die logischen Grundlagen der Argumentation.

(Margin: Rhetoriklehrbücher)

Darin, wie am Interesse an der Rhetorik überhaupt, spiegelt sich auch der konfessionelle Streit zwischen Katholiken und Protestanten. Schon die frühen Streitgespräche zwischen Martin Luther und seinen Widersachern weisen ein hohes rhetorisches Niveau auf. In den Auseinandersetzungen der Reformation und Gegenreformation, mündlich und in der konfessionellen Streitliteratur ausgetragen, standen den geschulten protestantischen Kontroverstheologen die ebenso rhetorisch gebildeten Jesuiten gegenüber. Die Protestanten wiesen der rhetorischen Ausbildung und Praxis, gerade in den Schulen, einen hohen Stellenwert zu, wobei Inhalt und Ausrichtung trotz unterschiedlicher Konfessionen hier recht ähnlich ausfielen.

(Margin: Martin Luther)

Die Disputationen wiesen schon immer innerhalb der Universitäten eine eigene Härte auf, die inner- und interkonfessionellen Kämpfe standen dem nicht nach. So legten die Jesuiten in den un-

(Margin: Jesuiten)

teren Klassen Wert auf eine entsprechende Ausbildung, in schon fast militärisch organisierten Wettkämpfen (*concertationes*) traten Zehnerformationen von Schülern (*decuriae*) im Wettargumentieren gegeneinander an. Gerade die „eristischen Künste", also die der unsachlichen Argumentation, galt es zum Angriff wie zur Verteidigung zu beherrschen. Die Rhetorik dominierte vor allem die beiden letzten Schuljahre. In der 1586 erlassenen Studienordnung

Studienordnung („Ratio studiorum") steht das in dieser Zeit verbreitete Ideal einer beredten, weisen, frommen Geisteshaltung (*eloquens et sapiens pietas*) im Zentrum. Inhaltlich stützte man sich vor allem auf Aristoteles, Cicero und Quintilian, die auch die Basis des weit verbreiteten Lehrbuchs „Drei Bücher über Redekunst" von Cyprian Soarez (1524–1593) bildeten. Zur Ausbildung der Schüler, aber auch zur religiösen Beeinflussung der Öffentlichkeit bedienten sich die Jesuiten des Barocktheaters. Dessen Dramatik, Sprachge-

Barocktheater walt und repräsentativer Prunk verbinden es mit der Oper – und der Kanzel, auf der wortmächtige Prediger ihrerseits die enge Symbiose mit Kunst und Theater vorführten.

6. Barocke Rhetorik

Im absolutistischen Staat orientierte sich die Rhetorik an den Höfen. Die dort gebrauchte „Hofberedsamkeit" zeigt sich besonders

Hofrhetorik in den Fest-, Huldigungs-, Lobreden mit den zahlreichen Unterarten (Glückwunsch-, Willkommens-, Vermählungs-, Geburtstags-, Trauer-, Personalreden) bei den öffentlichen Staatsakten. Von daher kam auch das später so anstößig empfundene „Pathetische" und lästig Ausschweifende – „Amplifizierte" – des Stils.

Nach allgemeiner Ansicht der Zeit verschaffte rhetorische Kom-

Vorteile in der petenz Vorteile in der Gesellschaft, war eine Waffe, um sich in der
Gesellschaft Welt zu behaupten: *ad conservationem sui ipsius*. Dieser Gedanke war aus der Renaissance übernommen, u. a. hatte Baldassare Castiglione in seinem „Il cortegiano" (1528) auf die notwendige sprachliche Geschicklichkeit hingewiesen. Wie bei der Führung des Floretts sei auch im Wortgefecht *elegantia* (Johann M. Meyfart, „Teutsche Rhetorica", 1634) zu erweisen, Ingeniosität, Scharfsinn

Scharfsinn an den Tag zu legen. Das verlangte auch die „Argutia-Bewegung", die durch Wortspiele und Embleme auf Verwunderung zielte (Christian Schröter, „Gründliche Anweisung zur Deutschen Oratorie", 1704).

Individueller Erfolg beruhte auf der Kunst, die politisch-sozialen Verhältnisse zu durchschauen, sich auf der Bühne der Welt wortgewandt zu bewegen, sich bei Leuten von Bedeutung „zu insinuieren", etwa durch „Komplimentierkunst". So entwickelte sich eine nutz- und zweckorientierte „pragmatisch-taktische Redekunst" (Göttert, Einführung, 157). Sie wurde an Schulen und Universitäten gelehrt und zunehmend im privaten bürgerlichen Leben genutzt.

Komplimentierkunst

Nach zeitgenössischer Ansicht wurden die Menschen wesentlich durch Affekte geleitet. Die Rhetorik könne entsprechend Wirkung und Persuasion entfalten, womit sich zum Erfolg gelangen, aber auch zu guten Handlungen anregen ließe. Diese Meinung findet sich verbreitet, etwa bei dem holländischen Humanisten Gerhard Johann Vossius (1577–1649). Gleiches galt für die Poetik, das Vieraugengespräch und den Privatbrief.

Affekte

Christian Weise (1642–1708), Rektor in Zittau, nutzte das verbreitete Schul-Schauspiel geschickt. Die Stoffe und ihre Darbietung verhalfen zu brauchbarem Wissen, zu gründlicher Kenntnis antiker Mustertexte. Rhetorik ließ sich über die Schauspiele erlernen und praktisch üben, von denen Weise etwa fünfzig verfasste. In seinem Werk „Politischer Redner" (1677) machte er dessen notwendige Vielseitigkeit deutlich, wie er auch damit den Anstoß zu weiteren deutschsprachigen Rhetoriken und Briefstellern gab. Im „Gelehrten Redner" (1692) mit der Untergliederung etwa in: „Schul-, Universitäts-Catheter", „im Regiment und in Gesandtschaften" und „auf der Cantzel" zeigt er das breite Anwendungsspektrum.

Christian Weise

Schul-Schauspiele

Das Bildungssystem blieb im Grunde „klassisch", Latein das dominierende Medium, und so haben fast alle Barockdichter zunächst mit neulateinischen Texten begonnen. Poesie und Prosa galten als nach Regeln geleitet, machbar und in der Wirkung messbar. Das Studium der antiken Vorbilder und die aus der Rhetorik abgeleitete Texttheorie eröffneten dann den Weg zur deutschsprachigen Nationalliteratur, sichtbar an Martin Opitz (1597–1639) „Buch von der Deutschen Poeterey" (1624), dem Lehr- und literaturpolitischen Buch des 17. Jh. Barockpoeten wie Christian Hofmann von Hofmannswaldau (1617-1679) kannten es, und suchten so die Möglichkeiten der deutschen Sprache zu erweitern. Dabei galt weiterhin noch das schon in der Antike bestehende Ziel, ein Vorbild in stilistischer oder poetischer Art nachzuahmen (*imitatio*) oder zu übertreffen (*aemulatio*) (HWRh 1, 141-187).

Martin Opitz

Christian Hofmann von Hofmannswaldau

7. Der Geist der Aufklärung

Die zweckorientierte Rhetorik des Barocks lebte bis ins 18. Jh. weiter. Bernard Lamy (1640–1715) behandelte in seiner „Kunst zu reden" („De l'art de parler", 1675) immer noch, was Erfolg im Ge-

Erfolg im Gespräch

spräch bringt. Die traditionelle Bedeutung der Affekte erscheint, erweitert um eine psychologische Nuance, wenn er weniger „beredt machen" als einen Einblick in die menschliche Seele vermitteln will. Die Kenntnis des Menschen, seiner Handlungsmotive – den „Triebfedern", wie es die mit Vorliebe gebrauchte mechanische Metapher des 18. Jh. verbildlichte – rückten in den Vordergrund. Der Blick auf Welt und Mensch wurde, auch unter dem Einfluss von Descartes, nüchterner, sezierender. Der Mensch sollte sich seines Verstandes bedienen, um zur wahren Erkenntnis von sich und der Welt zu gelangen – das war die „aufgeklärte" Geisteshaltung. Zur Formulierung dieser Erkenntnisse bedurfte es der Sprache, und in der Reflexion darüber trat sie selbst als die Begrenzung der Gedanken hervor. Die Sprache muss die Natur selbst widerspiegeln: natürlich, einfach und klar sein wie sie, was bedeutete, dass sich der Schmuck reduzierte und entsprechende Erzählformen wie der Roman Verbreitung fanden.

Aufgeklärte
Geisteshaltung

Natur

Der Epoche ging es, in philosophischer Richtung, um die Einheit von richtig denken, richtig sprechen, richtig handeln. Aufklärung setzt Beredsamkeit voraus. Die Anstöße kamen aus Frankreich. Die Rezeption zeigt sich bei Johann Christoph Gottsched (1700–1766), der Lamy, die antiken Klassiker, aber auch Melanchthon in seine „Ausführliche Redekunst" (1736), eine aufklärerische Rhetorik, integrierte. In seiner praktisch orientierten Rhetorik soll vom richtigen Gedanken über die Sache ausgegangen, diese passend, mit dem dazu geeigneten Schmuck – und notfalls dem notwendigen Affekt – vermittelt werden.

Johann Christoph
Gottsched

Im 18. Jh. wurde auch die Ablösung des lateinsprachigen durch den nationalsprachigen Unterricht (so 1687/88 durch Chr. Thomasius, 1655–1728) verbunden mit der Nationalisierung der Literatur vorangetrieben. Im Vergleich mit anderen Ländern fielen etwa das Fehlen einer nationalen Geschichtsschreibung, eines deutschen Lust- wie Trauerspiels auf – Schillers von Rhetorik getragene Dramen sind eine Antwort.

Nationalsprachiger
Unterricht

So durchziehen die Zeit Reflexionen über die Poetik, die sich zunehmend verselbständigte, über den Roman und den Brief. Dieser wurde, mit besonders ausgebildeter Rhetorik für „natürliche" Wirkung, zum Medium der Zeit mit literarischen Belegen: etwa Goethes „Werther" (1774) oder „Les Liaisons dangereuses" (1782) von Pierre Choderlos de Laclos. Johann Joachim Eschenburg (1743–1820) definierte den Briefwechsel, immer noch dem Topos des Philostratos (2. Jh. v. Chr.) folgend, als: „eine schriftliche Unterredung abwesender Personen", in die der Leser einbezogen

Brief-Literatur

wird. Im übrigen laufen die entsprechenden Schreibhilfen, Briefsteller, bis heute weiter (dazu HWRh 2, 76–86)!

8. Der Bruch des 18. Jh.?

Nach geläufiger Meinung bricht „Mitte des 18. Jh. die Rhetoriktradition auch in Deutschland aus bislang weitgehend unbekannten Gründen ab", möglicherweise weil „die Ästhetik [...] die Rhetorik" ersetzte (Ottmers, Rhetorik, 5). Ganz abgesehen davon, ob hier nicht wiederum ein Topos erscheint, ist doch eher ein Auffassungswandel zu sehen.

Ästhetik statt Rhetorik

Mehrere Strömungen flossen zusammen: Schon René Descartes (1596–1650) hatte die „alte Rhetorik" abgelehnt, er vertrat eine Trennung zwischen Denken und Sprechen, verwies das eine an die Philosophie, das zweite an die Rhetorik. Zum anderen galt jetzt die Natur als vorgängig, sie lieferte den Wertmaßstab, „natürliches Sprechen" war gefordert. Der Barockdichtung mit ihrer als mechanisch, handwerklich geltenden Rhetorik wurde „Unnatur" vorgeworfen. Der Künstler stieg zum „Original-Genie" auf, das aus sich selbst seine Kunstregeln entwickelte, aus seiner Natur heraus gestaltete. Die damit vertretene Regellosigkeit der Kunst musste ein auf Regeln basierendes System wie die Rhetorik zentral treffen.

René Descartes

Künstler als „Original-Genie"

Die Neuordnung der wissenschaftlichen Welt im 19. Jh., die Umänderung des Bildungssystems der Schulen und Hochschulen betraf die Rhetorik. Diese Lehrstühle wurden in philologische, gewöhnlich germanistische, umgewandelt; einzelne Bereiche der Rhetorik wie Poetik oder Stilistik entwickelten sich zu eigenen Disziplinen. Statt Rhetorik wurde jetzt Literaturwissenschaft betrieben, mit dem Schwerpunkt beim Rezipienten/Leser nicht mehr beim Autor.

„Die Ausschaltung rhetorischer Lehrinhalte aus der akademischen Ausbildung bedeutete auch einen Verlust an kritischer rhetorischer Rationalität und förderte die Entstehung einer manipulierbaren Öffentlichkeit in der Massengesellschaft" (Ueding, Moderne Rhetorik, 59).

Doch das führte nicht dazu, dass die Rhetorik völlig verschwand. Da sich in dieser Zeit die Verfahren vor Gericht änderten, diese nicht mehr wie vordem allein auf Grund der Aktenlage entschieden wurden, setzte mit den mündlichen Verhandlungen wieder eine juristische Rhetorik ein.

Die – auch von Literaten – für ein breiteres Lesepublikum verfassten Kalender, moralischen Wochenschriften, Satiren boten neue Publikationsmöglichkeiten, erschlossen neue Leserschichten. Die gesellschaftskritische Literatur der Aufklärung mündete teilweise in die revolutionäre Publizistik, führte aber auch zur politischen Rhetorik des Vormärz. Vorbild dafür bildete das englische Parlament, dessen Rhetorik, wie demokratische Freiheiten, das übrige Europa vermisste.

Die Reden in der Frankfurter Nationalversammlung gaben den Anstoß für eine neue rhetorische politische Beredsamkeit in Deutschland. Der deutsche Reichstag schuf wiederum ein Forum. Otto von Bismarck (1815–1898) galt lange als wortmächtiger und -gewaltiger Redner. In der Kaiser- und Gründerzeit steigerten sich hohles Pathos, Prunk und Schwulst, was sich direkt an der Rhetorik ablesen lässt, die auf Bewunderung und Überwältigung zielte. Von da war es nur noch ein Schritt zur Massensuggestion.

Politische Rhetorik des Vormärz

Otto von Bismarck

9. Rhetorik im 20. Jh.

In einer Zeit ohne Film und Fernsehen boten die öffentlichen Reden sowohl Unterhaltung als auch Information. Politiker nutzten sie, um ihre Weltanschauung zu verbreiten, Macht zu gewinnen und zu verteidigen. Die ungefestigten Demokratien nach dem Ersten Weltkrieg wurden von links wie von rechts kritisiert und bedroht. Vor allem Adolf Hitler hatte schon früh die Wirkungsmöglichkeiten eines berechnend inszenierten Redeauftritts erkannt und nutzte die persuasiven Aspekte entsprechend aus. In pseudoreligiöser Stimmung und oftmals mit entsprechendem Vokabular suchte er seine Zuhörer zu überwältigen und auf seine Politik einzuschwören. Rhetorik diente der Propaganda.

Rhetorik zu Propagandazwecken

Es kann als ein Kennzeichen des 20. Jh. angesehen werden, dass sich die Formen und Formeln von Propaganda, Werbung und Politik vermengen, politische Rede als Predigt auftritt und umgekehrt, dazu beides im Unterhaltungsformat der Talkshows erscheint. Die Medienunterhaltung (auch in den Kleinformaten) ersetzt die parlamentarischen Beratungsreden.

Gattungsvermischung

Doch zugleich – und hier gingen die USA aus leicht verständlichen Gründen voran – wird der Manipulations- und Persuasionscharakter der neuen Medien erkannt – und deren Gefahr für die Demokratie. Die Medien verfügen über „perfektere Möglichkeiten, die Denkweisen, das Verhalten und die sozialen Gewohnheiten mittels sprachlicher und bildlicher Symbole zu prägen" (Ueding, Moderne Rhetorik, 98).

Neue Medien

Da aber auch die Medien auf rhetorischen Mitteln aufbauen und sie nutzen, wird deren Kenntnis im Rahmen der Demokratisierung der gesellschaftlichen Institutionen wieder nötig. So kommt es zu einer Wiederentdeckung und systematischen Rezeption der Rhetorik in den USA und ab den 1960er Jahren in Europa.

An frühere Zeiten ist nicht mehr anzuknüpfen, die Lehrstühle für Rhetorik werden die Ausnahmen (USA) bleiben, auch wenn es gerade in unserem „Kommunikationszeitalter" bizarr erscheinen mag, dass die – noch immer gültigen – rhetorischen Grundsätze kaum jemand mehr kennt.

Die heutige Rhetorik beschränkt sich zum größten Teil und in Einseitigkeit auf die pragmatische Gebrauchsrhetorik des (Sich-) Verkaufens und gelegentlich auf die Eristik im Job-Kampf. Autoren und Trainer, die Rhetorikseminare verkaufen, stellen die Erkenntnisse Quintilians (ihm folgend der Jesuiten) auf den Kopf (weil sie diese nicht kennen – woher auch?). Es ist ihnen gegenüber zu betonen: als Ergebnis eines Wochenend-„trainings" „rednerische Vervollkommnung" und daraus folgend die „selbstsichere, freie, produktive Persönlichkeit" zu erwarten, ist utopisch. Nur eine Persönlichkeit, nur der gebildete *vir bonus* kann ein guter Redner sein! Redefähigkeit und -kompetenz lassen sich nicht an einem Wochenende erwerben. Um Rhetorik wirkend werden zu lassen, braucht es Kenntnis und Übung. Der passende Ausbildungsort der Rhetorik liegt damit, in guter alter Tradition, wieder an den Schulen.

Eristik

Kenntnis und Übung

II. Die Rede

1. Redegattungen (genera orationis)

Die antiken Rhetoriker reflektierten ihre Erfahrungen, die sie aus dem Umgang gerade auch mit einem desinteressierten, ermüdeten, kritischen, z. T. feindlichen Publikum gewannen und legten sie schriftlich nieder. Die Erkenntnisse, wie eine Rede wirkungsvoll und überzeugend auf- und auszubauen sei, wuchsen allmählich zu einer Redetheorie zusammen. Demnach besteht eine Rede aus drei Elementen: Jemand redet mit einem Ziel – über etwas – zu jemand anderem hin. Damit sind der Redner mit seiner Intention, der Inhalt der Rede und das Publikum gemeint. Alle drei Momente befinden sich in einer Wechselwirkung: die Erwartungen, Dispositionen der Zuhörer sind bei der Gestaltung der Rede ebenso zu berücksichtigen wie die Absichten des Redners. Über diese Relationen gibt es seit der Antike Diskussionen, die bis zu modernen Kommunikationstheorien führen.

 Aristoteles hat in seiner „Rhetorik" versucht, die Grundelemente einer Rede darzulegen. Es erfolgte eine Dreiteilung der Redegattungen:

Redetheorie

Redegattungen

Schema 1

	Gerichtsrede (*genus iudiciale*)	**Beratungsrede** (*genus deliberativum*)	**Lobrede** (*genus demonstrativum*)
Inhalt	Recht – Unrecht	Nutzen – Schaden	Ehre – Unehre Lob – Tadel
Absicht, Aufgabe	Überreden Beeinflussen	Überzeugen Beeinflussen	Belehren Unterhalten
Anreiz zum	Reagieren	Mitdenken	Zustimmen
Ziel	Urteil finden vor Gericht	Entscheidung finden in der Versammlung	Genuss/Erbauung Gewogenheit
Zeitlicher Bezug	Vergangenheit	Zukunft	Gegenwart
(Literarische) Gattungen	Drama, Satire, Apologie, Werbung, Debatte, Agitation	politische Rede, Predigt, Disputation, Vortrag, Referat	Reden in/vor Gesellschaft, Konversation

die Gerichtsrede,

die politische Beratungsrede,

die Lobrede, später auch Prunkrede genannt.

Jede einzelne Gattung hatte spezifische Inhalte und Zwecke zu erfüllen.

Eine Beratungsrede etwa legte in einem konkreten Fall die Argumente pro – contra aus der Sicht des jeweiligen Redners vor, um die Mitglieder des Gremiums zu informieren und sie zu einer Entscheidung im gewünschten Sinne zu bewegen.

Wie die unterste Spalte erkennen lässt, existieren diese Redesituationen und damit die Redegattungen heute noch: die Gerichtsverhandlung, die sachliche/politische Debatte im Stadt-/Gemeinderat etc., der wissenschaftliche Vortrag und schließlich die Eröffnungs-, Preis-, Dankesrede.

Den unterschiedlichen Aufgaben und Zielrichtungen sollte auch der Stil entsprechen, der drei „Stilarten" aufwies:

Schema 2

Stilart (*genus dicendi*)	*genus tenue/humile* (simpler Stil)	*genus medium* (mittlerer Stil)	*genus grande/ sublime* (erhabener Stil)
Aufgabe des Redners	*docere* (belehren, informieren)	*delectare, conciliare* („gut" unterhalten, für sich gewinnen)	*movere, flectere* (fesseln, rühren, für sich einnehmen)
Affektstufe	– – – –	Ethos (dauerhafte Stimmung)	Pathos (Gemütsserregung)

2. Stilarten (genera dicendi)

Der Einsatz der Stilmittel steigert sich sowohl quantitativ wie qualitativ: von wenigen, einfachen im sachlichen Stil, über adäquat ausgewählte beim mittleren, bis hin zum vollen Kanon im *genus sublime*.

Gesellschaftliche Schichtung

Die Verwendung der Stilmittel war im übrigen auch auf die (damalige) gesellschaftliche Schichtung bezogen: zu einfachen Leuten aus dem Volk, oder über sie (etwa in Komödien), sollte schlicht und einfach gesprochen werden; im Rat sachlich, vor und von den Großen der Welt in den „höchsten Tönen".

Da schon in der Antike dieser Schematismus mehr eine arbeitstechnische Orientierungsfunktion aufwies, lässt er sich auch heute noch nutzen: eine kühle, sachliche Darstellungsweise wird in einem wissenschaftlichen Vortrag/Text erwartet. Vor größerem Publikum, bei eher populärwissenschaftlichem Inhalt sollten die rhetorischen Figuren zielgerichtet eingesetzt werden, um ihnen dann, beim Lob/Tod einer bedeutenden Persönlichkeit, pathetisch freien Lauf zu lassen.

Das Publikum erwartet – eher aus der Sozialisationserfahrung heraus denn aus rhetorischem Wissen – durchaus eine jeweils angemessene Stilebene. Eine Leichenrede muss pathetische Stilmittel aufweisen, eine eingestreute Anekdote aus der jeweiligen Vita stellt keinen Verstoß dar, kontrastiert sie doch nur um so schmerzlicher Leben und Tod.

Manche Rhetoriken und Poetiken ließen diese Mischung der drei Stilgattungen schon immer zu, gerade um besondere Wirkungen durch Kontrast, Differenz, Spannung – Entspannung etc. zu erzielen. Dies wird auch in Komödien und Tragödien genutzt.

3. Zweiteilung im Mittelalter

Die politischen Veränderungen der Spätantike wirkten sich auch auf die Redegattungen aus. Wie im historischen Abriss schon erwähnt, verlor die „beratende Rede" für lange Zeit ihr Gewicht – die Prunkrede dominierte. Statt der früheren Drei- gab es nur noch eine Zweiteilung: in Prunk- und „praktische Reden". Diese Unterscheidung bestand im Mittelalter weiter, wobei innerhalb der „praktischen Rede" eine Gliederung in weltliche und geistliche Beredsamkeit (vorwiegend die Predigt) getroffen wurde. Deswegen enthalten manche mittelalterlichen Stillehren nur noch zwei Arten des Stils, in den meisten Schriftwerken des Mittelalters kam man auch mit den zwei Stufen aus.

Zweiteilung

Schema 3

ornatus facilis (leichter Schmuck)	*ornatus difficilis* (schwerer Schmuck)
ernst-lieblicher Stil	erhabener Stil
Stilfiguren z. B. Anapher (Wortwiederholung) Interrogatio (rhetorische Frage)	Tropen (übertragener Ausdruck) z. B. Periphrase (Umschreibung) Metapher (Übertragung)

Wo noch drei Arten auftraten, wurden sie, dem antiken Zuschreibungsmuster folgend, den mittelalterlichen Ständen zugeordnet: der simple Stil den Bauern (*rurales*), der mittlere Stil den Bürgern (*civiles*), der erhabene blieb für die Adeligen (*curiales*) reserviert.

4. Wie entsteht eine Rede?

Die Aufgaben des Redners (*officia oratoris*):

Die antiken Autoren haben die grundlegenden Gedanken zusammengetragen, fast alle Punkte gelten auch heute noch.

Die Arbeit erfolgt in fünf Schritten:

Auffindung:	**Inventio**
Anordnung:	**Dispositio**
Stilgestaltung:	**Elocutio**
Einprägen:	**Memoria**
Vortrag:	**Actio/Pronuntiatio**

Inventio

Nach der primären, gewöhnlich vorgegebenen Frage: worüber handelt die Rede, was genau ist das Thema, stellt sich die eigentliche Aufgabe: was redet man?

Der Redner muss den Stoff für die Rede suchen und finden. Möglichst alle Aspekte des Themas sollten bedacht sein und in eine umfassende Materialsammlung eingebracht werden. Daraus lässt sich dann das Passende entnehmen.

Redematerial

Die Inventio schafft die Grundlage einer Rede, darum ist hierbei systematisches Vorgehen angeraten. Der Redner sucht bestimmte Fundstätten – „Örter" (topoi, *loci communes*) – mit speziellen Suchformeln bzw. nach einzelnen Gesichtspunkten ab.

Bei diesen „Örtern" wird seit der Antike eine Grundunterscheidung getroffen, zwischen Argumenten:

die in der Person (*a persona*), und solchen,

die in der Sache (*a re*) liegen (ausführlich dazu im Teil Argumentation, s. V. 1.2.1.).

Die klassischen Suchfragen für diesen Arbeitsschritt:

quis, quid, ubi, quibus auxiliis, cur, quomodo, quando

(wer, was, wo, wodurch, warum, auf welche Weise, wann)

hat im Mittelalter Matthäus von Vendôme zusammengefasst.

Im Rahmen der Inventio sind also die „Örter":

Person(en), Sache(n), Ort, Mittel, Ursache, Art und Weise, Zeit in Hinsicht auf das Thema zu durchdenken und die geeigneten Materialien danach auszuwählen.

Heute versteht man unter „Topos" fast ausschließlich immer wiederkehrende, klischeeartige Gemeinplätze. Dies rührt daher, dass diese Topoi – gerade im Mittelalter – universell eingesetzt wurden. Deren gehäufte Verwendung schafft mitunter große Pro-

bleme für die historische Auswertung einer Quelle. Wenn beispielsweise fast jedem Heiligen im Mittelalter (*a persona*) zugeschrieben wird, „edel an Abstammung, noch edler an Charakter"
gewesen zu sein, ist eine Aussage, ob die Person wirklich der
Oberschicht entstammte, fast nicht mehr möglich.

Für die Textanalyse ist die Kenntnis dieser Schemata unabdingbar, was unserem heutigen Unwissen oftmals als original/-ell erscheint, erweist sich oft als bloßes (schematisches) Durchlaufen
tradierter Fundörter.

Für die Textproduktion können sie – unter Vermeidung derartigen Schematismus – nach wie vor zur Materialbeschaffung dienen.

Dispositio

Das gefundene Material muss(te) danach geordnet werden. Die
Verteilung des Stoffes innerhalb des Textes bildet gleichsam das
architektonische Gerüst. Es stellt(e) sich die Frage, an welchen
Stellen wovon die beste Verwendung zu machen sei, wo eine Stei- · Anordnung
gerung wirksam, wo Nachdruck nötig ist. Gleiches gilt von den
Argumenten, deren Auswahl, Anordnung, Aufbau keinesfalls zufällig sein kann. Alle Stoffmomente/Argumente sind kunstfertig
zum Ganzen einer Rede bzw. eines Textes zu ordnen. Gewöhnlich erfolgt hier eine Steigerung zum Schluss hin. Dabei lässt sich
einer chronologischen oder sachlichen Anordnung, quasi „natürlichen" Ordnung (*ordo naturalis*) folgen oder etwa in der Mitte einsetzen, um dann Rückblenden vorzunehmen (*ordo artificialis*). · Natürliche –
Dies hängt von der jeweiligen Situation ab, es kann so durchaus · künstliche Ordnung
angemessen sein, gleich *in medias res* zu gehen und mit einem
starken (Gegen-)Argument zu beginnen.

Als Musterbeispiel lassen sich wieder die Heiligenleben auf-
führen. Der Stoff folgt der Chronologie der Lebenszeit, als Varianz
bieten sich nur: Heiliger schon seit Kindheit oder die plötzliche
Umkehr: Saulus – Paulus. Fast alle dort auftretenden Wunder erscheinen schon in der Bibel oder in früheren Viten und sind etwas adaptiert übernommen. Diese Texte ihrerseits boten den Stoff
und die Gliederung für Predigten, die zum Leben nach diesem
Vorbild aufriefen.

Elocutio

Der durch die Inventio schon gefundene und durch die Dispositio
gegliederte Stoff ist nunmehr sprachlich auszuformulieren. Dabei · Sprachliche Form
kamen die obigen Dispositionsschemata zum Einsatz: zu Gebilde-
ten sollte anders gesprochen werden als zu Ungebildeten.

Hier liegt unter anderem das Feld der rhetorischen Figuren, die in entsprechender Menge und mit Kunstfertigkeit eingesetzt, die Rede in Ausdruck, Stimmung, Wirkung gestalten. Ihre Verwendung setzt Wissen, Verfügungsgewalt, Sprachgefühl etc. voraus. Nicht umsonst wurde dies im Schulunterricht so lange geübt.

Bei der sprachlichen Darstellung gehören (noch immer) zu den Grundbedingungen: die Sprachrichtigkeit (*latinitas/puritas*), die Klarheit (*perspicuitas*), die geübte Verwendung des rhetorischen Schmucks (*ornatus*) sowie die Angemessenheit des Stils (*aptum*) für das behandelte Thema und die zu erwartenden Zuhörer. Der Redner hatte im übrigen den Kanon der Stilmittel parat zu haben, mit denen eine Verkürzung, Verknappung (*brevitas*) – wie das Gegenteil, die Erweiterung, Ausschmückung (*amplificatio*) vorgenommen werden konnte, dies nicht nur, um dadurch Effekte zu erzielen, sondern auch um auf eine Situation zu reagieren, etwa die Rede zu kürzen.

Angemessenheit (margin note)

Memoria

Da früher die Rede frei gehalten werden musste, besteht die Kunst der Memoria vornehmlich in der Aneignung von Merktechniken zur Schaffung eines „künstlichen Gedächtnisses", um sich den Redetext einzuprägen. Dabei wird mit Gedächtsnisörtern und Gedächtnisbildern gearbeitet, die Redeteile werden in einzelnen (virtuellen) Räumen beheimatet, einzelne Objekte darin stehen für Argumente, die Räume werden nacheinander „besucht" und die Einrichtung „abgeschildert" (dies wird heute z. T. als großartige Neuerung verkauft!). Das Einprägen ist als einziger Schritt jetzt entfallen; der Verlust zeigt sich am Beispiel einer ziemlich beliebigen, vom Blatt gelesenen Parlamentsrede, der – auch aus diesen Gründen – niemand mehr zuhört.

Künstliches Gedächtnis (margin note)

Einprägen (margin note)

Actio/Pronuntiatio

Am Ende bleibt noch die Gestaltung des eigentlichen Vortrags. Die Handbücher enthalten viele Elemente, die auch heute noch als „performance" in Rhetoriktrainings vorkommen: die passende Stimmlage, die richtige Körperhaltung, Gestik, Kleidung etc.

5. Die Teile einer klassischen Rede

Die klassische Rede besteht je nach Gliederungsart – und Autor – aus vier bis sieben Teilen, doch sind jeweils Einleitung, Hauptteil und Schluss besonders zu erkennen. Die Einleitung und ein gekonnt gesetztes Ende soll(t)en wegen deren besonderer Wirksamkeit kunstvoll rhetorisch ausgestaltet werden. Das Ursprungsmuster entstammte wiederum der Rhetorik vor Gericht, es wurde bald auf andere Texte übertragen.

Hier liegt die natürliche, chronologische Disposition (*ordo naturalis*) zugrunde.

Die Redeteile:

Einleitung:	Exordium
Gliederung:	Divisio/Partitio
Themenstellung:	Propositio
Erzählung:	Narratio
Beweisführung:	Argumentatio/Probatio
Schluss:	Peroratio/Conclusio

Exordium

Die Anrede fiel gewöhnlich kurz aus. Mit den ersten Sätzen muss der Redner die Aufmerksamkeit des Publikums gewinnen, sollen Zuhörer bzw. Leser aufnahmebereit (*attentum parare*) und wohlwollend gestimmt werden – was auch heute noch gilt. Der für die Wirkabsicht notwendige und entscheidende Bezug zwischen Redner – Publikum – Thema muss hier hergestellt werden.

Aufmerksamkeit u. Wohlwollen des Publikums

Was früher hohes Bildungsniveau, tiefe Gelehrsamkeit demonstrieren sollte: die z. T. bis zur Unverständlichkeit manierierte Sprache, viele Gemeinplätze, die sog. Exordialtopoi (Ratlosigkeit angesichts der Aufgabe – Aporie, geheucheltes Unwissen/Nichtkönnen, Auftrag, dem man sich nicht entziehen konnte, Verpflichtung, Dedikation) werden heute eher vermieden.

Gemeinplätze

Das Erlangen des Wohlwollens der Zuhörer als eigens ausgearbeiteter Teil kann mit den Topoi aus der Person und der Sache gestaltet werden: persönlicher Bezug des Redners zu Ort, Gelegenheit, Anwesenden bieten sich als Einstiegsreflexion an.

Redebeginn

Die meisten (heutigen) Begrüßungen befriedigen mehr die gesellschaftlichen Konventionen/Eitelkeiten der in der ersten Reihe Sitzenden. Werden diese alle der Würdigkeit nach mit voller Titulatur namentlich begrüßt, dauert das gewöhnlich recht lange. Die Gewogenheit der restlichen Zuhörer, der Mehrheit des Auditoriums, nimmt zunehmend weghörend ab.

Divisio

Diese weitere Unterteilung kommt hauptsächlich bei der Gerichtsrhetorik vor: der zur Verhandlung anstehende Fall, Streitpunkt wird in den wesentlichen Punkten dargelegt.

Unterteilung

Propositio

Schwerpunkte

Sie erscheint nur in manchen Redetheorien. Das Thema wird angesprochen, umrissen, eingegrenzt. Wenn Schwerpunkte gesetzt werden sollen, lassen sich diese hier ankündigen.

Narratio

Sachverhalt

Hier erfolgt eine kurze, klare und glaubwürdige Schilderung/Erzählung des Sachverhalts/Tathergangs bzw. der Ausgangslage, um die wesentlichen (Vor-)Informationen zu geben – durchaus wiederum schon auf die Wirkungsintention abgestellt, d. h. dem Redner wichtig erscheinende Punkte wurden aufgeführt, andere (manchmal nicht unwesentliche, aber problematische) weggelassen.

Argumentatio

Hauptteil

Beweisführung

Das ist der Hauptteil der Rede, in dem die Materien ausgebreitet, die gesammelten Argumente der Reihe nach eingebracht wurden. Dabei erfolgte die Beweisführung induktiv durch Beispiele oder deduktiv durch die Anführung von Gründen; dabei konnte weiter in eine positive Beweisführung (*confirmatio*) und eine negative (*refutatio,* Widerlegung) unterschieden werden.

Peroratio

Zusammenfassung

Appell

Auf den Schluss sollte bei der Ausarbeitung besondere Aufmerksamkeit gelegt werden. Dabei kam es zur Zusammenfassung der bisherigen Aussagen/Beweisführung in Form einer kurzen Wiederholung (*recapitulatio*), gipfelnd in einem Appell an die Affekte der Zuhörer, Richter. Dieser Teil sollte das Wesentliche der Rede kurz und pointiert wiederholen, den Zuhörern vermitteln, was der Redner wollte – und sie zum gewünschten Verhalten bewegen.

Beispiel: Ciceros erste Rede gegen Catilina

Eine der berühmtesten Reden ist Ciceros erste Rede gegen Catilina. Sie ist meisterlich durchgestaltet, setzt gleich mit drei rhetorischen Fragen ein, um das Publikum sofort mitzureißen. Cicero schildert drastisch die Vergehen Catilinas, argumentiert und plädiert anhand historischer Beispiele für dessen Hinrichtung. Der Appell am Ende ruft Jupiter an, in dessen Tempel die Rede stattfand, strafend einzugreifen.

„*Oratio prima*

1 Quo usque tandem abutere, Catilina, patientia nostra? quam diu etiam furor iste tuus nos eludet, quem ad finem sese effrenata iactabit audacia? nihilne te nocturnum praesidium Palatii, nihil urbis vigiliae, nihil timor populi, nihil concursus bonorum omnium, nihil hic munitissimus habendi senatus locus, nihil horum ora vultusque moverunt? patere tua consilia non sentis? constrictam iam horum omnium scientia teneri coniurationem tuam non vides? quid proxima, quid superiore nocte egeris, ubi fueris, quos convocaveris, quid consilii ceperis – quem nostrum ignorare arbitraris?

O tempora, o mores! senatus haec intellegit, consul videt: hic tamen vivit. vivit? immo vero etiam in senatum venit, fit publici consilii particeps, notat et designat oculis ad caedem unum quemque nostrum. nos autem fortes viri satis facere rei publicae videmur, si istius furorem ac tela vitemus.

Ad mortem te, Catilina, duci iussu consulis iam pridem oportebat, in te conferri pestem, quam tu in nos omnis iam diu machinaris. an vero vir amplissimus, P. Scipio, pontifex maximus, Ti. Gracchum mediocriter labefactantem statum rei publicae privatus interfecit [...]".*

„Die erste Rede

1 Wie lange, Catilina, willst du unsere Geduld noch missbrauchen? Wie lange soll diese, deine Raserei ihr Gespött mit uns treiben? Bis zu welchem Ende soll die zügellose Frechheit ihr Haupt erheben? Hat die Besetzung des Palatiums während der Nacht keinen Eindruck auf dich gemacht, keinen die bange Furcht des Volkes, keinen der Auflauf aller Guten, keinen diese so stark befestigte Versammlungsstätte des Senats, keinen die Blicke und Mienen der Anwesenden? Dass deine Pläne klar zutage liegen, merkst du nicht? Dass durch das Einvernehmen all dieser Männer hier deine Verschwörung in Fesseln geschlagen ist, siehst du nicht? Was du in der letzten, was du in der vorletzten Nacht getrieben hast, wo du gewesen bist, wen du zusammengerufen und welchen Plan du gefasst hast – wer von uns, meinst du, wüsste das nicht?

Was für Zeiten, was für Sitten! Der Senat durchschaut dies, der Konsul sieht es, und doch lebt dieser Mensch. Er lebt? Nein, er kommt sogar in den Senat, nimmt an einer öffentlichen Beratung teil und bestimmt und bezeichnet mit seinen Blicken jeden einzelnen von uns zur Hinrichtung. Wir aber scheinen als tapfere Männer unsere Pflicht gegenüber dem Gemeinwesen zu erfüllen, wenn wir der Raserei und den Waffen dieses Menschen ausweichen!

Zum Tode hättest du, Catilina, schon längst auf des Konsuls Befehl geführt und auf dein Haupt hätte das Verderben gewälzt werden sollen, das du gegen uns betreibst. Wie? Hat nicht der hochangesehene Oberpriester Publius Scipio als Privatmann den Tiberius Gracchus getötet, der den Bestand des Gemeinwesens nur unerheblich erschütterte [...]".

6. Der Brief

Wie schon im historischen Abriss erwähnt, liegen der erst im Mittelalter entstandenen „Briefschreibekunst" die Gliederungskriterien einer Rede zugrunde. Ein Brief galt, einem antiken Topos folgend, als Rede eines Abwesenden an einen Abwesenden (*sermo absentis ad absentem*). Der klassische Aufbau nach Cicero wurde, mit geringen Veränderungen, weiter verwendet, etwa für die (mittelalterlichen) Urkunden.

Das Briefschema variiert die Redeteile:

Briefschema

Begrüßung:	**Salutatio**
Gewinnung der Gunst	
des Lesers:	**Captatio benevolentiae**
Erzählung des Sachverhalts:	**Narratio**
Gesuch, Bitte:	**Petitio**
Schluss:	**Peroratio**

Salutatio

Begrüßung

Die Anrede und Begrüßung wurden schon in den Schreiblehren diskutiert; sie fielen bis in die Renaissance nach antikem Muster kurz aus, weiteten sich allmählich – und üppig im Barock – aus, als die Titulaturen immer wichtiger und umfänglicher wurden, sichtbar an den Adjektiven im Superlativ (erlauchtester, hochverehrteste, hochzuschätzendste etc.).

Der Humanist Erasmus von Rotterdam bleibt in einem Musterbrief (De conscribendis, 216) noch knapp:

„Hermannus Theologus Andronio Bolano Antistiti s. d."
Hermann der Theologe (übermittelt) Andronius Bolanus dem Bischof seinen Gruß.

Wobei dann durchaus noch knappe Erweiterungen möglich waren, etwa nach dem Muster „Dem verehrten und geliebten Vater [...] der treu-ergebene Sohn" (vgl. Murphy, Rhetorik, 218).

Captatio benevolentiae

Die Brieflehren des Mittelalters trennten die Einleitung (*exordium* im Redeschema) in zwei Teile: in die Begrüßung (*salutatio*) und in die „Gewinnung der Gunst des Lesers" (*captatio benevolentiae*). Dies rührt aus der Wirkungsabsicht des Briefes her. In der feudalen Gesellschaft gehörten Bittbriefe, Empfehlungsschreiben, Gesuche bei höheren Stellen/Personen zu den häufigen Schriftstücken. Der Empfänger des Briefes konnte lediglich durch den Text in eine gewogene, dem Bittsteller günstige Haltung versetzt werden. Dafür ließen sich die Topoi aus der Person nutzen: schon erwiesene und zu wiederholende Großherzigkeit, Freigiebigkeit, bewährter öffentlicher Wohltäter etc. Alles, was man von den Charaktereigenschaften des Adressaten wusste und Wirkung versprach, konnte auf das Anliegen abgestimmt vorgebracht werden.

(Randnotiz:) Gewinnung der Gunst des Lesers

(Randnotiz:) Wirkungsabsicht

Narratio

Schildert die Situation, malt eine Notlage drastisch aus.

(Randnotiz:) Erzählung, Schilderung

Einer der frühesten erhaltenen Texte aus dem Schulmilieu (2. Hälfte 11. Jh.) ist übrigens der Brief eines abgebrannten Studenten, der zuhause um neuerliche Unterstützung ansucht: *„Toto enim hoc anno pro addiscendis litteris et corpore et animo multa perpessus, iam tante hiemis asperitate ingruente, iam rei familiaris penuria me gravius urgente, cum expectaverim de patria in his me relevari, audivi servientem meum aliquantulum rerum mihi deferentem ex toto despolitatum sicque in itinere impeditum domum abisse."*

„In diesem ganzen Jahr habe ich wegen meines Studiums viel an Körper und Geist erlitten. Als der Winter mit seiner großen Härte anbrach und mich der Mangel an Mitteln schwer bedrückte und ich aus der Heimat dafür Hilfe erwartete, erfuhr ich, daß mein Bote, der mir einige Dinge bringen sollte, völlig ausgeraubt wurde und so auf dem Weg gehindert, nach Hause zurückkehrte."

(Erdmann C., Fickermann N., (Hg.), MGH, Die Briefe der deutschen Kaiserzeit 5. Briefsammlungen der Zeit Heinrichs IV, Nr. 44, 89, 1950).

Petitio

Sie enthält, wiederum der Redetheorie folgend, eine kurze Zusammenfassung des Inhalts. Sie gipfelt, je nach Ursache und Anlass, in einem Appell, Ausdruck der Hoffung, dass die Bitte nicht vergebens sei und erfüllt werde. Ferner ließ sich eine Äußerung der

(Randnotiz:) Bitten, Dank

Dankbarkeit, vorweg oder im Nachhinein, der Wunsch um weitere Gewogenheit anbringen.

Bei Privatbriefen wirkt sich ein freundschaftliches Verhältnis zwischen Empfänger und Absender deutlich in Form und Stil aus. Nähe und persönlicher Charakter spiegeln sich in freier Gliederung und individueller Schreibweise. Je größer die Distanz, je hierarchischer das Verhältnis zwischen Schreiber und Empfänger, desto formelhafter, formularmäßiger wirkt das Schreiben.

Briefratgeber Dies kann aber auch daher rühren, dass ein Briefratgeber verwendet wurde. Da Bittbriefe, Ansuchen und dgl. eine gewisse schriftstellerische Kompetenz erforderten, boten derartige Werke Hilfestellungen für Ungeübte – wie „Die Anleitung zum Briefschreiben" des Erasmus von Rotterdam.

Die ausführlichen Begrüßungs-Anreden, schließlich auch die *captatio benevolentiae* wanderten ihrerseits in den Beginn der Rede hinüber, wurden zum eigenen und erweiterten Teil des *exordium*.

Beispiel: Ein „Musterbrief"
Erasmus gibt in seinem Ratgeber („De conscribendis...") ein Muster für einen Brief, der einen Tadel mit einschließt:

„Exemplum epistolae, quae habet admixtam obiurgationem

Contigit tibi genus cum primis honestum, contigit res satis ampla, contigit ingenium, contigit eruditio non vulgaris, nec deest iudicium. Quid multis? Felix eras, nisi vnum quiddam tibi deesset, vt hoc tua pace dixerim. Nam haec qui scribit, tibi ex animo bene vult, vt si quis alius. Quid istuc? inquies; vt animo imperes tuo, mi Saxoni! Quid conferunt litterae, si nescias vti? Non hercle plus quam cithara ei qui nesciat canere. Ad hoc discitur philosophia, vt ne quid agatur ex affectuum arbitrio, sed ex rationis iudicio. Et vnum hoc quod deest ad felicitatem, ipse tibi praestare potes; praestiteris enim ilico, si magnopere velis [...]".

„Dir ward eine höchst vornehme Abkunft zuteil, dir ward ein hinreichendes Vermögen zuteil, dir ward Begabung zuteil, dir ward eine feine Bildung zuteil, und es mangelt dir nicht an Urteilskraft. Wozu viele Worte? Du warst vom Glück beschenkt. An einem allerdings mangelte es dir, um das auszusprechen, ohne dich zu vergrämen. Denn der Schreiber dieser Zeilen ist dir von Herzen gut wie kein zweiter. Was meinst du da, wirst du fragen? Dass du dich zu beherrschen weißt, mein Saxonius! Was nützt dir literari-

sche Bildung, wenn du sie nicht zu gebrauchen verstehst? Für-
wahr, um nichts mehr als eine Leier dem, der nicht zu ihr zu singen versteht. Zu dem Zweck lernt man Philosophie, dass keine
Handlung der Willkür der Affekte entspringe, sondern als Handeln
dem Urteil der Vernunft. Und dies eine, das dir zum Glück fehlt,
kannst du selber dir geben. Denn du gibst es dir in dem Moment,
in dem du so recht willst [...]".

7. Die Predigt

Die christlichen Prediger legten zum einen die heiligen Schriften
aus und ermahnten zum anderen zum frommen, moralischen Leben. Rhetorisches Können galt zunächst recht wenig, ein Prediger
sollte vom Geist inspiriert sein, dann würden seine Wort fruchtbar
im Hörer werden.

Auch angesichts der geringen Bildung der meisten Kleriker dürften die Predigten im Mittelalter recht einfach ausgefallen sein. Erst
mit den Predigttheorien des 13. Jh. flossen zunehmend rhetorische
Gestaltungselemente ein. Die Unterscheidung bestand weiter in:

Homilien (Predigten, die einen Text auslegten, gewöhnlich das
Tagesevangelium) und in:

Homilien

Sermones (Predigten die ein gesellschaftlich/religiös relevantes
Thema behandelten, etwa Wucher und Zins, Ehe, Keuschheit).

Sermones

Häufig erfolgte eine Gliederung durch die seit der Spätantike
gebräuchliche allegorische Auslegung einer Textstelle.

Allegorische
Auslegung

1. Dem literalen Schriftsinn (was der Text aussagt, real bedeutet)
   folgen drei weitere Aussagebenen:
2. die allegorische Bedeutung, ein Verweis, Beispiel, Sinnbild für
   den Glauben,
3. die moralisch-tropologische Bedeutung, mit einer Handlungsan-
   weisung,
4. die anagogisch-eschatologische Bedeutung, die den transzen-
   dentalen Bezug ausdrückt.

Im Mittelalter entstand dafür der Merkvers:

Littera gesta docet
Quid credas allegoria
Moralia, quid agas
Quo tendas, anagogia (Augustin von Dänemark, † 1285)

(Der wörtliche Sinn lehrt die Dinge, der allegorische, was du glauben, der moralische, wie du handeln und der anagogische, wohin du streben sollst).

Mit diesen Verweissystemen ließen sich die Predigten aufbauen: Wenn von den „Sieben Gaben des Geistes" gesprochen wurde, ergab sich daraus die Einteilung in sieben Punkte und der Ablauf der Predigt. Diese einzelnen Teile konnten dann jeweils nach dem vierfachen Schriftsinn weiter behandelt werden.

Am Schluss stand auch hier die gipfelnde Zusammenfassung, mit der Ermahnung zu christlichem Verhalten. Wenn auch der Aufbau gewöhnlich recht schematisch ist, erscheint eine individuelle Ausprägung durch meisterhafte Prediger. Darüber fehlen aber noch Untersuchungen.

Beispiel eines *sermon*:

Johannes Geiler von Kaysersberg (1445–1510) zählt zu den bedeutendsten Predigern des Spätmittelalters. Im folgenden Ausschnitt einer Predigt geht er ganz klassisch von den Topoi der Person (*a persona*) und der Sache (*a re*) aus. Er schildert einen Pilger samt dessen achtzehnteiliger Ausrüstung. In allegorischer Auslegung stehen die der Reihe nach aufgezählten Kleidungs-/Ausstattungsstücke zugleich für Tugenden und moralische Einstellungen. All diese sind erforderlich, damit der Pilger sein eigentliches Ziel, das Paradies, erreicht.

„Hyenach volgend Achtzehen aigenschafften / Die ain gůter Christenbilger / an sich nehmen soll / Will er acht sicher wandlen hye in disem ellend / Und also kommen in sein rechtes vatterland / Dafs da ist öwige säligkait.
 Die sechfst aigenschafft aines bilgers ist. Er můfs haben ainen braiten hůt. Das ist ain brayte und weyte gedult / gegen als vils truebsal. die ainem menschen begenen auff seiner bilgerfartt.
 Die sybend aigenschafft des bilgers ist. Er můfs haben aynen gůten weiten mantel. Was ist nun der mantel. den der cristen bilger haben můfs? daz ist die cristenliche früntschafft. Hab gott lieb. und deinen nechsten als dich selbfs. auch dein veind."

III. Stilmittel: Figuren

Die antike Rhetorik hat – neben einer Vielzahl verschiedener Stilmittel – auf einer übergeordneten Ebene allgemeine Stilprinzipien (*virtutes elocutionis*), so genannte „Tugenden der Rede", hervorgebracht, die auch in der Moderne noch dazu dienen, das „Stilwollen" eines Redners oder Autors durch die Verwendung bestimmter Stilmittel zu beschreiben. Im Gegensatz zu den Figuren und Tropen, die eine konkrete sprachliche Veränderung hervorbringen, geben die Stilprinzipien grundsätzliche Kategorien an, welche durch den Einsatz von Stilmitteln realisiert werden können.

Stilprinzipien

Der Verstoß gegen die *virtutes elocutionis* wird grundsätzlich als „Fehler" (*vitium*) gewertet. Doch besitzen gerade Regelverstöße häufig die Eigenschaft, einem Text Eigenleben zu verleihen, etwa im Erwecken von Komik durch die gezielte Nichtbeachtung der rhetorischen Tugenden. Deshalb wird das absichtsvolle, kunstvolle Abweichen von der Regel als Lizenz (*licentia*; nicht zu verwechseln mit der gleichnamigen Stilfigur) zugestanden.

Stilfehler

Auf der untersten Ebene wird von einer Rede/einem Text Sprachrichtigkeit und –reinheit (*puritas*; *latinitas*), also eine idiomatisch korrekte Ausdrucksweise, verlangt. Gegen diese Forderung verstoßen v. a. ☞Dialekt, ☞Solözismen und ☞Barbarismen, ferner ☞Archaismen und ☞Neologismen, aber auch die ☞Constructio ad sensum oder das ☞Anakoluth. Gerade diese stilbildenden Mittel geben jedoch z. B. das Kolorit in der Personenzeichnung, wie sich dies in den Texten von Johann Nestroy und Friedrich Torberg zeigt, und können, kunstvoll eingesetzt, als Lizenz zu den Stilfiguren gerechnet werden.

Sprachrichtigkeit

Die *latinitas* wiesen die römischen Rhetoren der Grammatik zu. Während die Grammatik als Wissenschaft vom *richtigen* Sprechen, *recte loquendi scientia* (Quintilian, Institutio oratoria, I, 4, 2), angesehen wurde, galt die Rhetorik als Wissenschaft vom *guten* Sprechen, *bene dicendi scientia* (ebd., II, 14, 5). Das Kriterium für die Grammatik stellte also die sprachliche Korrektheit, das der Rhetorik die sprachliche Ausgestaltung dar.

An die Sprachrichtigkeit schließt sich als zweite Forderung diejenige nach Klarheit (*perspicuitas*) an. Diese bezieht sich auf die Deutlichkeit einer Aussage. Ihr steht als Stilfehler (☞*vitium*) die Dunkelheit (*obscuritas*) gegenüber, die als Gefahr der Unverständlichkeit besonders der Verwendung von ☞Tropen innewohnt. Während in einem wissenschaftlichen Text Klarheit ein unbedingtes Kriterium darstellt, kann Poesie Dunkelheit durchaus

Klarheit

gewinnbringend einsetzen, womit wiederum gezeigt ist, dass der bewusste Verstoß gegen Stilprinzipien je nach Gattung rhetorisch-ästhetischen Wert besitzen kann.

Redeschmuck

Neben sprachlicher Korrektheit und intellektueller Verständlichkeit des Ausdrucks gilt das zentrale Streben des Rhetors dem Redeschmuck (*ornatus*), dem dieses Kapitel über die Figuren und das folgende über die Tropen gewidmet sind. Durch ihn sollen in erster Linie Langeweile vermieden und das Interesse des Publikums geweckt werden.

Angemessenheit

Über allem wacht das Kriterium der Angemessenheit (*aptum; decorum*), die, von der sprachlichen Realisierung ausgehend, sowohl auf die Situation als auch auf das Publikum, auf Redner/Autor und Gegenstand blickt. Die Angemessenheit richtet über den Einsatz bestimmter Stilmittel unter bestimmten Umständen. Da die Verletzung des *aptum* kein abstrakter rhetorischer Vorgang ist, sondern gewöhnlich mit der Verletzung unserer Erwartungen einhergeht, löst sie eine gewisse Verstörung aus und erregt dadurch besondere Aufmerksamkeit. In Konflikt mit dem *aptum* stehen zuvorderst die verschiedenen Verwendungsarten der ☞Ironie, doch entfalten sie genau in dieser Spannung ihre Wirkung.

Abwechslung

Kürze

Ausdehnung

Jenseits dieser traditionellen Stilprinzipien kennt die Rhetorik das Streben nach Abwechslung (*variatio*), um Eintönigkeit zu verhindern und somit das Publikumsinteresse nicht zu verlieren. Abwechslung kann nicht zuletzt durch die Verwendung von Kürze und Prägnanz (*brevitas*) im Ausdruck einerseits sowie von Mitteln zur Ausdehnung und Erweiterung (*amplificatio*) andererseits erreicht werden. Auch hier lassen sich wieder einzelne Stilmittel zuordnen: Während die Kürze im Ausdruck z. B. durch ☞Ellipse oder ☞Zeugma erzielt werden kann, dienen der Erweiterung ☞Periphrase, ☞Descriptio oder ☞Synonymie.

Exkurs: Änderungs-kategorien

Verkürzung und Erweiterung der einzelnen Sprachebenen (gegenüber der schmucklosen Rede) stellen seit der Antike in manchen Rhetoriklehrbüchern Hauptkriterien zur Systematisierung der Stilmittel dar, reichen aber nicht aus, um alle stilistischen Erscheinungen zu qualifizieren. Selbst wenn diesen Änderungskategorien weitere, wie zumeist die Umstellung oder die Ersetzung, an die Seite gestellt werden, ergab sich daraus bisher kein System, das fähig war, alle Stilmittel eindeutig aufzunehmen. Dies liegt wesentlich in der den Änderungskategorien zugrundeliegenden „Deviationstheorie" begründet, welche die Entstehung rhetorischer Stilmittel als (regelhafte, d. h. den Änderungskategorien unterworfene) Abweichungen von einer Normsprache begreift. Da eine verallgemeinernde Deviationstheorie ob der Vielfalt sprachlicher

Gestaltungsmöglichkeiten jedoch nicht aufrechtzuerhalten ist, wurde auch den Änderungskategorien ihre wesentliche Grundlage entzogen. Wäre eine solche Einteilung zu Analyse- und didaktischen Zwecken zwar durchaus wünschenswert, so erweist sie sich doch weder in Vollständigkeit noch in theoretischer Grundlegung als restlos geglückt (vgl. als Überblick zur Thematik der Änderungskategorien HWRh 1, 549-66).

Die Kenntnis und Erwägung der Stilprinzipien bei Textproduktion und –analyse stellen noch vor der konkreten Auseinandersetzung mit den einzelnen Stilmitteln und deren Möglichkeiten einen ersten Schritt in Richtung rhetorisches Bewusstsein und vor allem rhetorischer Pragmatik dar.

Rhetorisches Bewusstsein

Generell besitzen rhetorische Stilmittel ebenso wie Stilprinzipien mehr als nur eine festgelegte Funktion und können deshalb zu verschiedenen Zwecken eingesetzt werden. Die pragmatischen Anmerkungen, die im Folgenden jedem Stilmittel beigegeben sind, können daher niemals ohne Prüfung des historischen, kulturellen, sozialen und v. a. kontextuellen Rahmens einfach auf einen Text oder eine Rede übertragen werden, sondern bedürfen stets der individuellen Beurteilung.

Funktion

Vorschläge für Einsteiger und Fortgeschrittene zur Erarbeitung der Stilmittel befinden sich im Anhang.

Figuren

Als Figuren werden die Formen des Redeschmucks bezeichnet, die den gewöhnlichen Ausdruck kunstvoll durch einen weniger gewöhnlichen ersetzen, während bei den ☞Tropen die Vorstellung selbst vertauscht wird. Eine scharfe Trennung zwischen beiden gibt es nicht, und so ist seit der Antike die Zuordnung mancher Stilmittel umstritten. Dennoch lassen „sich Figuren als struktural beschreibbare Sprachmuster isolieren, inventarisieren und mit einer Nomenklatur versehen" (HWRh 3, 318).

Definition

Abgrenzung

Das klassische Figurenschema, das neben Cicero in erster Linie auf Quintilian zurückgreift und die Rhetorik der Neuzeit stark beeinflusst hat, unterteilt die Figuren, nach einer grundsätzlichen Scheidung von Tropen und Figuren, in Ausdrucks- oder Wortfiguren (*figurae verborum*) sowie Inhalts- oder Gedankenfiguren (*figurae sententiarum*). Ciceros klassisch gewordene Definition dazu lautet: „zwischen den Figuren des Ausdrucks und denen des Gedankens besteht ein Unterschied insofern, als man die Figuren des Ausdrucks zerstört, wenn man die Worte ändert, während die des Gedankens bestehen bleiben, welcher Worte man sich auch bedient" (Cicero, De oratore III, 52, 201). Durch jüngste linguistische

Klassische Einteilung

Bemühungen ist die „klassische Unterscheidung von Tropen, Ausdrucks- und Inhaltsfiguren durch die Anwendung der linguistischen Analyseebenen ins Wanken geraten. Eine überzeugende neue Gesamtkonzeption gibt es indes noch nicht" (HWRh 3, 292).

Vorliegende Einteilung

Im vorliegenden Studienbuch, das sich besonders didaktischen Ansprüchen verpflichtet fühlt, finden sich die Figuren, um die Übersicht zu erleichtern und die Merkfähigkeit zu unterstützen, in vier Hauptkategorien aufgeteilt. Innerhalb einer Kategorie gibt es meist weitere Gruppierungen; ähnliche Figuren folgen einander.

Die vier Hauptkategorien sind: Klangfiguren, Positionsfiguren, Sinnfiguren und Satzfiguren, woran sich weitere Mittel zur Stilbildung anschließen, die keine traditionellen rhetorischen Kategorien darstellen, aber dennoch wesentlich zur Stilisierung eines Textes beitragen. Während die Klangfiguren ihre Wirkung primär auf lautlicher Ebene entfalten, steht bei den Positionsfiguren, darunter auch die Figuren der Wortwiederholung, die Stellung der Wörter im Satz im Vordergrund. Sinnfiguren bestehen in Sinnstörungen, -steigerungen, -überschuss. Durch die verschobenen (doch nicht ersetzten!) Vorstellungen stehen sie den Tropen am nächsten und werden deshalb wie diese zum schweren Redeschmuck (☞*ornatus difficilis*) gerechnet. Die Satzfiguren prägen gewöhnlich eine ganze Satzeinheit. Sie führen im äußeren Erscheinungsbild häufig zu Ausrufe- oder Fragesätzen ebenso wie zu Satzabbrüchen. Sie beinhalten Formen der Kontaktaufnahme, Gedankenführung und Veranschaulichung.

1. Klangfiguren

1. Alliteration

Stabreim
Gleichheit der Anfangslaute, besonders von Konsonanten, von mindestens zwei aufeinanderfolgenden oder benachbarten Wörtern einer syntaktischen Einheit.

Betonung

Der Gleichklang der Anfangslaute lenkt die Aufmerksamkeit auf die alliterierenden Begriffe und die damit verbundenen Vorstellungen.

Besonders effektiv erweist sich die Alliteration in Sprichwörtern, feststehenden Wendungen (im Lateinischen besonders in der Sakral-, Militär- und Rechtssprache) oder in kurzen Sätzen. Bei allzu ausufernder Verwendung wirkt sie unästhetisch.

FIGUREN

1. KLANG- FIGUREN	2. POSITIONS- FIGUREN	3. SINN- FIGUREN	4. SATZ- FIGUREN	5. WEITERE MITTEL ZUR STILBILDUNG

1. Alliteration
2. Assonanz
3. Preziosität
4. Homoio-
  teleuton
5. Homoiop-
  toton
6. Homoiop-
  rophoron
7. Ono-
  matopoiie
8. Laut-
  symbolik
9. Polyptoton
10. Paronymie
11. Paronomasie
12. Traductio
13. Klauseln,
  Cursus
	1. Wortwiederho-
	  lung
	1. Geminatio
	2. Anapher
	3. Epipher
	4. Symploke
	5. Kyklos
	6. Anadiplosis
	7. Epanodos
	8. Regressio
	
	2. Struktur (auf
	  Satzebene)
	1. Isokolon
	2. Parallelismus
	3. Chiasmus
	4. Antimetabole
	5. Polysyndeton
	6. Asyndeton
	7. Behagels Ge-
	  setz der wach-
	  senden Glie-
	  der
	
	3. Wortumstel-
	  lung und
	  Trennung
	1. Inversion
	2. Tmesis
	3. Hyperbaton
	4. Parenthese
		1. Verknappung,
		  Verschie-
		  bung, Kon-
		  struktions-
		  bruch,
		  Redundanz
		1. Ellipse
		2. Zeugma
		3. Enallage
		4. Hysteron
		  proteron
		5. Hendiadyoin
		6. Pleonasmus
		7. Tautologie
		8. Epitheton or-
		  nans
		9. Synonymie
		10. Doppeldeu-
		  tigkeit
		
		2. Gedankenzu-
		  spitzung
		1. Klimax
		2. Antithese
		3. Oxymoron
		4. Paradoxon
			1. Kontaktauf-
			  nahme, Rede,
			  Gespräch
			1. Rhetorische
			  Frage
			2. Subiectio
			3. Aporie
			4. Permissio
			5. Apostrophe
			6. Exclamatio
			7. Interiectio
			8. Sermocinatio
			
			2. Gedanken-
			  führung
			1. Praeparatio
			2. Praesumptio
			3. Concessio
			4. Correctio
			5. Praeteritio
			6. Aposiopese
			7. Licentia
			
			3. Erklärung
			  und Veran-
			  schaulichung
			1. Commoratio
			2. Enumeratio
			3. Distributio
			4. Descriptio
			5. Vergleich
			6. Exemplum
			7. Sententia
			8. Definitio
			9. Paraphrase
			10. Digressio
			11. Sustentatio
			12. Subnexio
			13. Conclusio
			14. Pointe
				1. Dialekt,
				  Soziolekt
				2. Preziosität
				3. Aischrologie
				4. Archaismus
				5. Barbarismus
				6. Neologismus
				7. Sonderfor-
				  men beim
				  Verb:
				a) Historisches
				  Präsens
				b) Aktiv-Passiv
				c) Verbum sim-
				  plex pro
				  composito
				8. Diminutiva
				9. Inkonzinnität
				10. Anakoluth
				11. Constructio
				  ad sensum
				12. Solözismus

„*F*er *f*irme, *f*acilis *f*iet *f*ortuna *f*erendo.“ (Trag's mit Stärke, leicht wird durch tapferes Ertragen das Schicksal werden!) (Sprichwort)
„Es ist nicht aus lauter *F*ürwitz noch *F*revel geschehen [...].“ (Luther, An den christlichen Adel deutscher Nation, 10)
„Es *b*eginne ... in gemächlichem Plaudertone ... aus *b*eiden *B*acken *B*leedheit *b*lasender *B*loch!“ (Torberg, Tante Jolesch, 123) [Der Eindruck der Alliteration wird hier durch die Gleichheit von zwei Anfangsbuchstaben bei den letzten drei Worten noch verstärkt (☞Homoioprophoron). Wird auch das „p“ in „*P*laudertone“ weich gesprochen, vergrößert sich dieser Effekt abermals.]

2. Assonanz

Binnenreim
Gleichheit bzw. Ähnlichkeit eines Vokals oder einer Lautfolge im Inneren von mindestens zwei aufeinanderfolgenden oder benachbarten Wörtern einer syntaktischen Einheit.

Lautharmonie   Die Assonanz besitzt lautharmonische und bedeutungshervorhebende Funktion. Diese wird häufig durch die Kombination mit ☞Alliteration oder ☞Onomatopoiie noch verstärkt (Landfester, Einführung, 58).

„in un*o*qu*o*que vir*o*rum bon*o*rum“ (in jedem guten Menschen) (Seneca, Epistulae 41, 2)
„Nullum laborem recusant manus, quae *a*d *a*rma *a*b *a*r*a*tro transferuntur [...].“ (Keine Arbeit verweigern Hände, die zu den Waffen vom Pflug geholt werden [...].) (Seneca, Epistulae 51, 10)
„Da hat k*ei*n N*ei*d der R*ei*zung widerstrebt [...].“ (Günther, Abschiedsaria, 33: Werke 1, 85, Anfang 18. Jh.)

3. Homoioteleuton

(Grammatischer) Endreim
Gleichklang von Flexionsendungen bzw. in freierer Form von Endlauten aufeinanderfolgender oder benachbarter Wörter einer syntaktischen Einheit.

Rhythmisierung   Das Homoioteleuton stellt als klanglich-musikalisches Stilmittel ein ästhetisches Merkmal dar, das eine Periode zu rhythmisieren vermag und durch die entsprechende Hervorhebung von Begriffen zu einer Ausdrucksverstärkung bzw. -fokussierung führt.

In Verbindung mit anderen Figuren, besonders der Struktur (hier: ☞Parallelismus), sowie durch die Anwendung des Homoioteleuton bei verschiedenen Endlauten in einer Periode bzw. durch Auswahl von Wörtern mit Stammähnlichkeit kann die Eindringlichkeit dieser Figur noch verstärkt werden.

„Turp*iter* au*des* fa**cere**, nequ*iter* stu*des* di**cere**; viv*is* invi*diose*, delin-
qu*is* stu*diose*, loquer*is* o*diose*." (Schändlich wagst du zu handeln,
nichtswürdig bemühst du dich zu sprechen; du lebst voll Neid, du
vergehst dich voll Eifer, du sprichst voll Hass.) (Rhetorica ad Herennium IV, 20, 28)

Besonders in der Verskunst tritt das Homoioteleuton an rhythmisch betonten Stellen auch gesperrt auf:

„servire aetern*os* non puduisse de*os*" (als sich ewige Götter nicht
schämten zu dienen) (Tibull, Elegien II, 3, 30)

Der eigentliche **Reim** bildete sich erst in der Spätantike aus, als
das Gefühl für das antike metrische System, das auf langen und
kurzen Silben basierte (quantitierende Metrik), verlorenging und
sich die rhythmische Ordnung, die auf betonten und unbetonten
Silben nach dem gewöhnlichen Wortakzent gründet (akzentuierende Metrik), durchsetzte. Die rhythmische Dichtung ist von
Anfang an gereimt. Konsequent durchgeführt wurde der Reim zuerst in den christlichen lateinischen Hymnen.

Reim

„Hora nov*issima*, tempora p*essima* sunt, vigil*emus*.
Ecce minac*iter* imminet arb*iter* ille supr*emus*:
Imminet, im*minet*, ut mala ter*minet*, aequa cor**onet**,
recta remun*eret*, anxia lib*eret*, aethera d**onet**,
[...]." (Es ist die jüngste Stunde, die verderbteste Zeit, lasst uns wa-
chen. Drohend, siehe, naht der höchste Richter; er naht, er naht, um
dem Bösen ein Ende zu machen, die Gerechtigkeit zu krönen, die
Rechtschaffenheit zu belohnen, zu befreien, was sich ängstigt, den
Himmel zu schenken [...].) (Bernhard von Morlas, De contemptu
mundi: De Extremo Iudicio 1-4, 12. Jh.)

Seit dem 10. Jh. breitete sich der Reim aber auch in der metrischen
Dichtung aus, die während des gesamten Mittelalters weiterbe-
stand. Am meisten Verbreitung fand dabei der leoninische Hexameter, bei dem die Zäsur auf den Versschluss reimt.

Leoninischer
Hexameter

„Dixerat, et subit*o* sonuit vox fortis ab alt*o*,
mandans, egregi*am* Mariam vocitare puell*am*,
„stella maris" lingu*a* quod consonat ergo latin*a*." (Hatte es gesprochen, und plötzlich ertönte eine laute Stimme aus der Höhe, die befahl, das auserlesene Mädchen Maria zu nennen, was in der lateinischen Sprache also „Meerstern" bedeutet.) (Roswitha von
Gandersheim, Historia nativitatis laudabilisque conversationis intactae
Dei genitricis, 274-6, 10. Jh.)

Der Klangwert von Homoioteleuton und Reim, der die Merkfähigkeit begünstigt, kommt wesentlich in Sprichwörtern und in der
Werbung zum Einsatz.

Merkfähigkeit

„Quod dif*fertur*, non au*fertur*." (Aufgesch*oben* ist nicht aufgeh*oben*.)
(Sprichwort)
„kl*ein*, aber m*ein*" (Redewendung)
„Harib*o* macht Kinder fr*oh*" (Süßigkeiten-Werbung)

Das klanglich-musikalische Element entfaltet seine Wirkkraft besonders auch auf der Theaterbühne:

„Kauz: Mensch Hyäne, du ruin*ierst mich*-! – Schnoferl: Edler Mann,
du r*ührst mich*!" (Nestroy, Das Mädl aus der Vorstadt 3, 18)

4. Homoioptoton

Gleichklingender Ausklang mehrerer Nomina im selben Fall.

Gliederung Das Homoioptoton kann größere Perioden gliedern, sofern die
Wörter mit gleichem Ausklang an derselben Stelle, häufig am Ende, eines Satzteiles stehen.

„arm*a* et sign*a* militari*a* pler*a*que capt*a*" (Waffen und Feldzeichen
wurden zum größten Teil erobert) (Sallust, Bellum Iugurthinum 99, 3)
„ubique tim*or* et trem*or*, ubique lab*or* et dol*or*." (Überall Furcht und
Schrecken, überall Mühe und Schmerz.) (Lothar von Segni, De miseria humane conditionis I, 20, Ende 12. Jh.)

5. Homoioprophoron

Wiederholung von gleichen oder ähnlichen Konsonanten oder Silben in einer Wortgruppe aus mindestens zwei Elementen.

Stilfehler Das Homoioprophoron galt in der Antike meist als stilistischer
Fehler (☞*vitium*), da durch die große Lautähnlickeit die Aussprache erschwert wird.

„*ca*sus *Ca*ssandra *ca*nebat" (Kassandra besang den Fall [Trojas]) (Vergil, Aeneis III, 183) [Der Eindruck der Lautähnlichkeit wird durch die
a-Assonanz (☞Assonanz) noch verstärkt.]
„vindica *te tibi, et tempus* [...] collige et serva." (befreie dich für dich
selbst und halte die Zeit zusammen und bewahre sie) (Seneca, Epistulae 1, 1)
„Quare non est quod fa*stidiosi isti* te deterreant [...]." (Darum gibt es
keinen Grund, dass dich diese Hochmütigen abschrecken [...].) (Seneca, Epistulae 47, 17)
„Man wird noch merken, in *welch wesensverwandter Wechselbeziehung* die beiden Untergänge zueinander standen [...]." (Torberg, Tante Jolesch, 213)

Zungenbrecher Die durch große Lautähnlichkeit hervorgerufene Erschwerung der
Aussprache findet sich bei den *Zu*ngenbrechern gerade*zu zu*m
Prinzip erhoben:

„*Fischers Fritze fischt frische Fische; frische Fische fischt Fischers Fritze.*"

Zungenbrecher basieren häufig auf der lautlichen Nähe von „l" und „r":

„*Blaukraut bleibt Blaukraut, und Brautkleid bleibt Brautkleid.*"
„*Red lorry, yellow lorry; red lorry, yellow lorry; red lorry, yellow lorry.*" (Roter Lastwagen, gelber Lastwagen, 3x)

6. Onomatopoiie

Lautmalerei
Nachahmung eines Lautes aus der Natur.

Durch die klangliche Nähe zum bezeichneten Begriff erhält die Onomatopoiie ihre eindrucksvolle und nachhaltige Wirkung, da sie einen direkten sinnlichen Eindruck vermittelt. Die Lautnachahmung kann Teil eines Einzelwortes sein, so z. B. in lat. „*murmur*" – „das *Murmeln*", das für sich allein stilistisch unauffällig bleibt. Erst in Verbindung mit anderen Klangfiguren, vorwiegend ☞Alliteration und ☞Assonanz, sowie mit weiteren Onomatopoiien kommt die Lautsymbolik zum Tragen:

Sinnlicher Eindruck

„*magno cum murmure montis*" (unter lautem Brausen des Berges) (Vergil, Aeneis I, 55)

Besonders die Konsonanten, die u. a. gemäß ihrer Artikulationsart in der Lautlehre in verschiedene Gruppen eingeteilt sind, bieten zahlreiche Möglichkeiten zur Lautmalerei: So werden f, w, s gemäß ihrer Lautqualität als „Zisch"laute bezeichnet, der Kehllaut g findet sich nicht zufällig in den Worten „gurgeln", „gluckern" oder „glucksen".

Lautqualität der Konsonanten

Lautmalerische Qualität bei Einzelwörtern tritt zumeist bei Verben bzw. Substantiven auf, die von Verben abgeleitet sind oder einen Tiernamen bezeichnen:

Verben
Tiernamen

griech. λαλέω (lallen); lat. „ululare" (heulen), „turtur" (Turteltaube); dt. „krachen", „rattern", „rasseln", „klirren", „rumpeln", „knistern", „säuseln", „brausen", „lispeln", „murmeln", „blöken", „miauen", „muhen"; „Getrappel", „Holterdiepolter", „Kuckuck".

Die unmittelbare akustische Wirkung der Onomatopoiie findet v. a. in der Comic-Sprache und Trivialliteratur ihren Niederschlag, wo entweder bereits existierende Wörter verkürzt („klatsch", „plumps") oder neue lautimitierende Wörter geschaffen werden („boing", „ratatatata") (Ottmers, Rhetorik, 180).

Comic-Sprache/ Trivialliteratur

„*percussit pectora palmis*" (er schlug sich mit den Handflächen auf die Brust) (Ovid, Metamorphosen III, 481) [Nachahmen der Schläge]

„*qua*mvis sint sub a*qua*, sub a*qua* maledicere temptant" (obwohl sie unter Wasser sind, unter Wasser versuchen sie zu schmähen) (Ovid, Metamorphosen VI, 376) [Nachahmen des Quakens der Frösche]

„Da ist das ganze Orchester der Hölle losgelassen; was Krähwinkel je an Konzerten gehört, verschwindet in ein Nichts dagegen, das *kreischt* und tobt und *trommelt* und *scharrt, pfeift, braust, rasselt* und *klirrt* – es macht den Kopf zur geladenen Bombe, die am Ende platzen muss." (Nestroy, Freiheit in Krähwinkel 1, 20)

7. Lautsymbolik (Synästhesie)

Lautliche Nachahmung von nichtlautlichen und nichtsinnlichen Eindrücken.

Lautsymbolik ist durch die Häufung von langen und kurzen bzw. betonten oder unbetonten Silben, von langen oder kurzen Wörtern, von hellen (i, e) oder dunklen (a, o, u) Vokalen, von harten (z. B. p, t) oder weichen (z. B. b, d) Konsonanten zu erreichen. Besonders können dadurch Schnelligkeit und Langsamkeit, Kontinuität oder Unterbrechung/Ungleichheit einer Bewegung, Größe und Kleinheit, Schwierigkeit und Leichtigkeit, Milde und Rauheit etc. ausgedrückt werden. „Da es sich bei diesen sprachlichen Phänomenen nicht um feste Formen handelt, ist ein gewisser Grad an Vagheit und Subjektivität bei ihrer Bestimmung nicht auszuschalten" (Landfester, Einführung, 58).

Vagheit

Die Übereinstimmung von Inhalt und Klang ist vor allem in lyrischen Texten zu finden. Programmatisch werden Lautmalerei und -symbolik bei den französischen Symbolisten im ausgehenden 19. Jh. „Die intensive Musikalisierung der Lyrik steht [...] im Zeichen einer Aktivierung der suggestiven Kraft der Worte und der Freilegung ihrer irisierenden Vieldeutigkeit und Vielschichtigkeit sowie der Eröffnung einer geheimnisvollen Dimension der rationalistischen spätbürgerlichen Realität. Im Zuge der außerordentlich breiten internationalen Wirkung des französischen Symbolismus wird L.[autmalerei] während der folgenden Jahrzehnte zu einer zentralen literarischen Strategie". Elementar wird „die akustische Inszenierung von Texten abseits aller semantischen und syntaktischen Signifikanz" schließlich im beginnenden 20. Jh. (HWRh 5, 76).

Symbolismus

„monstr(um) horrendum" (ein schreckliches Ungeheuer) (Vergil, Aeneis IV, 181) [☞Personifikation der Fama, des Gerüchts]

„Sieben runde Tage rollten nacheinander ab, wie große schwarze, langsame Reifen, ohne Anfang und ohne Ende, rund wie die Trauer." (Roth, Hiob, 121) [Nachahmung rollender Reifen]

„[...] begann er seine Sätze sehr, sehr langsam, legte zwischen die einzelnen Worte quälend lange Pausen ein, als bereite er die Entdeckung einer profunden Erkenntnis vor – und gab den Rest des Satzes in einem so unvermittelt rasendem Tempo von sich, daß man ihn nur mit Mühe verstand [...]" (Torberg, Tante Jolesch, 81) [Nachahmung des Sprechtempos von langsam zu schnell]

8. Polyptoton

Wiederholung desselben Wortes in verschiedenen Flexionsformen in syntaktischer Verbindung.

Das Polyptoton besitzt als Klangfigur primär ästhetische Funktion. Es ist ein sinnlich-affektives Stilmittel, das zur Betonung/Steigerung des wiederholten Ausdrucks führt, da es die Aufmerksamkeit erregt. Eine unmittelbare Wiederholung steigert die Einprägsamkeit; daher findet sich das Polyptoton häufig in Sprichwort und ☞Sentenz.

Ästhetik

Betonung durch Wiederholung

Nominales Polyptoton:

„Manus manum lavat." (Eine Hand wäscht die andere.) (Sprichwort)
„summa summarum" (alles in allem) (Redewendung)
„Si percensere singulas [res publicas] voluero, nullam inveniam *quae* sapientem aut *quam* sapiens pati possit." (Wenn ich die Staaten einzeln mustern will, werde ich keinen finden, der den Weisen oder den der Weise ertragen könnte.) (Seneca, De otio 8, 3)
„das Buch der Bücher" (= Bibel)
„Ist das [die Datarie, eine päpstliche Behörde] nicht ein *Hurenhaus* über alle *Hurenhäuser*, die jemand erdenken kann, so weiß ich nicht, was ich *Hurenhäuser* heißen soll." (Luther, An den christlichen Adel deutscher Nation, 41)

Verbales Polyptoton:

tritt v. a. als Verbindung verschiedener Zeiten als Mittel der Ausdrucksverstärkung auf.

Kombination verschiedener Zeiten

„*Do*, ut *des*." (Ich *gebe*, damit du *gibst*.) (Rechtsformel, die besonders auch das Verhältnis der Römer zu ihren Göttern charakterisierte.)
„Habes, habeberis." (Hast du was, dann giltst du was.) (Petron, Satyricon 77, 6)
„Und es war, das *mußte* und *muß* ich zugeben, des Anlasses wert." (Torberg, Tante Jolesch, 31)
„Und wenn man jemandem erklären sollte, was das Wiener Literatencafé eigentlich war und wie ein Ober in einem Wiener Literatencafé beschaffen sein sollte, dann würde man ihm wohl am besten eine der vielen Anekdoten erzählen, in deren Mittelpunkt Herr Hnatek *stand* und *steht* und *stehen bleiben wird*." (Torberg, Tante Jolesch, 248)

9. Paronymie

Wiederholung eines Wortkörpers innerhalb einer anderen Wortklasse.

Betonung

Durch den Gleichklang wird die Aufmerksamkeit auf den Stamm und Hauptbegriff gelenkt.

> „lux mea, qua *viva vivere* dulce mihi est." (mein Licht, durch deren Leben es für mich süß ist zu leben.) (Catull, Carmina 68, 160)
> „Meine *Wirtschafterin*? Mit der hat die Zeit so *gewirtschaft't*, daß sie sich bald das ganze Leben erspart haben wird." (Nestroy, Die verhängnisvolle Faschingsnacht I, 4)
> „Bald darauf starb Molnár selbst, der letzte große Boulvardier, der letzte, der sich vom Kaffeehaus her an die *Welt gewandt* hatte und dessen *Weltgewandtheit* kein mühsam überwundenes Provinzlertum war [...]." (Torberg, Tante Jolesch, 183)

Figura etymologica

Am bekanntesten ist die Sonderform der **Figura etymologica.** Hier wird die syntaktische Verbindung besonders eng. Meist handelt es sich um die Verbindung von stammgleichem Verb und Nomen („ein Leben leben", „einen Kampf kämpfen"), aber auch von stammgleichen Wörtern anderer Wortklassen („schönste Schönheit"). „Häufig ist das abhängige Wort ☞tautologisch gesetzt; die Figur hat durch Hervorhebung ausdrucksverstärkende Funktion" (Landfester, Einführung, 104f.).

> „somnium somniare" (einen Traum träumen)
> „propere propera" (eile eilig) (Plautus, Curculio, 688)
> „tacitus taceas" (schweige schweigend) (Plautus, Epidicus, 651)
> „O welch eine Schatzerei und Schinderei regiert da [in der Datarie, einer päpstlichen Behörde], so daß es den Anschein hat, daß alle geistlichen *Gesetze* darum *gesetzt* sind, daß nur viele Geldstricke entstünden, aus denen sich muß lösen, wer ein Christ sein soll." (Luther, An den christlichen Adel deutscher Nation, 42)
> „Aber laß *lügen* die verkehreten *Lügner*." (Luther, Vom ehelichen Leben, 16)
> „Ein junger Nero will ich sein, der *falschen Fälscherin* gegenüber!" (Nestroy, Frühere Verhältnisse, 14)

10. Paronomasie (Adnominatio)

Lautähnlichkeit zweier Wörter bei unähnlicher Bedeutung.

Intellektuelle
Erheiterung

Neben der primären Wirkung auf der akustisch-visuellen Ebene führt die Paronomasie zu einer intellektuellen Erheiterung, da der Ähnlichkeit im Klang eine Verschiedenheit der Bedeutung entspricht. „Die Lautähnlichkeit der Wiederholungsglieder schafft eine pseudo-☞etymologische Relation, welche durch die semantische Diskrepanz widerlegt wird" (Plett, Systematische Rhetorik, 132f.).

Da durch die Ähnlichkeit im Klang die Erinnerung gestützt wird, findet die Paronomasie besonders in Sprichwörtern bzw. in der Werbung Verwendung.

> „Omne *malum* ex *malo*." (Alles Übel kommt von dem Apfel – den Eva Adam im Paradies gab.) (Sprichwort)
>
> „Modicus cibi, medicus sibi." (Wer maßvoll beim Essen ist, ist ein Arzt für sich selbst.) (Sprichwort)
>
> „Si sapis, sis apis!" (Wenn du klug bist, sei wie eine Biene!) (Sprichwort)
>
> „Amicus *cer*tus in in*cer*ta *cer*nitur." (Einen zuverlässigen Freund erkennt man in einer unsicheren Lage.) (Ennius, zitiert von Cicero, De amicitia 17, 64)
>
> „Fit *via vi*." (Es entsteht der Weg durch Gewalt.) (Vergil, Aeneis II, 494)
>
> „*Deligere* oportet, quem velis *diligere*." (Auswählen soll man, wen man lieben will.) (Rhetorica ad Herennium IV, 29)
>
> „Die *tollen, vollen* Deutschen müssen's wohl dulden." (Luther, An den christlichen Adel deutscher Nation, 30)
>
> „Was wir uns gegenseitig sind, is so viel als nichts, aber gerade deßtwegen, weil wir mit dem *Sein* fertig sind, haben wir die größten Verpflichtungen für den *Schein*." (Nestroy, Der alte Mann mit der jungen Frau 4, 4)
>
> „Hier steht dein *Verlebter, Verliebter, Verlobter*, hier steht meine Braut!" (Nestroy, Der Zerrissene 3, 11)
>
> „Daß er hinter den Kulissen sehr wohl zu *walten* und besonders zu *schalten* wußte, ahnte man, bekam es aber kaum zu merken." (Torberg, Tante Jolesch, 117)
>
> „*Bitte* ein *Bit*." (Getränke-Werbung)

11. Traductio (Diaphora)

„Übertragung"
Wiederholung desselben Wortes in verschiedenen Bedeutungen.

Die Traductio spricht die akustisch-visuelle Ebene genauso wie den Intellekt an, da der Gleichheit im Klang eine Verschiedenheit in der Bedeutung entspricht. Da die Traductio „auf einer phonetischen (graphischen) Identität und einer semantischen Differenz" beruht, spricht man von einer „Polysemie-Erscheinung" (HWRh 2, 622). Die Mehrdeutigkeit wird durch den Kontext deutlich gemacht. Dem Spiel mit Bedeutungsnuancen öffnet die Traductio Tür und Tor.

> „Nam *amari* iucundum sit, si curetur, ne quid insit *amari*." (Denn geliebt zu werden [von „amare"], mag angenehm sein, wenn man dafür sorgt, daß nichts Bitteres [von „amarus"] dabei sei.) (Rhetorica ad Herennium IV, 21)
>
> „Buchner: Sag' mir, Nebel, du bist ein g'scheiter Kerl, was halt'st du vom weiblichen Geschlecht? – Nebel: Ja, von einem Geschlecht, was

nicht zu *halten* is, is schwer was zu *halten*.“ (Nestroy, Liebesgeschichten und Heiratssachen 2, 7)
„Wo kommt denn das Kraut hin?“ – „Da in den Keller herunter [...].
Was bringt denn der?“ – „Ruben haben wir ausgenommen.“ – „Halt!
Nicht da herein! Da g'hören die Ruben her. An keine Ordnung
g'wöhnt sich das Volk. – *Kraut und Ruben* werfeten s' untereinand'
als wie *Kraut und Ruben*!“ (Nestroy, Der Zerrissene 2, 1)

12. Klauseln, Cursus

Metrische bzw. rhythmische Satzschlüsse in der Prosa.

Kunstprosa

Als Klausel (lat. *clausula*) oder Cursus werden in der Kunstprosa
die letzten zwei bis drei „Versfüße“ eines Satzes bezeichnet, die
rhythmisch häufig besonders ausgestaltet wurden.

Klauseln

Quantitierende Metrik

Regeln für die Silbenlänge

Bei den Klauseln der griechischen und lateinischen Antike erfolgte diese Ausgestaltung auf der Basis einer quantitierenden Metrik, d. h. auf der Grundlage von langen und kurzen Silben. „Dabei
übernimmt der Prosarhythmus folgende Regeln der Metrik: Die
Qualität einer Silbe richtet sich nach den Regeln der Prosodie (vor
allem also Längung einer Kürze vor Doppelkonsonanz), eine Län-
ge kann in zwei Kürzen aufgelöst werden, [...] und bei aufeinan-
dertreffenden Vokalen in der Wortfuge tritt im Lateinischen Syna-
löphe [Verschmelzung zweier Silben], möglicherweise auch Elision
[Ausstoßung des Endvokals] ein“ (Landfester, Einführung, 169). Die
Endsilbe wird jeweils *anceps* gemessen (x), d. h. sie kann kurz
(∪) oder lang (–) sein. Ein Hexameterschluss (– ∪ ∪ – x) soll dabei unbedingt vermieden werden (deshalb findet sich z. B. statt
„videtur esse“ am Satzende meist „esse videtur“). Eine Klausel
kann mitten im Wort beginnen.
Die häufigsten Klauseln im Griechischen und Lateinischen sind:

Creticus und Trochaeus:	– ∪ – – x	(„ver*bis* lab*orantis*“)
Creticus und Creticus:	– ∪ – – ∪ x	(„*eloquens* n*em(o) erat*“)
Trochaeus und Trochaeus:	– ∪ – x	(„*saepe verbo*“)

Akzentuierende Metrik

Cursus

Ab dem 4. Jh. n. Chr. wird die quantitierende Metrik allmählich
durch die akzentuierende ersetzt (zuerst bei Augustinus und Am-
mianus Marcellinus fassbar). Die akzentuierenden Satzschlüsse, die
als **Cursus** bezeichnet werden, gründen nun auf betonten ($\underline{x}$) und
unbetonten (x) Silben. Wie die Klausel kann der Cursus mitten im
Wort beginnen, gewöhnlich wird beim Zusammentreffen zweier
Vokale an Wortende und –anfang jedoch keiner von beiden aus-
gestoßen (elidiert).
Die drei Grundformen des Cursus sind:

Cursus planus:	x x x x̱ x	(„*patiẹntia nọstra*")
Cursus tardus:	x x x x̱ x x	(„*dịgnos effịciant*")
Cursus velox:	x x x x x x̱ x	(„*glọriam perducạmur*")

2. Positionsfiguren

2.1. Figuren der Wortwiederholung

1. Geminatio

„Verdoppelung"
Wiederholung eines Wortes/einer Wortgruppe innerhalb einer Periode (mit und ohne Abstand).

Die Geminatio besitzt primär emphatisch-affektiven Charakter; sie wirkt sehr eindringlich und dramatisierend, kann aber auch schnell zu pathetisch erscheinen.

Eindringlichkeit

> „*Heilig, heilig, heilig* ist Jahwe Zebaot, die ganze Erde ist voll seiner Herrlichkeit." (AT, Jesaja 6, 3)
> „[...] es ist *vorbei* mit der Esplanade, *vorbei* mit allem, was einstmals Ischl war, mit seiner einmaligen Struktur und Atmosphäre, es ist *vorbei*." (Torberg, Tante Jolesch, 79)

2. Anapher

Zwei- oder mehrfache Setzung desselben Wortes/derselben Wortgruppe am Anfang aufeinanderfolgender Sätze/Satzteile.
Schema: x.../x...

Die Anapher besitzt stark emphatischen Charakter und bewirkt die Hervorhebung eines wichtigen Wortes durch Wiederholung am Satz(teil)anfang – besonders wirkkräftig wird dies in der Frage. Die Bestimmtheit des Gesagten erhält eine Steigerung. Um diese einhämmernde Wirkung zu unterstreichen, wird die Anapher häufig durch das ☞Asyndeton unterstützt. Durch die große Eindringlichkeit findet die Anapher besonders in der Werbesprache Verwendung.

Hervorhebung

„Einhämmernde" Wirkung (Werbung)

In Verbindung mit einem ☞Parallelismus gewinnt die Anapher gliedernde Funktion. Wird ein Anfangswort bei unterschiedlichen Folgesätzen wiederholt, trägt die Anapher wesentlich zur Satzmelodie bei. Eine allzu häufige Wiederholung kann jedoch auch monoton und ermüdend wirken.

Gliederung
Satzmelodie

> „Si voluptati cessero, *cedendum est* dolori, *cedendum est* labori, *cedendum est* paupertati." (Wenn ich dem Genuss nachgebe, muss ich auch nachgeben dem Schmerz, muss ich nachgeben der Anstren-

gung, muss ich nachgeben der Armut.) (Seneca, Epistulae 51, 8)

„*Hier* [in der Datarie, einer päpstlichen Behörde] werden die Gelübde aufgehoben, *hier* den Mönchen Freiheit gegeben, aus den Orden zu gehen, *hier* ist feil der eheliche Stand den Geistlichen, *hier* können Hurenkinder ehelich werden [...].“ (Luther, An den christlichen Adel deutscher Nation, 41)

„*Investieren Sie* nicht in schlaflose Nächte.
Investieren Sie nicht in leere Versprechungen.
Investieren Sie nicht nicht.
Investieren Sie in Ihre Zukunft.“ (Investment-Werbung)

3. Epipher

Zwei- oder mehrfache Setzung desselben Wortes/derselben Wortgruppe am Ende aufeinanderfolgender Sätze/Satzteile.
Schema: ...x/...x

Die Epipher stellt das Gegenstück der ☞Anapher dar, tritt jedoch wesentlich seltener auf. Die Betonung des wiederholten Wortes wirkt besonders stark, da sie am Satzende erfolgt, wo natürlicherweise eine Pause gemacht wird, sodass das Wort länger nachwirkt.

Eindringlichkeit Durch ihre große Eindringlichkeit findet die Epipher besonders auch in der Werbesprache Verwendung.

„Poenos populus Romanus iustitia *vicit*, armis *vicit*, liberalitate *vicit*.“ (Die Punier hat das römische Volk durch seine Gerechtigkeit *besiegt*, hat sie durch Waffen *besiegt*, hat sie durch edle Gesinnung *besiegt*.) (Rhetorica ad Herennium IV, 19)

„Ende *gut*, alles *gut*“ (Sprichwort)

„Prächtige *Frau*, saubere *Frau*, junge *Frau*, superbe *Frau* – aber mir g'schieht doch leichter, wann s' aus 'n Zimmer geht.“ (Nestroy, Frühere Verhältnisse, 2)

4. Symploke

„Verflechtung“
Kombination von ☞Anapher und ☞Epipher.
Schema: x...y/x...y

Die Symploke besitzt besondere Wirkung auf der Klangebene. Als **Gesuchte Gleichförmigkeit** Form von gesuchter Gleichförmigkeit wirkt die Symploke sehr kunstvoll und tritt dementsprechend selten auf.

„*Nec ille* qui voluptatem probat sine contemplatione *est*,
nec ille qui contemplationi inseruit sine voluptate *est*,
nec ille cuius vita actionibus destinata est sine contemplatione *est*.“
(Weder verzichtet jener, der den Genuss gutheißt, auf die denkende Betrachtung, noch jener, welcher der denkenden Betrachtung dient, auf den Genuss, noch jener, dessen Leben dem tätigen Wirken bestimmt ist, auf die denkende Betrachtung.) (Seneca, De otio 7, 1)

5. Kyklos (Epanalepse)

„Kreis"
Wiederholung desselben Wortes am Satz(teil)anfang und -ende.
Schema: /x...x/

Der Kyklos bewirkt einen Erinnerungseffekt: Ein wichtiges Wort soll am Satzanfang bedacht, am Ende in Erinnerung gerufen werden. Stehen zu viele Wörter dazwischen, geht dieser Effekt verloren; sind es zu wenige, wirkt die Figur hohl.

Erinnerungseffekt

> „*Pieridas*, pueri, doctos et amate poetas, / aurea nec superent munera *Pieridas*." (Die Musen liebt, o Knaben, und die gelehrten Dichter, und goldene Gaben sollen nicht übertreffen die Musen!) (Tibull, Elegien I, 4, 61f.)
> „Und ein *Genuß* war's jedesmal aufs neue, ein noch nie dagewesener *Genuß*." (Torberg, Tante Jolesch, 20)

6. Anadiplosis

„Verdoppelung"
Das letzte Wort eines Satzes/Satzteils ist gleich dem Anfangswort des folgenden Satzes/Satzteils.
Schema: /...x/x.../

Die Anadiplosis erzeugt den Effekt eines rhetorischen Echos mit einem Ansteigen/Bedeutungszuwachs bei der Wiederholung.

Rhetorisches Echo

> „[...] humilemque videmus / *Italiam. Italiam* primus conclamat Achates [...]." ([...] und wir sehen das flache *Italien. Italien*, ruft als erster Achates [...].) (Vergil, Aeneis III, 522f.)
> „Was ist die *Mehrheit? Mehrheit* ist der Unsinn, / Verstand ist stets bei wen'gen nur gewesen." (Schiller, Demetrius, v. 469f.)
> „Es fiel ihm ein, daß er schon seit Jahren *einsam war. Einsam war* er seit dem Augenblick gewesen, an dem die Lust zwischen seinem Weib und ihm aufgehört hatte." (Roth, Hiob, 128)
> „Denn der Demel ist mehr als eine Institution. Er ist [...] *eine Legende. Eine Legende* freilich, die sich damit zufriedengibt, es zu sein [...]." (Torberg, Tante Jolesch, 226)
> „Was ist *Stärke? Stärke* ist ein System." (IT- und Telekommunikationswerbung)

Bei der Fortführung der Anadiplosis über mehrere Stufen (...x/x...y/y...z/z...) erhält man eine **Klimax** gemäß der klassischen Definition. (Die ☞Klimax gemäß der modernen Definition, als bedeutungsmäßige Steigerung verstanden, tritt erst in der Neuzeit auf und ist den Sinnfiguren zuzurechnen.)

Klimax (klassisch)

> „Ibi vacabimus et *videbimus, videbimus* et <u>amabimus</u>, <u>amabimus</u> et laudabimus. Ecce quod erit in fine sine fine." (Dort werden wir von Beschäftigungen frei sein und *sehen, sehen* und <u>lieben</u>, <u>lieben</u> und

loben. Das wird sein das Ende ohne Ende.) (Augustinus, De civitate Dei XXII, 30, 5)

7. (Die) Epánodos

„Rückweg"
Wiederholung eines (Teil-)Satzes in umgekehrter Reihenfolge.
Schema: xyz/zyx

Vergewisserung Die Epanodos erweckt den Eindruck einer Vergewisserung über das Gesagte. Insofern besitzt sie reflexiven bzw. emphatischen Charakter.

> „Ihr seid müßig, müßig seid ihr." (AT, 2. Mose 5, 17)
> „Mentula moechatur, moechatur Mentula certe." (Schwänzel treibt Ehebruch, Ehebruch treibt Schwänzel – natürlich!) (Catull, Carmina 94, 1)
> „Spät kommt ihr, doch ihr kommt." (Schiller, Die Piccolomini 1, 1)
> „Sie erhob sich und sagte: „Du gehst beten!" Und da sie an etwas anderes dachte, wandelte sie mit einer feinen Stimme den Satz ab und wiederholte: „Beten gehst du!"" (Roth, Hiob, 55)

8. Regressio

„Rückgriff"
Erläuternde Wiederaufnahme einer mehrgliedrigen Aufzählung.
Schema: /x und y/x..., y.../ bzw. /x und y/y..., x.../

Vorstrukturierung Die Regressio unterstützt die Aufnahmefähigkeit des Publikums, indem zuerst eine Struktur/Gliederung (im Sinne von Überschriften) auftritt, die dann mit Inhalten gefüllt wird.

> „*Iphitus* et *Pelias* mecum, quorum *Iphitus* aevo / iam gravior, *Pelias* et vulnere tardus Ulixi [...]." (*Iphitus* und *Pelias* mit mir, *Iphitus* durch das Alter schon gebeugt, *Pelias* durch des Odysseus' Wunde gehemmt [...].) (Vergil, Aeneis II, 435f.)
> „Und wenn er [der Geist der Wahrheit] kommt, wird er die Welt überführen über *Sünde* und über *Gerechtigkeit* und über *Gericht*. Über *Sünde*, weil sie nicht an mich [Jesus] glauben. Über *Gerechtigkeit*, weil ich zum Vater gehe und ihr mich nicht mehr seht. Über *Gericht*, weil der Fürst dieser Welt gerichtet ist." (NT, Johannes 16, 8-11)
> „Nun gibt es dreierlei *Liebe: falsche, natürliche, eheliche. Falsche Liebe*, die sucht das ihre, wie man Geld, Gut, Ehre und Weiber außer der Eh liebet wider Gottes Gebot. *Natürliche Liebe* ist zwischen Vater und Kind, Bruder und Schwester, Freund und Schwager, und dergleichen. Aber über die alle geht die *eheliche Liebe*, das ist eine Brautliebe, die brennet wie das Feuer und sucht nicht mehr denn das ehliche Gemahl [...]." (Luther, Ein Sermon von dem ehelichen Stand, 5)
> „Seine Lieblingsfloskeln lauteten: *„Wie man zu sagen pflegt*", *„...betone ich*" und *„...mechte ich einflechten*", und er gebrauchte sie grundsätzlich nur dort, wo sie nicht hinpaßten. Wenn er etwas *„be-*

tonte', war es eine Grußformel oder die Mitteilung, daß heute schönes Wetter sei; wenn er etwas *„einflocht'*, stand das vorgeblich Eingeflochtene allein auf weiter Flur; und wenn er einer Aussage sein *„Wie man zu sagen pflegt...'* nachschickte, handelte es sich mit größter Wahrscheinlichkeit um etwas nie zuvor Gesagtes." (Torberg, Tante Jolesch, 121)

2.2. Figuren der Struktur (auf Satzebene)

1. Isokolon

Wiederholung derselben Wort-(und Silben-)anzahl in koordinierten syntaktischen Einheiten – ist diese nur annähernd gleich, spricht man von einem **Parison**.

Parison

> „Sed evenit mihi, quod plerisque non suo vitio ad inopiam redactis: *omnes ignoscunt, nemo succurrit*." (Aber es geht mir wie den meisten, die ohne eigene Schuld in Not geraten sind: alle verzeihen, niemand kommt zu Hilfe.) (Seneca, Epistulae 1, 4)
> „Die Zeit ist kurz, die Kunst ist lang." (Goethe, Faust I, Studierzimmer)

Die harmonische Wirkung, die durch die Ausgeglichenheit von Zahl und Proportion entsteht, führt zu einer Vereindringlichung des Gesagten. Besonders häufig ist das Isokolon mit der ☞Antithese verbunden:

Harmonie

> *„Kurz ist der Schmerz*, und *ewig ist die Freude!*" (Schiller, Die Jungfrau von Orléans 5, 14)

2. Parallelismus

Syntaktisch paralleler Bau von mindestens zwei Satzeinheiten.
Schema: xy/x^1y^1

Aufgrund der Symmetrie, die durch die Wiederholung syntaktischer Strukturen entsteht, besitzt der Parallelismus primär ästhetische und rhythmisierende Funktion. Der Symmetrie-Aspekt wird häufig durch die Verbindung des Parallelismus mit anderen ☞Formen der Wiederholung verstärkt. Besonders häufig wird der Parallelismus zur Darstellung von Gegensätzen (☞Antithese) genutzt.

Symmetrie/
Ästhetik

> „Verba docent, exempla trahunt." (Worte belehren, Beispiele reißen mit.) (Sprichwort)
> „[servi] in conviviis loquebantur, sed in tormentis tacebant" (bei Gastmählern sprachen sie [die Sklaven], doch auf der Folter schwiegen sie) (Seneca, Epistulae 47, 4)
> „[...] obgleich ihnen sehr wohl zu helfen wäre, lassen Papst und Bischöfe *hier geben, was da geht, verderben, was da verdirbt*." (Lu-

ther, An den christlichen Adel deutscher Nation, 63)
„Die einrückenden Deutschen hatten ihn 1939 als Juden eingesperrt, die befreienden Tschechen hatten ihn 1945 als Deutschen ausgewiesen." (Torberg, Tante Jolesch, 13)

3. Chiasmus

„Kreuzstellung"
Überkreuzstellung sich syntaktisch entsprechender Wörter/Satzglieder.
Schema: xy/y^1x^1

Abwechslung
Rhythmisierung

Obgleich artifiziell, wirkt der Chiasmus sprachlich abwechslungsreich und lebendig, nicht zuletzt durch seine rhythmisierende Funktion. Er findet besonders als prägnante Form für Gegenüberstellungen und Gegensätze Verwendung, tritt also häufig in Verbindung mit einer ☞Antithese auf.

> „satis eloquentiae, sapientiae parum" (genug an Beredsamkeit, an Weisheit zu wenig) (Sallust, Bellum Catilinae 5, 4)
> „Bewundert viel und viel gescholten" (Goethe, Faust II, 3, Vor dem Palast)

4. Antimetabole (Commutatio)

Gedankenumkehrung
Ein Gedanke (in der Regel ein zweigliedriger Satz oder zwei Begriffe) wird (☞antithetisch) wiederholt, wobei in der Wiederholung entweder die semantischen oder syntaktischen Glieder vertauscht werden; wird beides vertauscht, spricht man von einer ☞Epanodos.

Auffallend kunstvoll

Einprägsamkeit

Differenzierung

Als auffallend kunstvolle und spannungsgeladene Figur eignet sich die Antimetabole zur Intensivierung, Verallgemeinerung und Überhöhung. „Die besonders einprägsame Form der A.[ntimetabole] rückt sie in die Nähe von Sprichwort, Apophthegma [witziger, prägnanter Ausspruch] und Bonmot" (HWRh 1, 708). Die Antimetabole eignet sich wie kaum eine andere Figur zum Ausdruck einer Differenzierung und verhilft so der ☞Antithese zu deren wirkungsvollster Ausprägung.

Die Antimetabole kann theoretisch zwei Formen aufweisen (a und b stehen für Begriffe, während x und y deren syntaktische Funktion bezeichnen):

Stammüberkreuzung
Funktionsüberkreuzung

1. Stammüberkreuzung (semantischer Chiasmus): a^xb^y/b^xa^y
2. Funktionsüberkreuzung (syntaktischer Chiasmus): a^xb^y/a^yb^x

Überwiegend liegt aber Stammüberkreuzung vor:

> „iuris peritorum eloquentissimus, eloquentium iuris peritissimus" (von den Rechtskundigen der beredteste, von den Beredten der rechtskundigste) (Cicero, De oratore I, 39, 180)

"Esse oportet ut vivas, non vivere ut edas." (Man muss essen, um zu leben, nicht leben, um zu essen.) (Rhetorica ad Herennium IV, 39)

"Platon ait *neminem regem non ex servis* esse oriundum, *neminem servum non ex regibus.*" (Platon sagt, kein König, der nicht von Sklaven abstamme, kein Sklave, der nicht von Königen.) (Seneca, Epistulae 44, 4)

"Einer für alle, alle für einen." (Wahlspruch)

"Ob zuerst *er mit der Familie* oder zuerst *die Familie mit ihm* nichts zu tun haben wollte, steht dahin [...]." (Torberg, Tante Jolesch, 27)

"Sowohl *die Zuckerbäckerei, die nur noch vom kalten Buffet übertroffen wird,* als auch *das kalte Buffet, das nur noch von der Zuckerbäckerei übertroffen wird,* warten mit immer neuen Köstlichkeiten auf [...]." (Torberg, Tante Jolesch, 226)

Ein Beispiel für Funktionsüberkreuzung:

"qui *stultis* videri *eruditi* volunt, *stulti eruditis* videntur" (alle, die den Einfältigen gebildet erscheinen wollen, erscheinen einfältig den Gebildeten) (Quintilian, Institutio oratoria X, 7, 21)

5. Polysyndeton

"Vielverbundenes"
Mehrfache Wiederholung derselben bzw. bedeutungsgleicher Konjunktionen.

Das Polysyndeton ist ein Stilmittel der Erweiterung und Ausdehnung (☞*amplificatio*). Durch das längere Verweilen bei den Einzelaussagen kann es als Mittel der Ausdrucksverstärkung, aber auch als einfaches Mittel der chronologischen Reihung eingesetzt werden. Grundsätzlich wird die Menge der aufgezählten Gegenstände oder die Fülle der Erscheinungen unterstrichen. Das Polysyndeton bremst den Affekt und verlangsamt das Tempo von Rede oder Text.

Ausdehnung

Chronologische Reihung

Fülle
Verlangsamung

"Socrates autem primus philosophiam devocavit e caelo *et* in urbibus collocavit *et* in domus etiam introduxit *et* coegit de vita et moribus rebus<u>que</u> bonis **et** malis quaerere." (Sokrates aber hat als erster die Philosophie vom Himmel herabgerufen *und* in den Städten angesiedelt *und* auch in die Häuser eingeführt *und* gezwungen, über das Leben <u>und</u> die Sitten <u>sowie</u> gute **und** schlechte Dinge Fragen zu stellen.) (Cicero, Tusculanae disputationes V, 4, 10) [Die Konjunktionen verbinden auf drei verschiedenen Satzebenen; der Gesamteindruck der Vielverbundenheit wird dadurch jedoch nur verdichtet.]

"[...] der hier in Rede stehende Verein befand sich zufällig in Wien, hätte sich jedoch ebensogut in Prag *oder* Krakau *oder* Czernowitz befinden können." (Torberg, Tante Jolesch, 34)

6. Asyndeton

„Unverbundenes"
Aneinanderreihung gleichwertiger Einzelwörter/Satzeinheiten ohne Bindewort.

Kürze/Prägnanz

Das Asyndeton ist ein Stilmittel der Kürze und Prägnanz. Durch seinen Schlagwortcharakter wirkt es straffend, energisch, eindringlich und vermag einem Abschnitt der Rede besondere Dynamik zu verleihen. Das Asyndeton dient zum Ausdruck von Fülle und Schnelligkeit – dies kann einerseits die Unmittelbarkeit einer Abfolge betonen, andererseits aber auch Affekthaftigkeit und Emotionalität hervorkehren.

Fülle/Schnelligkeit/
Unmittelbarkeit/
Affekthaftigkeit

Trikolon

Besonders häufig tritt die konjunktionslose Aneinanderreihung als dreigliedriger Ausdruck (**Trikolon**) auf:

„Veni, vidi, vici." (Ich kam, sah, siegte.) (Ausspruch Caesars nach einem Blitzsieg, zitiert bei Sueton, Divus Iulius 37, 2) [Das Zitat besticht durch ☞Kürze, ☞Alliteration, ☞Klimax, ☞Isokolon, ☞Homoioteleuton und ist somit wohl der meistzitierte Ausspruch Caesars]
„alles rennt, rettet, flüchtet" (Schiller, Das Lied von der Glocke, 191)
„Prag und Budapest standen immer noch in regster Wechsel- und Austauschbeziehug mit Wien, *geistig, künstlerisch, atmosphärisch.*" (Torberg, Tante Jolesch, 220)

Die Reduktion auf die zentrale Aussage macht das Asyndeton zu einem beliebten Stilmittel in der Werbung:

„Quadratisch, praktisch, gut." (Schokoladen-Werbung)

7. Behagels Gesetz der wachsenden Glieder

Anordnung koordinierter Wörter/Wortgruppen vom kleinsten zum umfangreichsten.
Bei größerer Zahl der Glieder wächst häufig nur das letzte Glied.

Steigende
Satzspannung

Der Zunahme der Satzglieder entspricht eine steigende Satzspannung. Besonders wirkungsvoll wird diese rhythmische Steigerung in Verbindung mit einer inhaltlichen Steigerung (☞Klimax) eingesetzt.

„contra fas, contra auspicia, contra omnes divinas atque humanas religiones" (gegen göttliches Recht, gegen die Vorzeichen, gegen alle Prinzipien von Religion und Moral) (Cicero, In C. Verrem II, 5, 34)
„mit Kind und Kegel" (Redewendung) [unterstützt durch ☞Alliteration]
„Sie bediente sich jenes *lässigen, anheimelnden, regional gefärbten* Jargons [...]." (Torberg, Tante Jolesch, 16)

2.3. Figuren der Wortumstellung und Trennung

1. Inversion

„Umstellung"
Umkehrung der üblichen grammatischen Wortfolge.

Die Inversion ist besonders in den modernen Sprachen wahrnehmbar, die eine relativ festgesetzte/normierte Wortfolge (gegenüber der sehr freien Wortstellung des Lateinischen und Griechischen) aufweisen. Normierte Wortfolge

Durch den ungewöhnlichen Satzbau wird die Aufmerksamkeit des Publikums gesteigert – die Setzung eines Ausdrucks an eine der besonders ausgezeichneten Stellen eines Satzes (Anfang und Schluss) bewirkt dann noch eine zusätzliche Fokussierung: Satzanfang/-schluss

> „Diesen Rat gebe ich dir." – „Dir gebe ich diesen Rat." [wirkt gegenüber „Ich gebe dir diesen Rat." weitaus eindringlicher]
>
> „*effeminat* animos amoenitas nimia nec dubie aliquid ad corrumpendum vigorem potest *regio*." (*Es verweichlicht* die Sinne die allzu große Lieblichkeit, und unzweifelhaft vermag etwas zur Schwächung der Kraft *die Umgebung*.) (Seneca, Epistulae 51, 10)

Die Umkehr der üblichen grammatischen Reihenfolge kann besonders durch die Nachstellung (Postposition) der Präposition erreicht werden. Postposition

> „*vitiis* nemo *sine* nascitur" (niemand wird ohne Fehler geboren) (Horaz, Satiren I, 3, 68)

Die Abweichung von der Sprachnorm wirkt artifiziell; insofern ist die Inversion vor allem in der pathetischen und theatralischen Sprache zu finden. Pathos

> „*in gärend Drachengift* hast du / die Milch der frommen Denkart mir verwandelt" (Schiller, Wilhelm Tell 4, 3) [☞Metapher]

Die Inversion gibt ferner Möglichkeit zur Rhythmisierung, was nicht zuletzt im Liedgut sichtbar wird. Rhythmisierung

> „Hänschen klein"

2. Tmesis

„Zerschneidung"
Trennung der beiden Bestandteile eines Kompositums durch das Dazwischentreten eines anderen Satzteils.

„Die Tmesis ist – außer in den ältesten poetischen Sprachen – eine hochartifizielle Form der Dichtung" (Landfester, Einführung, 78). Dort konnte sie bei der metrischen Gestaltung einer Partie helfen. Metrische Gründe

Der Prosa ist die Tmesis weitgehend fremd. Im Lateinischen taucht sie am ehesten bei den Zusammensetzungen von „-cum-que" (z. B. „qui-cumque"), „-libet" (z. B. „qui-libet") und „per-" (z. B. „per-gratus") auf.

Aufmerksamkeits-
steigerung

Durch die ungewöhnliche Trennung eines Kompositums erregt die Tmesis Aufmerksamkeit, die sowohl dem getrennten Begriff als auch dem umschlossenen Ausdruck gelten kann.

> „*postea* vero *quam*" (nachdem aber) (Sallust, Bellum Catilinae 2, 2) [Die Tmesis wird hier eingesetzt, um den Eindruck von Altertümlichkeit, ☞Archaismus, zu erwecken.]
> „*super* unus *eram*" (übrig war ich allein) (Vergil, Aeneis II, 567)
> „*quem* Fors dierum *cumque* dabit" (wieviel Tage das Schicksal auch immer geben wird) (Horaz, Carmina I, 9, 14)

3. Hyperbaton

„Sperrstellung"
Trennung syntaktisch zusammengehörender Wörter (z. B. von Substantiv und Attribut).

Aufgrund der relativ normierten Satzstellung in den modernen Sprachen ist das Hyperbaton dort im Gegensatz zum Lateinischen und Griechischen selten anzutreffen.

Spannungsbogen

Das Hyperbaton lässt einen Spannungsbogen im Satz entstehen, der einerseits die Aufmerksamkeit des Publikums auf die getrennten Begriffe, andererseits aber auch auf die dazwischengeschalteten lenkt. Zusätzlich ermöglicht das Hyperbaton größeren Freiraum für die rhythmische Gestaltung eines Textes/einer Rede.

> „multo *maiore* populi Romani, ad summum imperium retinendum et ad communes fortunas conservandas *voluntate*" (mit dem weitaus größeren Willen des römischen Volkes, die souveräne Macht zu verteidigen und die gemeinschaftlichen Güter zu bewahren) (Cicero, In L. Catilinam IV, 7, 14)
> „In *nova* fert animus <u>mutatas</u> dicere <u>formas</u> / *corpora*." (Von den Gestalten zu künden, die einst sich verwandelt in neue Körper, treibt mich der Geist.) (Ovid, Metamorphosen I, 1f.)

4. Parenthese

„Satzeinschub"
Einschub eines Satzes in einen anderen (ohne Einfluss auf dessen Konstruktion).

Zweite
Kommunikations-
ebene

Die Parenthese ermöglicht die „Etablierung einer zweiten Kommunikationsebene" (Plett, Systematische Rhetorik, 139f.), die der Redner/Autor in verschiedener Absicht nutzen kann. So kann der Einschub dienen zur:

– Bezugnahme auf die Sprech-/Schreibsituation
– Stellungnahme zum Inhalt (Bewertung, Beurteilung)
– Ergänzung/Erklärung/Begründung.

Die zwei Mitteilungsebenen stehen in einem Spannungsverhältnis zueinander – durch die Unterbrechung des eigentlichen Gedankenganges wird die Bedeutung des eingeschalteten Satzes hervorgestrichen. Eine zu lange Parenthese verdunkelt den Inhalt des Hauptsatzes und birgt die Gefahr, die Satzspannung zu zerstören.

Spannungsverhältnis

Gefahr der Verdunkelung

Ihren Ursprung hat die Parenthese in der Umgangssprache, von wo sie in die Literatursprachen eingedrungen ist. Durch diese Nähe zur Mündlichkeit erweckt die Parenthese den Eindruck von Unmittelbarkeit und häufig „lebhafter Subjektivität" (Landfester, Einführung, 139).

Mündlichkeit

> „Regia, *crede mihi*, res est succurrere lapsis [...]." (Eine königliche Sache, glaube mir, ist es, Gestrauchelten zu helfen [...].) (Ovid, Epistulae ex Ponto II, 9, 11)
> „Kein Prager, ob Literat oder nicht – *aber im Grunde war jeder Literat oder hielt sich dafür, auch wenn er nie eine Zeile veröffentlicht hatte, hielt sich sogar für einen besseren als die öffentlich anerkannten –* bitt' Sie, wer ist schon der Werfel, sein Vater hat ein Handschuhgeschäft in der Mariengasse –, kein Prager sage ich, hat jemals an Prag das geringste auszusetzen gefunden [...]." (Torberg, Tante Jolesch, 95) [Durch die doppelte Parenthese wird es nötig, den unterbrochenen Gedankengang nochmals in Erinnerung zu rufen.]

3. Sinnfiguren

3.1. Figuren der Verknappung, der Verschiebung, des Konstruktionsbruchs und der Redundanz

Die folgenden Figuren sind unter dieser weitgefassten Überschrift subsumiert, da sie sich häufig nicht nur einem der angeführten Kriterien eindeutig zuordnen lassen.

1. Ellipse

„Auslassung" eines Wortes (bes. der Formen von „esse"/„sein") oder ganzer Redeteile.

Die Ellipse ist das Stilkennzeichen der Kürze (☞*brevitas*) schlechthin. Sie entstammt der gesprochenen Sprache und dient dort der sprachlichen Ökonomie. In einer Rede/einem Text kann die Ellip-

Kürze

Sprachökonomie

se deshalb Mündlichkeit nachahmen und besonders emotionale/ affektive Ausdruckweise darstellen oder zum Abbau von sprachlicher Redundanz (Überfluss im Ausdruck) dienen und somit Prägnanz erzeugen. Dies verhilft z. B. **Befehlen** zu ihrer Wirkung. Wird die Verwendung der Ellipse auf einen ganzen Text ausgedehnt, spricht man von „**Telegrammstil**".

Befehle

Telegrammstil

Vagheit

„Die der Kürze dienende Einsparung durch Implikatur bietet **Vagheit** für individuelles Wunschdenken und Projektionsmöglichkeiten, trägt aber gleichzeitig ein unausgesprochenes Kompliment in sich: Der Rezipient ist zum Ausfüllen der durch Einsparung bzw. Auslassung entstandenen Leerformeln aufgefordert; so wird er erstens zum Gedankenkomplizen des Senders, und zweitens trifft er richtig, was auch immer er assoziiert" (Sahihi, Kauf mich, 53).

> „Omne initium difficile." (Aller Anfang [ist] schwer.) (Sprichwort)
> „Corruptissima res publica, plurimae leges." (Der verdorbenste Staat, die meisten Gesetze.) (Tacitus, Annalen III, 27, 3)
> „Rechts um!" (Militärischer Befehl)
> „Wie sollte er sich zum Beispiel jene Frage deuten, die von einer Prager Hausfrau an eine andere gerichtet wurde und die da lautete: *„Was schmieren Sie Ihrer um zehn?"* Wie sollte er wissen, daß sich das auf den Brotaufstrich bezog, den die andre ihrem Stubenmädchen zum Gabelfrühstück bewilligte?" (Torberg, Tante Jolesch, 90)

Als straffes und präzises, durch die Auslassung auch Aufmerksamkeit erregendes und ergänzungsbedürftiges Aussagemittel findet die Ellipse v. a. in der **Werbung** häufige Verwendung, wo die Vervollständigung des Textes oft erst durch das Bild gelingt; geradezu stilbildend wurde die Ellipse für **Schlagzeile**, ☞**Sentenz** und **Aphorismus**.

Werbung

Schlagzeile/Sentenz /Aphorismus

> „Reduziert auf das Wesentliche. Und auf 57 Gramm." (Uhren-Werbung)
> „Verreisen Sie niemals ohne!" (Kreditkarten-Werbung)

Im Verlauf der Sprachgeschichte haben sich besonders Ellipsen von Substantiven in Verbindung mit Adjektiven eingebürgert, die heute gar nicht mehr als solche auffallen und ihren stilbildenden Charakter verloren haben:

Alltagssprache

> lat. „dextra" [erg. „manus"] – dt. „die Rechte" [erg. „Hand"]
> „die Illustrierte" [erg. „Zeitschrift"]
> österr. „das Faschierte" [erg. „Fleisch"]

2. Zeugma

Beziehung eines Satzteils, v. a. des Prädikats, auf zwei oder mehr koordinierte Satzglieder, während es semantisch (bedeutungsmäßig) nur zu einem Glied passt.

Auch die Vermischung eigentlicher und metaphorischer Wortverwendung ist ein Typus des Zeugma.

Das Zeugma ist ein Kennzeichen des Stilideals der Kürze (☞*bre-vitas*). Es erweckt ☞Paradoxie, Verfremdung, Komik und besitzt den Charakter einer ☞Pointe. Durch die Entstehung eines überraschenden und dadurch einprägsamen Ausdruckes findet das Zeugma auch Einsatz in der Werbung.

Kürze
Paradoxie/
Verfremdung/
Komik/Pointe

> „*bella* viri *pacem gerent* quis bella gerenda" (Die Männer werden über Krieg und Frieden entscheiden, welche die Kriege führen müssen) (Vergil, Aeneis VII, 444) [Das Lateinische kennt nur die feststehende Wendung „bellum gerere" (Krieg führen), nicht jedoch eine Entsprechung „pacem gerere"; hier muss auf eine entlegenere Bedeutung des Verbs zurückgegriffen werden, um dem Ausdruck Sinn zu verleihen.]
>
> „Einmal bringt meine himmlische Peppi ihrem Vater eine Schale Kaffee in die Werkstatt – ich schau' sie zärtlich an, *sie lasst ihre Blicke auf mich und die Schalen auf die Erd' fallen* –" (Nestroy, Der böse Geist Lumpazivagabundus 1, 6) [Passt „fallen lassen" zwar sowohl zu „Blicke" als auch zu „Schale", so vermischen sich hier doch übertragene und eigentliche Bedeutung des Verbs.]
>
> „Sie heiraten, Klepe? Sie werden sich wundern!" *Damit schloß er sowohl die Türe als auch die Gratulation.*" (Torberg, Tante Jolesch, 118)
>
> „Eines Nachts flog ihm plötzlich eine Kaffeeschale an den Kopf. Er hatte die Witwe Pelikan, *Inhaberin eines gutgehenden Geheimbordells und eines kräftigen Schnurrbartanfluges*, versehentlich mit „o Herr" angesprochen." (Torberg, Tante Jolesch, 149)

3. Enallagé

Beziehung eines Beiwortes (Attributs) auf ein falsches Beziehungswort.

Die Enallage wirkt als ästhetisches Mittel der Verfremdung und erregt durch den uneigentlichen Ausdruck Aufmerksamkeit.

Verfremdung

> „iratos [...] regum apices" (die zornigen Helme der Könige) (Horaz, Carmina III, 21, 19f.) [statt: „iratorum regum apices": „die Helme der zornigen Könige"]
>
> „[...] in Wien bezog ich [...] ein Zimmer bei irgendeiner möblierten Witwe." (Torberg, Tante Jolesch, 160) [statt: „ein möbliertes Zimmer bei irgendeiner Witwe"]

Gleichzeitig findet sie jedoch auch in der Umgangssprache Verwendung, wo sie weitgehend unauffällig bleibt:

> „Ein gutes Glas Wein trinken." [statt: „Ein Glas guten Weines trinken."]

4. Hysteron proteron

„Das Spätere zuvor"
Vorwegnahme des logisch und/oder zeitlich Nachfolgenden.

Überraschungs-effekt

Das Hysteron proteron bewirkt die überraschende Wendung des zunächst Gesagten. Sie verhilft zum Festhalten/Verharren der Vorstellung auf einem Punkt. „Allerdings sollte man sich hüten, jede sprachlogische Fehlleistung schon als Hysteron proteron zu identifizieren – meistens handelt es sich um wirkliche Fehler und nicht um intendierte rhetorische Figuren" (Ottmers, Rhetorik, 165).

> „Moriamur et in media arma ruamus." (Lasst uns also sterben und ins Kampfgewühl stürzen.) (Vergil, Aeneis II, 353)
> „Ihr Mann ist tot und läßt Sie grüßen." (Goethe, Faust I, Der Nachbarin Haus)

Prolepsis

Eine Sonderform des Hysteron proteron stellt die **Prolepsis** dar:
„Vorgriff"
Vorwegnahme eines Folgeverhältnisses durch ein attributives Adjektiv.

> „submersasque obrue puppis" (und zerstöre die versenkten Schiffe) (Vergil, Aeneis I, 69)

5. Hendiadyoin

„Eins durch zwei"
Ersatz von Substantiv + Attribut durch Substantiv + Substantiv bzw. Adverb + Verb durch Verb + Verb.

Das Hendiadyoin wirkt artifiziell, seiner Verwendung liegt die Suche nach einem veränderten Ausdruck zugrunde, der Aufmerksamkeit erregen soll. Ursprünglich fand das Hendiadyoin Verwendung, um fehlende scharfe Begriffe (lexikalische Leerstellen) zu

Benennungsbedarf

ersetzen.
Eines der bekanntesten Beispiele stellt der Anfang von Vergils Aeneis dar:

> „Arma virumque cano" (Ich besinge den Mann und die Waffen) (Vergil, Aeneis I, 1) [statt: „Ich besinge den Mann in Waffen"]

Lat. kaiserzeitliche Dichtung

Das Hendiadyoin fand seine reichste Verwendung in der lateinischen kaiserzeitlichen Dichtung; im Deutschen tritt es besonders anstelle von zusammengesetzten Nomina auf:

> „Und mir leuchtet Glück und Stern" (Goethe, Westöstlicher Diwan, Buch der Betrachtungen: Höchste Gunst) [statt: „Glücksstern"]

6. Pleonasmus

„Überfluss"
Überflüssiger Zusatz zu einem Wort, da dieses schon alle Bedeutungen des Zusatzes enthält.

Der Pleonasmus zählt eigentlich zu den Stilfehlern (☞*vitia*), da die Hinzufügung überflüssig, teilweise sogar störend ist.

Stilfehler

So impliziert z. B. beim Ausdruck „weibliche Frau" das Wort „Frau" schon das Merkmal „weiblich". Auch bei den Kombinationen von „weißer Schimmel", „alter Greis" oder „tote Leiche" werden durch die Attribute keine neuen Aspekte hinzugefügt.

Der Pleonasmus findet sich nicht selten in Alltagswendungen:

Alltagswendungen

> „letztendlich"
> „ich persönlich"

Hier soll ebenso wie in der literarischen Verwendung eine Verstärkung des Ausdrucks erreicht werden:

Ausdrucksverstärkung

> „taciturna silentia" (schweigende Stille) (Lukrez, De rerum natura IV, 583)
> „Das ist wahrlich wahr [...]." (Luther, Daß Jungfrauen Klöster göttlich verlassen mögen, 50)

7. Tautologie

Bezeichnung eines Begriffes durch zwei Worte, die dasselbe meinen.

Ebenso wie der ☞Pleonasmus zählt die Tautologie prinzipiell zu den Stilfehlern (☞*vitia*), da sie eine Hinzufügung ohne eine Sinnergänzung bietet.

Stilfehler

Die Tautologie tritt besonders in Redewendungen auf, da durch die Doppelung die Eingängigkeit gesteigert wird:

Redewendungen

> „voll und ganz"
> „hinter Schloss und Riegel"
> „Müh' und Plag'"

Die Steigerung der Eindringlichkeit hat die Tautologie meist auch in literarischen Texten zum Ziel:

Eindringlichkeit

> „Ja, es meinen etliche, daß jährlich mehr denn dreimalhunderttausend Gulden aus Deutschland gen Rom kommen, rein *vergebens und umsonst*, wofür wir nichts denn *Spott und Schmach* erlangen [...]." (Luther, An den christlichen Adel deutscher Nation, 30f.)
> „Jahrelang versuchte man der Tante Jolesch unter allen möglichen *Listen und Tücken* das Rezept ihrer unvergleichlichen Schöpfung herauszulocken." (Torberg, Tante Jolesch, 20)
> „Sperber wurde an *Ort und Stelle* verhaftet." (Torberg, Tante Jolesch, 167)

8. Epitheton ornans

Schmückendes Beiwort
Ergänzung eines Substantivs durch ein anderes, ein Adjektiv oder
eine umschreibende Erklärung, wobei die Ergänzung nicht zum
Verständnis der Sache notwendig ist, dem Gegenstand aber eine
Anschaulichkeit   größere Anschaulichkeit und Sinnlichkeit verleiht.

Das Epitheton (griech. „das Hinzugefügte") allgemein stellt einen
attributiven Zusatz zu einem Substantiv dar, d. h. im engeren Sinne ein Adjektiv-Attribut („der *kriegerische* Achill"), im weiteren Sinne auch eine substantivische Apposition („der *Krieger* Achill"). Die
rhetorische Sonderform des Epitheton ornans findet als Schmuck-
Dichtung   element v. a. in der Dichtung reiche Verwendung, da es die Vorstellungskraft anregt und die Eindringlichkeit einer Aussage er-
Charakteristische   höht. Epitheta ornantia bezeichnen vorwiegend Eigenschaften, die
Eigenschaften   von der jeweiligen Situation unabhängig sind – vorwiegend bei
Personen –, so dass es zur Ausbildung feststehender Wendungen
kommt („pius Aeneas" – „der pflichtbewusste Aeneas"). Unter
Weglassung des Eigennamens wird das Epitheton ornans schließ-
lich zur ☞Antonomasie.

> „Jetzt haben wir uns aber allzuweit von Prag entfernt und kehren ei-
> lends zurück, ins *hunderttürmige*, ins *goldene, an den Ufern der von
> Smetana vertonten Moldau gelegene* Prag, in die schönste Stadt nörd-
> lich der Alpen und wahrscheinlich eine der schönsten Städte über-
> haupt ... ach ja!" (Torberg, Tante Jolesch, 95)

9. Synonymie (Congeries verborum ac sententi- arum idem significantium)

Anhäufung sinnverwandter Ausdrücke
Verwendung sinnverwandter Begriffe zur Darstellung eines Sachverhalts.

Ausdehnung   Die Synonymie ist ein Stilkennzeichen der Ausdehnung (☞*amplificatio*). Sie ermöglicht das Verweilen bei einem Sachverhalt, ohne
durch Wortwiederholungen ermüdend zu wirken. Insofern dient
Abwechslung   sie der Abwechslung (☞*variatio*) sowie stilistischen Auflockerung
und damit dem Stilprinzip von *variatio delectat* (Abwechslung er-
freut). Die Synonymie dient weiters der Ausdrucksintensivierung
und Differenzierung, indem sie zusätzliche Bedeutungsaspekte bei-
bringt, die ergänzen oder präzisieren sollen.

> „[…] in quorum subiere locum *fraudesque dolique / insidiaeque* et
> vis et amor sceleratus habendi." ([…] an deren Stelle schlichen sich
> Betrügereien und Listen und Hinterhalte sowie Gewalt und verbre-
> cherische Habgier ein.) (Ovid, Metamorphosen I, 130f.)

„Na, wenn sich zum Beispiel einer aus Lieb' zu dir was angetan hätt', wärst du seine *indirekte Mörderin, Todgeberin par distance.*" (Nestroy, Der Zerrissene 2, 9)

„Und jetzt schweigen Sie, Sie sind ein *Aufrührer*, ein *Wübler*, ein *Demagog.*" (Nestroy, Freiheit in Krähwinkel 1,3)

„*So polyglott, so vielfach verzweigt, so kreuz und quer und durcheinander* ist es in der Emigration zugegangen, *so ausgedehnt* war der Bereich, dem ihre Anekdoten entkeimten." (Torberg, Tante Jolesch, 199)

10. Doppeldeutigkeit (Ambiguitas; Amphibolia)

Zwei- oder Mehrdeutigkeit eines Wortes, einer Wortgruppe oder eines Satzes.

Die Doppeldeutigkeit kann verschieden motiviert sein:

1. Phonetisch: aufgrund des Gleichklanges von Wörtern bei verschiedenem Aussehen (= Homophone) (z. B. „Lehre" ↔ „Leere") `Phonetische D.`

2. Lexikalisch: durch Wörter gleichen Aussehens mit verschiedener Bedeutung (= Homonyme) (Z. B. meint „Pass" einerseits einen Ausweis, andererseits aber auch einen Bergübergang.) `Lexikalische D.`

3. Syntaktisch: aufgrund der Anordnung von Wörtern (z. B. „in culto loco" – an einem kultivierten Ort ↔ „inculto loco" – an einem unkultivierten Ort). `Syntaktische D.`

Die Doppeldeutigkeit widerspricht grundsätzlich dem Ideal der Klarheit (☞*perspicuitas*); der Sinn der Aussage wird jedoch nicht gänzlich verdunkelt, sondern nur um einen oder mehrere Bedeutungsaspekte vermehrt, zwischen denen der Rezipient entscheiden muss.

Schon in der Antike wurde die Doppeldeutigkeit einerseits als Defekt (Quintilian, Institutio oratoria VIII, 2, 13) angesehen, andererseits war das absichtliche Spiel mit Bedeutungen durchaus geläufig und beliebt (Quintilian, Institutio oratoria VI, 3, 48). Besonders im obszönen Bereich fand die Ambiguitas Verwendung. Ebenso wie heute gab die Textsorte den Ausschlag für den gezielten Einsatz. Widerspricht die Doppeldeutigkeit z. B. den Kriterien eines um Klarheit und Eindeutigkeit bemühten wissenschaftlichen Textes, liefert sie geradezu den Nährboden für die Satire. `Stilfehler und –tugend` `Obszöne Inhalte` `Angemessenheit`

Der Leser/Hörer muss am interpretationsbedürftigen Text geistig aktiv mitarbeiten (Lausberg, Handbuch, § 1069d). Vom intellektuellen Wert her erweist sich die Doppeldeutigkeit der ☞Traductio als ähnlich, wobei hier das genannte Wort nur einmal vorkommt und dadurch keine klangliche Wirkung aufgrund der Wiederholung hinzutritt. `Intellektueller Reiz`

Der Status der Doppeldeutigkeit „ist ohne Wissen um die Intentionen des Textproduzenten nicht zu ermitteln: Sie kann einen stilistischen Fehler darstellen oder einem *aptum* untergeordnet sein."

Auflösung

Die Doppeldeutigkeit „wird durch den Kontext oder durch die Paraphrase aufgelöst" (HWRh 1, 437).

> „Mit alte Kleider handeln, ist eine wahre *Lumperei*, es *schaut* nix *heraus* dabei als höchstens der Ellbogen, wenn man sie anzieht." (Nestroy, Zu ebener Erde und erster Stock 1, 3)

Die intellektuelle Hochschätzung des Rezipienten, welche die Verwendung der Doppeldeutigkeit vermittelt, macht sich besonders

Werbung

die Werbung zu Nutze:

> „Mercedes – Dein guter Stern auf allen Straßen." (Auto-Werbung)
> „Wer Kisten transportiert, muß noch lange keine fahren." (Kastenwagen-Werbung)
> „Und was ist ihre Lieblings-Stellung?" (Relaxmöbel-Werbung)

3.2. Figuren der Gedankenzuspitzung

1. Klimax

„Leiter"; „Treppe"
Steigerung vom schwächeren zum stärkeren Ausdruck.

Unter Klimax werden zwei Figurentypen verstanden, wovon nur der zweite, heute gebräuchliche, zu den ☞Sinnfiguren und damit hierher gehört. Der erste, der den ☞Positionsfiguren zuzurechnen ist, soll nur einen Hinweis auf die zwei unterschiedlichen Klimax-Definitionen in klassischer und neuzeitlicher Rhetorik darstellen.

Klassische Definition

1. klassisch: eine über mehrere Stufen fortgeführte ☞Anadiplosis (...x/x...y/y...z/z...) (s. dort!)

> „Die *Brüder* Golz waren nicht nur *Brüder*, sondern *Zwillinge*, und nicht nur *Zwillinge*, sondern derart *eineiige*, daß sie einander tatsächlich *wie ein Ei dem andern glichen.*" (Torberg, Tante Jolesch, 72f.)

Moderne Definition

2. modern: steigernde Aufzählung

Ausdrucksverstärkung
Dynamisierungskraft

Die Klimax stellt eines der wirksamsten Mittel zur Ausdrucksverstärkung dar. Sie besitzt große Eindringlichkeit und Dynamisierungskraft. Sie kann sowohl in Form von Einzelwörtern auftreten als auch in Wortgruppen, Teilsätzen, vollständigen Sätzen – oder sogar einen ganzen Text(abschnitt) strukturieren.

> „O soror, o coniunx, o femina sola superstes" (O Schwester, o Gattin, o Frau, die einzig noch übrig) (Ovid, Metamorphosen I, 351)

„*magna pars vitae* elabitur <u>male</u> agentibus, *maxima* <u>nihil</u> agentibus, *tota vita* <u>aliud</u> agentibus" (*ein großer Teil des Lebens* entgleitet denen, die <u>Schlechtes</u> tun, der *größte Teil* denen, die <u>nichts</u> tun, *das ganze Leben* denen, die sich um <u>fremde Angelegenheiten</u> kümmern) (Seneca, Epistulae I, 1, 1) [Durch die Klimax *magna pars vitae, maxima, tota vita* wird deutlich, dass für Seneca auch die Glieder <u>male</u>, <u>nihil</u>, <u>aliud</u> in einem Steigerungsverhältnis stehen. Neben dem ☞parallelen Bau der Satzglieder ist v. a. noch die ☞Epipher von „agentibus" zu bemerken.]

„Desunt inopiae *multa*, avaritiae *omnia*." (Es fehlt der Armut viel, der Habsucht alles.) (Seneca, Epistulae 108, 9)

„*Es ist genug*, daß der Papst so tobet und narret. *Es ist aber zuviel*, wenn wir das billigen und gutheißen." (Luther, An den christlichen Adel deutscher Nation, 57)

„Meine Knie – meine Sinne – meine Kraft – ich bin tot!" (Nestroy, Der Zerrissene 3, 9)

„How do you spell?" lautete die *unvermeidliche*, die *erniedrigende*, die *inbrünstig gehaßte* Frage." (Torberg, Tante Jolesch, 199)

Da die Klimax der Einprägsamkeit dient, kommt sie in der Werbung häufig zum Einsatz:

> Werbung

„Pharma-Forschung ist *teuer*.
Aber ein Menschenleben ist *unbezahlbar*." (Pharma-Werbung)
„Gut, besser, Gösser." (Bier-Werbung) [Die Klimax ist hier mit einer ☞Allusio verbunden, welche auf der Steigerung von „gut" basiert, wobei „am besten" durch „Gösser" ersetzt wird.]

Das Gegenteil der Klimax ist die **Antiklimax**:
Abschwächung
Übergang vom stärkeren zum schwächeren Ausdruck.

> Antiklimax

Die Antiklimax vermag zu einer eindrucksvollen Dramatisierung durch den häufig verblüffenden Schlussteil zu führen.

> Verblüffung

„Hoc nempe ab homine exigitur, ut prosit hominibus: si fieri potest, *multis*; si minus, *paucis*; si minus, *proximis*; si minus, *sibi*." (Das natürlich wird vom Menschen verlangt, dass er nütze den Menschen: wenn es geschehen kann, *vielen*; wenn nicht, *wenigen*; wenn nicht, den *nächsten*, wenn nicht, sich *selbst*.) (Seneca, De otio III, 5)
„Doch will ich erretten mein Gewissen und das Maul frei auftun, es verdrieße *Papst, Bischof oder wen es will* [...]." (Luther, An den christlichen Adel deutscher Nation, 63)
„Um halb neun stehe ich auf, gehe ins Badezimmer, nehme eine Dusche oder ein Bad, *heiß, warm* oder *lau* [...]." (Torberg, Tante Jolesch, 173f.)

In der Werbung findet sich die Antiklimax selten, da sie mit ihrem „Prinzip der weichenden Dynamik" (Sahihi, Kauf mich, 47) den Intentionen von Werbung grundsätzlich widerspricht. Wenn sie angewandt wird, kann sie von der Seltenheit bzw. von gegenläufigen Erwartungen profitieren.

> Werbung

„*Drei* Chefs, *eine* Firma, *null* Schilling." (Telefon-Business-Tarif-Werbung)

2. Antithese

„Gegenüberstellung" zumeist von Gegensätzen oder Gegenbehauptungen.

Polarisierung
Spannung
Klarheit

Die Antithese führt zu einer akzentuierten Polarisierung zweier Gegenstücke; sie erzeugt dadurch einerseits Spannung und schafft andererseits Klarheit. Sowohl in den alten als auch in den modernen Sprachen zählt sie aufgrund dieser Eigenschaften zu den wichtigsten Stilmitteln.

Strukturelement

Wie die ☞Klimax kann die Antithese sowohl in der Form von Einzelwörtern auftreten als auch in Wortgruppen, Teilsätzen, vollständigen Sätzen oder sogar einen ganzen Text(abschnitt) strukturieren.

> „Avarus *ad petendum promptus, ad dandum tardus.*" (Der Geizige ist beim Bitten eifrig, beim Geben säumig.) (Lothar von Segni, De miseria humane conditionis II, 16, Ende 12. Jh.)
> „Christus gilt *nichts* zu Rom, der Papst gilt *alles.*" (Luther, An den christlichen Adel deutscher Nation, 58)
> „Hüte und Stäbe und große Länder machen wohl Götzen, aber Evangelium lehren macht Apostel und Bischöfe." (Luther, Vom ehelichen Leben, 42)
> „Ein Teil von jener Kraft, / die stets *das Böse will* und *stets das Gute schafft.*" (Goethe, Faust I, Studierzimmer)
> „Das Eheband bindet Hand an Hand, 's ist also *das kürzeste an Raum, das längste in der Zeit.*" (Nestroy, Liebesgeschichten und Heiratssachen 1, 12)
> „Er wurde dementsprechend *gut bezahlt* und dementsprechend *schlecht behandelt.*" (Torberg, Tante Jolesch, 15)

Werbung

Die Einprägsamkeit, die durch die Klarheit der Antithese befördert wird, macht diese zu einem beliebten Stilmittel der Werbung:

> „*Mehr* Pension. *Weniger* Ruhestand." (Pensionsvorsorge-Werbung) [Die ☞elliptische Formulierung unterstützt die Prägnanz der Aussage zusätzlich.]
> „Alfa 156 Limited Edition. Stückzahl *limitiert*. Fahrspaß *grenzenlos.*" (Auto-Werbung)
> „*Heißes* Angebot für *eiskalte* Rechner." (Auto-Werbung)

3. Oxymoron

„Das Scharfdumme"
Enge syntaktische Verbindung widersprüchlicher Begriffe.
Die Bezeichnung „Oxymoron" [das „Scharf↔dumme"] stellt selbst ein Beispiel für dieses Stilmittel dar.

Um eine starke Widerspruchsspannung zu erreichen, ist die unmittelbare Nähe bzw. Bezogenheit der beiden Gegensätze aufeinander konstitutiv. Der Kontrast zwischen den sich widersprechenden Begriffen löst dabei anfänglich Irritation aus, die jedoch als Denkanstoß dient und bei Auflösung des verdeckten Sinns zu einem Überraschungseffekt führt. Hinter dem Oxymoron steht die Freude an geistreicher Formulierung und Scharfsinn. Das Oxymoron dient als Mittel der Pointierung (☞Pointe), das aber durchaus rätselhaften Charakter haben kann.

Irritation

Überraschungs-
effekt

Intellektueller Reiz

„Oxymora haben die Aufgabe, die Widersprüchlichkeiten im menschlichen Dasein aufzudecken. Vor allem verdeutlichen sie die Diskrepanz von Sein und Schein." Eine Einführung in die Kategorien „scheinhaft" bzw. „wirklich" kann zur Auflösung der Widersprüche verhelfen (Plett, Systematische Rhetorik, 176).

> „cum tacent, clamant" (indem sie schweigen, rufen sie laut) (Cicero, In L. Catilinam I, 8, 21)
> „summum ius summa iniuria" (Das strengste Recht [ist oft] das größte Unrecht.) (Cicero, De officiis I, 10, 33)
> „rerum concordia discors" (zwieträchtige Eintracht der Dinge) (Horaz, Epistulae I, 12, 19)
> „Festina lente!" (Eile mit Weile!) (Sueton, Vita divi Augusti 25,4)
> „Daraus will folgen, daß ein Kind solle und müsse solchem Unrecht gehorchen und nehmen, wozu ihn solch tyrannischer und *unväterlicher Vater* zwingt." (Luther, Daß Eltern die Kinder zur Ehe nicht zwingen, 56)
> „süßsauer"
> „süßer Schauer"
> „beredtes Schweigen"
> „alter Knabe"
> „Dichtung und Wahrheit"

4. Paradoxon

„Unerwartetes"
(Scheinbar) widersprüchliche Aussage.

Wie das ☞Oxymoron appelliert das Paradoxon an den Intellekt, der den scheinbaren Widerspruch auflösen muss. „Der Hörer oder Leser wird durch ein Paradoxon sowohl in Spannung versetzt als auch durch die unerwartete logische Konstruktion verblüfft" (Ottmers, Rhetorik, 195). Da in wenigen Worten viel Sinn beinhaltet ist, dient das Paradoxon dem Stilideal der Kürze (☞brevitas). Als anspruchsvolle Figur, v. a. auch für das Publikum, ist das Paradoxon selten und beschränkt auf bedeutendere Gedankengänge einzusetzen. Die Gefahr der Verdunkelung und Unverständlichkeit wohnt der Verwendung des Paradoxon stets inne.

Intellektueller Reiz

Spannung

Verblüffung

Kürze

Gefahr der
Verdunkelung

Das Paradoxon entsteht nicht zuletzt, „wenn in der gleichen Aussage ein Wort einmal in normaler und einmal in eingeschränkter Bedeutung verwendet wird, z. B.: „merken, daß Kunst nicht immer Kunst ist"" (Schlüter, Grundkurs, 36).

> „magnas inter opes inops" (inmitten des Reichtums arm) (Horaz, Carmina III, 16, 28)
> „Wo viel Licht ist, ist starker Schatten." (Goethe, Götz von Berlichingen 1, Jagsthausen. Götzens Burg)
> *Die Frau Paula heißt übrigens nicht Paula, sondern Grete.* Aber als sie dermaleinst – es muß schon Jahrzehnte her sein – beim Demel eintrat, gab es bereits eine Grete, und folglich bekam die neue Grete einen andern Namen. Warum sie sich damals für Paula entschied, weiß sie heute nicht mehr. Sie weiß kaum noch, daß sie in Wahrheit Grete heißt. In einer aufgeräumten Stunde gestand sie mir einmal, daß auch ihr Mann sie längst schon Paula nennt. *Und die neue Paula,* die inzwischen zum Demel kam, *heißt Lina."* (Torberg, Tante Jolesch, 228f.)
> „Daraufhin also nahm der eine der beiden Brüder Golz die mit wirren Zahlenkolonnen bedeckte Schreibtafel an sich, rechnete das ganze noch einmal durch und verkündete, oder wie es in den klassischen Homer-Übersetzungen heißt: und sprach die geflügelten Worte: „Meine Herren – *es stimmt. Da muß sich jemand geirrt haben.""* (Torberg, Tante Jolesch, 74)
> „Pro: Man wird sich nach ihnen umdrehen.
> Contra: Siehe oben." (Auto-Werbung)
> „Sieht aus wie die Alpen?
> Sieht aus wie die Riviera?
> Sieht aus wie Rom?
> Typisch Zypern.
> [Kleindruck:] Die ganze Welt auf einer Insel." (Tourismus-Werbung)

4. Satzfiguren

4.1. Figuren der Kontaktaufnahme, der Rede, des Gesprächs (Communicatio)

Bei den Figuren der Communicatio handelt es sich um die Hinwendung zum Publikum oder zu einem neuen Adressaten für einen fiktiven Mitteilungsprozess bzw. um die Einführung einer redenden Person.

Einbeziehung des Publikums

„Mittels der kommunikativen und appellativen Figuren wird das Publikum direkt angesprochen und mehr oder weniger in die Rede miteinbezogen. Sie tendieren dazu, den monologischen Redefluß des Rhetors oder Autors zu unterbrechen oder ihn kurzzeitig ganz aufzuheben und in eine dialogische Redeform zu überführen

– allerdings wird diese Intention nur vorgetäuscht, es kommt also nicht wirklich ein Dialog zwischen Redner und Publikum zustande. Vielmehr ist diese spezifische Form der Publikumsansprache darauf angelegt, die Aufmerksamkeit und das Interesse der Zuhörer punktuell zu steigern. Diese inszenierte Kommunikation durch appellative Mittel wird mit dem Begriff *Communicatio* (*deliberatio*) beschrieben: Der Rhetor bezieht sein Publikum in einen fiktiven Mitteilungsprozeß mit ein, indem er mangelndes Wissen vortäuscht, sich vorgeblich Rat holt oder um andere Hilfen bittet – tatsächlich ist sein Wissen aber vollständig, die erbetene Hilfe also nicht nötig" (Ottmers, Rhetorik, 183f.).

Vorgetäuschter Dialog

Aufmerksamkeitssteigerung

Fiktiver Mitteilungsprozeß

1. Rhetorische Frage (Interrogatio)

Frage, auf die keine Antwort erwartet wird, weil die Antwort evident ist – die Formulierung der Frage impliziert schon die Antwortrichtung.

Die rhetorische Frage besitzt in erster Linie stark suggestive, teilweise auch provozierende Wirkung. Durch die (vorgebliche) Einholung der Meinung des Gegenübers, die der eigenen entspricht, führt sie zu einer nachdrücklichen Betonung der eigenen Aussage.

Suggestion
Provokation

Die rhetorische Frage ist ein affektives Stilmittel, das Eindringlichkeit vermittelt. Ihr Anwendungsbereich umfasst u. a. den Ausdruck von:

– Ungeduld
– Unwillen
– Beleidigung
– Verwunderung/Ungläubigkeit/Staunen
– Pathos
– Nachdrücklichkeit
– Aufforderung

Durch die rhetorische Frage kann eine Rede/ein Text bis zum dramatischen Dialog gesteigert werden. Dem Publikum kommt jedoch (in der Fiktion) aufgrund der Hitze des Gefechts keine Antwortmöglichkeit zu. Die Antworten bilden sich in den Köpfen des Publikums, d. h. es wird zu aktiver geistiger Mitarbeit angeregt.

Mitarbeit des Publikums

> „Quo usque tandem abutere, Catilina, patientia nostra?" (Wie lange noch, Catilina, willst du unsere Geduld missbrauchen?) (Cicero, In L. Catilinam I, 1, 1)
> „Contra quis ferat arma deos?" (Wer wollte gegen die Götter kämpfen?) (Tibull, Elegien I, 6, 30)
> „Es wurden Christo und seinen Aposteln ihre Wort verkehret, sollten

sie denn nicht auch mir meine Wort verkehren?" (Luther, Vom ehelichen Leben, 16)

Da die rhetorische Frage einerseits Adressatenbezug ausdrückt und ein Kommunikationsfeld eröffnet, andererseits jedoch die Antwort klar vorstrukturiert, eignet sie sich besonders auch zum Einsatz in der Werbung:

Werbung

> „Wollen Sie wirklich von der Großzügigkeit ihrer Kinder abhängig sein?" (Pensionsvorsorge-Werbung)

2. Subiectio

„Entgegnung"
Frage mit fingierter Antwort (an sich selbst oder an einen „Dialogpartner").

Belebung

Die Subiectio dient als Mittel der Belebung einer Gedankenfolge (v. a. in Reden) durch einen fingierten (eigentlich monologischen) Dialog mit einem vorgestellten Partner.

Suggestion

Durch die parteiisch gewählte Beantwortungsweise ist die Subiectio ein probates Mittel der Suggestion.

> „Quae sit libertas, quaeris? Nulli rei servire, nulli necessitati, nullis casibus, fortunam in aequum deducere." (Was Freiheit ist, fragst du? Keiner Sache sklavisch zu dienen, keiner Notwendigkeit, keinen Zufällen, das Schicksal in die Gleichgültigkeit überzuführen.) (Seneca, Epistulae 51, 9) [ist gleichzeitig eine ☞Definition von Freiheit]
> „Wie denn, wenn jemand ein krank Gemahl hat, das ihm zur ehelichen Pflicht kein Nutz worden ist, mag der nicht ein anderes nehmen? Beileibe nicht, sondern diene Gott in dem Kranken und warte sein, denke, daß dir Gott an ihm hat ein Heiltum in dein Haus geschickt, damit du den Himmel sollst erwerben." (Luther, Vom ehelichen Leben, 30)

Beweischarakter

„In ihrer umfassendsten Bedeutung liegt die [...] *subiectio* der persuasiven Rede überhaupt zugrunde: jede Rede, die von einer Fragestellung (im Sinne eines Konflikts zwischen zwei Parteien) ausgeht, durchläuft in ihrem Aufbau und ihrer Entwicklung eine Folge von Begründungsformen (*status*), die auf das Frage-und-Antwort-Spiel zurückgeführt werden können, aus dem sie sich ergeben" (Ueding/Steinbrink, Grundriß, 312).

Werbung

Den suggestiv-persuasiven Charakter der Subiectio macht sich v. a. die Werbung zu Nutze:

> „Was ist Stärke? Stärke ist ein System." (IT- und Telekommunikationswerbung) [☞Anadiplosis]

3. Aporie ([Ad-]Dubitatio)

„Ratlosigkeit"
Angebliche Verlegenheit/scheinbarer Zweifel des Autors/Redners
über die Ausführung seiner Gedanken – in Frageform wendet er
sich an das Publikum mit der fingierten Bitte um Beratung.

Durch die Aporie wirkt der Redner/Autor bescheiden, hilflos, unsicher, problembewusst, aufrichtig und gerade dadurch glaubwür-   Glaubwürdigkeit
dig. Die Aporie zielt auf das Vertrauen des Publikums ab.
     Der geäußerte Zweifel kann sich auf den Urheber von Rede/Text
selbst, auf dessen Kompetenz oder auf die Sache beziehen. Neben
dem Versuch, Vertrauen beim Publikum zu erwecken, zielt die
Aporie v. a. auch auf Verlebendigung einer Aussage.   Verlebendigung
     Am Anfang mancher Rede- und Textgattungen hat sich die Apo-
rie zu einer regelrechten Einleitungsformel (Exordialtopos) ausge-   Exordialtopos
bildet, welche die Frage „Womit soll ich beginnen…?" standardi-
siert hat.

> „Quid primum querar aut unde potissimum, iudices, ordiar, aut quod
> aut a quibus auxilium petam?" (Was soll ich zuerst beklagen, womit
> am ehesten beginnen, Richter, oder welche oder von wem Hilfe er-
> bitten?) (Cicero, Pro Sex. Roscio Amerino 29)
> „Womit soll ich den Anfang machen, wie / die Worte klüglich stellen,
> daß sie Euch / das Herz ergreifen, aber nicht verletzen!" (Schiller, Ma-
> ria Stuart 3, 4)
> „Abermals stehe ich vor einem strukturellen Problem, verursacht von
> der Tatsache, daß „Redaktion" und „Kaffeehaus" verwandte, ja einan-
> der überschneidende Phänomene sind, indem einerseits jede bessere
> Redaktion etwas von einem Kaffeehaus an sich hat und andererseits
> jeder bessere Journalist weit öfter im Kaffeehaus anzutreffen ist als in
> seiner Redaktion. Gehört nun der vorhin erwähnte Milan Dubrovic
> noch in dieses vom Journalismus handelnde Kapitel – oder gehört er
> ins nächste, das sich mit dem Kaffeehaus befassen wird?" (Torberg,
> Tante Jolesch, 133f.)

4. Permissio

„Anheimgabe"
Dem Adressaten wird seine Denk-/Handlungsweise freigestellt,
wenn der Autor auch von seiner Auffassung überzeugt ist.

Durch die Permissio erscheint der Redner/Autor gesprächsbereit –   Gesprächs-
die Offenheit ist jedoch nur vorgegeben. Der Adressat soll sich   bereitschaft
von selbst für die Richtung des Redners/Autors entscheiden, um
dessen Ansichten dann umso überzeugter zu vertreten.

> Dido zu ihrem Geliebten Aeneas: „Neque te teneo neque dicta refel-
> lo: / *i, sequere Italiam ventis, pete regna per undas.* / spero equidem

mediis, si quid pia numina possunt, / supplicia hausurum scopulis et nomine Dido / saepe vocaturum." (Nein, ich halte dich nicht, widerlege auch nicht deine Worte: Geh, fahr mit den Winden nach Italien, such dir ein Reich auf dem Weg durch die Wogen. Ich freilich hoffe, dass dich – wenn denn die Gerechtigkeit der Götter etwas vermag – inmitten der Klippen deine Strafe ereilt und du oft noch Dido mit Namen rufst.) (Vergil, Aeneis IV, 380-4)

„Wenn Skowronnek derlei Reden hörte, sagte er zu seiner Frau: „Alt werden wir alle! Ich bin genauso alt wie Mendel – und du wirst auch nicht jünger!" – *„Du kannst ja eine Junge heiraten"*, sagte Frau Skowronnek. Sie war glücklich, daß sie endlich einen gebrauchsfertigen Anlaß zu einem ehelichen Zwist hatte." (Roth, Hiob, 146)

Die vorgebliche Entscheidungsfreiheit kann bis zum ☞ironisch-falschen Rat führen: „Mach doch, was du willst." (Ottmers, Rhetorik, 185).

5. Apostrophé

„Abwendung" vom eigentlichen Adressaten/Publikum, Anrede an abwesende Personen, Götter, leblose Dinge oder ein anderes Zweitpublikum.

Verlebendigung

Epik, Lyrik, Drama

Die Apostrophé ist eine stark affekthafte Figur, die an die Vorstellungskraft des Publikums appelliert und besonders zur Verlebendigung beiträgt. Durch ihre pathetische Wirkung eignet sie sich an Stellen intensiver, gesteigerter Stimmung und findet bevorzugt Einsatz in Epik, Lyrik und Drama.

„Lugete, o Veneres Cupidinesque / et quantumst hominum venustiorum!" (Trauert, Liebesgöttinnen und Liebesgötter, und all ihr Menschen, die ihr zarter besaitet seid!) (Catull, Carmina 3, 1f.)

„Wohlan, ich weiß noch ein Liedlein von Rom und von ihnen; jucket sie das Ohr, ich will's ihnen auch singen und die Noten aufs höchste stimmen; *verstehst mich wohl, liebes Rom, was ich meine.*" (Luther, An den christlichen Adel deutscher Nation, 109)

„Die enormste Untat ist geschehn und die Erden tragt's und der Himmel schaut zu! *Für was hängt's denn da droben, ihr dummen Wolken, wenn's nicht blitzen könnt's zur rechten Zeit!*" (Nestroy, Liebesgeschichten und Heiratssachen 2, 16)

„In der Leseliteratur wirkt die Anrede an den Leser, obwohl dieser zum normalen Publikum gehört [...], wie eine Apostrophe, weil sie ungewöhnlich ist und außerdem den aktuellen Leser aus der anonymen Menge der Leser herausgreift und sich somit von der Anonymität der Leserschaft abwendet [...]" (Lausberg, Handbuch, § 763). Diese Verwendung findet sich verstärkt in der Werbung:

„Donnerstag neu für Sie!" (Zeitschriften-Werbung)

Die Apostrophé kennt noch weitere Spezifizierungen:

Invocatio

Anrufung der Götter/Gottheit/Musen/Personen der Dreifaltigkeit/Gottesmutter/Heiligen.

Die Invocatio ist eine äußerst pathetische Figur, die besonders in der religiösen Praxis und Literatur sowie in der Poetik ihren Platz beansprucht. Hier begegnet sie v. a. als Bitte des Dichters an die Musen/Gottheit, ihn zu inspirieren.

> „*Di*, coeptis [...] / *adspirate* meis primaque ab origine mundi / ad mea perpetuum *deducite* tempora carmen!" (*Ihr Götter*, [...] *fördert* mein Werk und *lasst* mein ewiges Lied von dem Beginn der Welt bis auf meine Zeiten *gelangen*!) (Ovid, Metamorphosen I, 2-4)

Obsecratio

Flehentliche Bitte/Beschwörung.

Die Obsecratio wird im Lateinischen häufig durch „per ...", im Deutschen durch „um ... willen" eingeleitet.

> „Ita fac, *oro atque obsecro* [...], si potes, subduc te istis occupationibus; si minus, eripe." (So handle, ich bitte und beschwöre dich [...], wenn du kannst, entzieh dich diesen Belastungen; wenn nicht, entreiß dich ihnen.) (Seneca, Epistulae 19, 1)
> Jesus am Ölberg vor seiner Gefangennahme: „Vater, wenn du willst, laß diesen Kelch an mir vorübergehen." (NT, Lukas 22, 42)

Exsecratio

Verwünschung einer Person oder Sache.

Die Exsecratio stellt eine Figur des höchsten Affekts, sowohl des Zorns als auch der Verzweiflung dar. „In der rednerischen Praxis wird sie aufgrund ihrer Stärke nur selten verwendet, häufiger dagegen im Drama" und in der Bibel, besonders im Alten Testament (HWRh 3, 181).

> „Verflucht sei der Tag, an dem ich geboren. Der Tag, an dem meine Mutter mich gebar, er sei nicht gesegnet. Verflucht sei der Mann, der meinem Vater fröhlich meldete: „Ein Sohn ist geboren", eine Freudenbotschaft für diesen. Dem Mann ergehe es wie den Städten, die Jahwe erbarmungslos in Trümmer legte. Am frühen Morgen schon soll er Schreckensrufe hören, und Kriegsgeschrei am hellen Mittag. Weil er mich nicht im Mutterleib sterben ließ, daß meine Mutter mir zum Grabe geworden wäre, und ihr Schoß schwanger geblieben in Ewigkeit." (AT, Jeremia 20, 14-7)

Invocatio

Pathos
Sakralsprache
Poetik
Musenanruf

Obsecratio

Exsecratio

Höchster Affekt

6. Exclamatio

„Ausruf"

Emotionalität/
Erregung

Die Exclamatio ist eine besonders affektive Stilfigur. Sie drückt Emotionalität und heftige Erregung aus. Diese Gefühle sollen auch beim Publikum erweckt werden.

> „O tempora, o mores!" (O Zeiten, o Sitten!) (Cicero, In L. Catilinam I, 1, 2)
> „Hannibal ad portas!" (Hannibal vor den Toren!) (nach Cicero, De finibus IV, 9, 22) [Sprichwörtlich gebrauchter Schreckensruf im antiken Rom]
> „O fallacem hominum spem fragilemque fortunam [...]!" (O trügerische Hoffnung der Menschen und zerbrechliches Glück [...]!) (Cicero, De oratore III, 2, 7)
> „Oh, nur weit fort mit solchen Büchern von allen Christen!" (Luther, An den christlichen Adel deutscher Nation, 91)
> „O wahrlich ein edler, großer, seliger Stand, der ehelich Stand, so er recht gehalten wird!" (Luther, Ein Sermon von dem ehlichen Stand, 9)

Unmittelbarkeit

Werbung

Der Ausruf stellt ein Charakteristikum der Umgangssprache sowie der Rede dar. Der Aspekt der Unmittelbarkeit, welcher der Exclamatio durch ihre Nähe zur Alltagssprache innewohnt, wird v. a. in der Werbung genutzt.

> „Alles raus!" (Schlussverkaufswerbung)
> „Bar auf die Hand!" (Computer-Rücknahme-Werbung)

Poesie

Als Ausdruck heftiger Gefühle findet die Exclamatio auch in der Poesie verbreiteten Einsatz.

> „Ach! und weh! / Mord! Zetter! Jammer! Angst! Creutz! Marter! Würmer! Plagen! / Pech! Folter! Hencker! Flamm! Stanck! Geister! Kälte! Zagen! / Ach vergeh! / Tieff und Höh'!" (Gryphius, Die Hölle: Werke I, 91, 17. Jh.)

7. Interiectio

„Einwurf"

Emotionalität

Anrede

Variabler
Audruckswert

Die Interiectio kann entweder Ausdruck von Empfindungen sein (Freude, Schmerz, Verwunderung, Unwillen, Hohn, Abscheu wie z. B. lat. „ei!"; dt. „ach!", „wehe!") oder von Anreden bzw. Aufforderungen (wie z. B. lat. „eia!"; dt. „auf!", „los!"). Sie besitzt insofern „primär expressive und appellative Funktion. Ihr Ausdruckswert ist nicht lexikalisch festlegbar, sondern kontextabhängig: *vah* kann Ausruf des Unwillens und der Freude sein" (Landfester, Einführung, 98).

Die Interiectio entstammt der Umgangssprache und eignet sich dementsprechend besonders zur Darstellung von (freier) Rede. So findet sie sich vorwiegend in literarischen Gattungen mit Dialogen wie Komödie, Tragödie und Epos. Durch die vermittelte Emotionalität und Lebhaftigkeit entfaltet die Interiectio v. a. auf der Bühne ihre Wirksamkeit.

Komödie, Tragödie, Epos

> „*Eia*! / Quid statis?" (He! Was verweilt ihr?) (Horaz, Satiren I, 1, 18f.)
> „*Ja*, mit die Heiraten geht's oft wie beim Krapfenbachen: man nimmt alles mögliche dazu und sie g'raten doch nicht." – „*Aha*? Und doch haben Sie mir oft Repremerts wegen meiner langwierigen Jungg'sellenwirtschaft 'geben." (Nestroy, Das Mädl aus der Vorstadt 1, 6)

8. Sermocinatio (Ethopoiie)

Einführung eines Redenden.
Einführung lebender, verstorbener oder erdichteter Personen mittels einer Rede, Aussprüchen, Gesprächen oder Selbstgesprächen, die wahr oder fingiert sein können.

In der rhetorischen Tradition steht dabei die Nachahmung des Charakters der redenden Person im Vordergrund (daher die griechische Bezeichnung „Ethopoiie": Charakterzeichnung) – Wahrscheinlichkeit und Angemessenheit der Darstellung bilden hier die Kriterien für die Abfassung der Rede. Diese Verwendung der Sermocinatio findet sich besonders in der Geschichtsschreibung, in der historischen Erzählung sowie im Personenlob. Wird die Sermocinatio innerhalb eines mündlichen Vortrages verwendet, kann die vorgestellte Person zusätzlich in Tonfall, Mimik und Gestik imitiert werden, was zu starker Verlebendigung führt.

Charakterzeichnung

Geschichts-schreibung, histor. Erzählung, Personenlob

Verlebendigung

> „Me quidem, iudices, examinant et interimunt hae voces Milonis, quas audio assidue et quibus intersum cotidie. „Valeant" inquit „cives mei, valeant; sint incolumes, sint florentes, sint beati [...]."" (Mich, das kann ich jedenfalls sagen, Richter, peinigen und martern diese Worte Milos, die ich fortwährend höre und denen ich tagtäglich ausgesetzt bin: „Lebt wohl", sagte er, „lebt wohl, meine Mitbürger; sie sollen wohlauf, sie sollen reich, sie sollen glücklich sein [...].") (Cicero, Pro Milone 93)
> „Und so schließe denn dieses Kapitel mit einem Ausspruch, der die Tante Jolesch nicht nur in sprachlicher Hinsicht auf dem Höhepunkt ihrer Formulierungskraft zeigt: „Was ein Mann schöner is wie ein Aff', is ein Luxus."" (Torberg, Tante Jolesch, 21)

Neben der Charakterzeichnung einer Person vermag die Sermocinatio jedoch auch die Meinung des Redners/Autors durch die Worte einer anderen Person wiederzugeben. Unter diesem Aspekt wird die Sermocinatio vorwiegend bei problematischen Sachverhalten eingesetzt, um den eigentlichen Urheber zu entlasten.

Entlastungs-funktion

4.2. Figuren der Gedankenführung

Argumentations-
hilfen

Die Figuren der Gedankenführung unterstützen den eigenen Argumentationsgang. Wie Wegweiser sollen sie das Publikum anleiten, diesem Gang zu folgen, indem sie Inhalte vorwegnehmen oder gewichten, den Gedankengang transparent machen oder auch Lücken bzw. Fehler in der Argumentationsführung des Gegenübers aufzeigen.

1. Praeparatio

„Vorbereitung"

Vorstrukturierung

Vorbereitender und absichernder Vorgriff auf noch folgende problematische oder besonders ausladende Stellen unter Berücksichtigung des Publikums bzw. der Gedankengänge der Gegner.

Die Praeparatio kann einfach in der Ankündigung einzelner Redeteile bestehen, um den Rezipienten zu zeigen, was sie erwartet, und deren Wahrnehmung vorzustrukturieren. Weiters dient die Praeparatio zum Hinweis auf Besonderheiten bzw. besonders wichtige Argumente, um die Aufmerksamkeit des Zuhörers/Lesers daraufhin zu lenken. Darüberhinaus kann die Praeparatio schwierige Gedankengänge oder Beispiele vorbereiten, um dem Publikum deren Verständnis zu erleichtern. Besonders aber wird die Praeparatio eingesetzt, um gewöhnlich schockierende oder unglaubwürdige Inhalte/Formulierungen anzukündigen, um sich bei deren eigentlichem Vorkommen nicht dem Widerstand oder der fehlenden Aufnahmebereitschaft der Empfänger gegenüber zu sehen.

> „Des sei genug gesagt von den geistlichen Gebrechen; man wird und kann ihrer mehr finden, wenn diese würden recht angesehen. *Wollen auch der weltlichen einen Teil anzeigen.*" (Luther, An den christlichen Adel deutscher Nation, 103)

2. Praesumptio

„Vorwegnahme" eines Einwandes/eigenen Gedankens.

Der Vorgriff auf den gegnerischen oder eigenen Gedankengang ist der ☞Praeparatio verwandt, dient jedoch nicht wie diese wesentlich zur Strukturierung oder Vorinformation, sondern in erster Linie

Absicherung

zur Absicherung gegen mögliche, schon vorauszusehende Einwände oder Argumente der Gegenpartei. Insofern ist die Praesumptio besonders in der Einleitung bzw. am Anfang eines neuen Gedankenganges zu finden. Die Praesumptio steigert die Aufmerksamkeit des Publikums, das die folgende Antwort/den folgenden Gedankengang erwartet.

„Niemand soll meinen, daß ich zuviel sage. Es ist alles offenbar, so daß sie selbst zu Rom bekennen müssen, es sei greulicher und mehr als jemand sagen könnte." (Luther, An den christlichen Adel deutscher Nation, 42)

„Sprichst du aber, es [die Priesterehe] sei anstößig und es müsse zuvor der Papst drin dispensieren, so sag ich, was anstößig drin ist, das sei des Römischen Stuhls Schuld, der solch Gesetz ohn Recht und wider Gott gesetzt hat; vor Gott und der Heiligen Schrift ist es nicht anstößig." (Luther, An den christlichen Adel deutscher Nation, 68)

3. Concessio (Confessio; Consensio)

„Ein-/Zugeständnis"
Der Redner/Autor gibt der Gegenseite in einem Punkt (vorläufig) Recht bzw. bekennt (scheinbar) eine eigene Schwachstelle.

Das (vorgegebene) Ziel der Concessio besteht in der Vermittlung zwischen der eigenen und der gegnerischen Position. Indem der Gegenseite (zumindest teilweise) Recht gegeben bzw. ein eigener Schwachpunkt eingestanden wird, sollen Wohlwollen erregt und Sympathien gewonnen werden (*captatio benevolentiae*). Das Eingeständnis des Autors über sein Unvermögen in der Bewältigung der gestellten Aufgabe hat teilweise formelhaften Charakter angenommen, so z. B. in der mittelalterlichen Geschichtsschreibung.

Captatio benevolentiae

Häufig wird die Concessio jedoch aus argumentationstaktischen Gründen eingesetzt: Indem zuerst Richtigkeit und Stärke des gegnerischen Arguments gelobt werden, um dieses dann mit noch überzeugenderen eigenen Argumenten bzw. einer ironischen Abwertung zu entkräften, wird die Aussagekraft der eigenen Argumente erhöht.

Argumentationstaktik

> Martin Luther in einem Brief an Papst Leo X.: „Ich habe wohl scharf angegriffen, doch im allgemeinen etliche unchristliche Lehren, und bin gegen meine Widersacher bissig gewesen nicht um ihres bösen Lebens, sondern um ihrer unchristlichen Lehre und Beschützens willen, welches mich so ganz und gar nicht reuet, daß ich mir's auch vorgenommen hab, in solcher Emsigkeit und Schärf zu bleiben, ungeachtet, wie mir dasselbe etliche auslegen, da ich hier Christus' Exempel hab, der auch seine Widersacher nennet Schlangenkinder, Gleisner, Blinde, des Teufels Kinder und Sankt Paulus den Magus heißet ein Kind des Teufels, und der voll Bosheit und Trügerei sei, und etliche falsche Apostel schilt er Hunde, Betrüger und Verkehrer von Gottes Wort." (Luther, Von der Freiheit eines Christenmenschen, 112)

Die überzeugende Wirkung der Concessio macht sich besonders auch die Werbung zu Nutze:

> „Crisan ist sauteuer, aber es wirkt." (Shampoo-Werbung)

4. Correctio

Selbstkorrektur
Der Redner/Autor stellt eine von ihm selbst noch kurz vorher vertretene Meinung richtig oder korrigiert seine Ausdrucksweise.

Die Correctio erregt Aufmerksamkeit, weil der Redefluss durchbrochen wird. Oft besteht sie nur in der Ersetzung eines Wortes durch ein anderes; im Lateinischen wird sie dann häufig durch „immo", im Deutschen durch „ja (sogar)" oder „vielmehr" eingeleitet.

Signal von Offenheit

Die Correctio stellt sich als ein Signal von Offenheit, Zugänglichkeit und Unvoreingenommenheit dar und gewährt (scheinbar) Einblick in den Denkprozess.

„Bezieht sich die *correctio* auf den behandelten Sachverhalt, so tendiert sie zur Ausdruckssteigerung, erweist sie sich als publikumsbedingt, so tendiert sie zur vorsichtigen Abschwächung" (Lausberg, Handbuch, § 784), wenn z. B. ein als unpassend erkannter Ausdruck korrigiert wird. Die publikumsbedingte Correctio kommt besonders bei der ☞Licentia, gewagten ☞Metaphern, ☞Hyperbeln, ☞Neologismen sowie bei affektiert-übersteigertem Redeschmuck vor (Lausberg, Handbuch, § 786).

> „O clementiam populi Romani *sive potius* patientiam miram ac singularem!" (O Milde des römischen Volkes oder eher bewundernswertes und einzigartiges Erdulden!) (Cicero, In C. Verrem II, 5, 74)
> „at pater infelix *nec iam pater* „Icare" dixit [...]." (Aber der unglückliche Vater, schon nicht mehr Vater, rief: „Ikarus" [...].) (Ovid, Metamorphosen VIII, 231)
> „Es ist ein unchristliches, *ja antichristliches* Exempel, daß ein armer sündiger Mensch [der Papst] sich lässet seine Füße küssen von dem, der hundertmal besser ist denn er." (Luther, An den christlichen Adel deutscher Nation, 56)
> „Er teilte sein Dasein mit einer ebenso alten böhmischen Wirtschafterin namens Karolin' (auf der ersten Silbe betont) und mit einem Dackel namens Waldi, *hauptsächlich mit einem Dackel* [...]." (Torberg, Tante Jolesch, 45)
> „Am Kohlmarkt zu Wien [...] befindet sich die Konditorei Ch. Demel's Söhne, kurz „Demel" und *ganz genau „der Demel"* geheißen." (Torberg, Tante Jolesch, 226)

Heinrich Lausberg (Handbuch, § 785) unterscheidet zwischen zwei Arten der Correctio:

Affektärmerer Typ

1. Affektärmerer Typ: „non x, sed y" – „nicht x, sondern y": Der alte und der neue Ausdruck werden als ☞Antithese gesetzt.

Affektstärkerer Typ

2. Affektstärkerer Typ: „x...x? Immo y" – „x...x? Im Gegenteil, y": Der alte Ausdruck wird in der Form einer ☞Anadiplosis hinterfragt und durch die steigernde Anfügung des neuen Ausdrucks ersetzt.

5. Praeteritio (Paralipse)

„Übergehen"
Der Redner/Autor gibt vor, „Unwichtiges" zu übergehen, führt es
aber dennoch an.

Rein auf den Rede-/Textumfang bezogen, kann die Praeteritio
durch das bloße Anreißen von Inhalten, die aber nicht ausgeführt
werden, eine Darstellung deutlich verkürzen.

Meist unterliegt die Verwendung der Praeteritio jedoch nicht so
sehr den Stilkriterien der ☞*brevitas* als vielmehr taktischen Über-   Taktik
legungen des Redners/Autors. Die ausdrückliche Erklärung, auf
manche Gegenstände/Themen nicht näher einzugehen, hebt diese
besonders nachdrücklich hervor, wodurch die Neugier des Publikums erregt wird. Indem in der Praeteritio genau das Gegenteil
der Ankündigung unternommen bzw. bezweckt wird, verbindet
sie sich mit der ☞Ironie.

„Äußerst problematisch sind Paralipsen dann, wenn der Spre-
cher eine Unterlassung einer Äußerung deshalb vornimmt, weil er
einerseits den darin ausgedrückten Sachverhalt kaum ernsthaft
und öffentlich vertreten könnte, er andererseits aber bestimmte
Dinge unausgesprochen ausdrücken, also etwas suggerieren und   Suggestion/
unterstellen will" (Ottmers, Rhetorik, 188). Hier erhält die Praeter-   Unterstellung
itio den Charakter einer ☞Anspielung. Die Praeteritio ist „eine besonders subtile Fom der Unterstellung, der schwer zu begegnen
ist, weil sie ja im selben Atemzug zurückgenommen wird" (Ue-
ding/Steinbrink, Grundriß, 317). Speziell für Anklage und Tadel
findet die Praeteritio gern Verwendung.

Die Einleitung der Praeteritio stellt sich oft formelhaft dar: lat.   Einleitungsformeln
„praetereo", „omitto"; dt. „Ich brauche hier nicht weiter/im Einzel-
nen ausführen/darlegen, dass/wie...", „Ich will nicht näher darauf
eingehen, dass/wie...", „Wozu soll ich ... erwähnen?", „wie wir alle
wissen...", „wie allgemein/allseits bekannt ist...".

> „Alia interim crudelia, inhumana *praetereo*, quod [servis] ne tamquam
> hominibus quidem sed tamquam iumentis abutimur [...]." (Andere
> Grausamkeiten indessen *übergehe ich*, dass wir sie [die Sklaven] nicht
> einmal wie Menschen [behandeln], sondern als Lasttiere missbrau-
> chen [...].) (Seneca, Epistulae 47, 5)
> *„Ich klage hier nicht, daß* zu Rom Gottes Gebot und christlich Recht
> verachtet ist; denn so wohl steht es jetzt nicht in der Christenheit,
> sonderlich zu Rom, daß wir über solche hohen Dinge klagen könn-
> ten. *Ich klage nicht, daß* das natürliche oder weltliche Recht und Ver-
> nunft nichts gilt. Es liegt alles noch tiefer im Grund. Ich klage, daß
> [...]." (Luther, An den christlichen Adel deutscher Nation, 31)
> *„Denn ich will schweigen, was für* Nutz und Lust mehr drinnen sei,
> wenn ein solcher Stand [der Ehestand] wohl gerät, daß Mann und

Weib sich lieb haben, eines sind, eins des andern wartet und was mehr Gutes dran ist, auf daß mir nicht jemand das Maul stopfe und spreche, ich rede von dem, was ich nicht erfahren habe, und es sei mehr Galle denn Honig drinnen." (Luther, Vom ehelichen Leben, 38f.)

„Ob die englische Küche seither schmackhafter geworden ist, *steht hier nicht zur Debatte* – [...]." (Torberg, Tante Jolesch, 54)

6. Aposiopese

„Verschweigen", Redeabbruch
Der Rede-/Textfluss wird, meist unter Verschweigen wichtiger Passagen, plötzlich unterbrochen.

Verlebendigung

Die Aposiopese stellt eine stark affekthafte Stilfigur dar, die zur Verlebendigung von Rede/Text führt; sie ist häufig durch den Satzabbruch erkennbar.

Die gedankliche Weiterführung der begonnenen Aussage überlässt der Redner/Autor gänzlich dem Publikum, während bei der ☞Praeteritio diese Auslassung zwar angekündigt, der Inhalt aber dennoch kurz umrissen wird.

Für den Redeabbruch gibt es vielfältige Gründe, so z. B.:

– Rücksicht auf das Publikum, dessen Einstellung oder ethische Werte (hier besteht die Aposiopese vorwiegend in der Aussparung anstößiger Wörter, meist aus dem sexuellen Bereich),
– Erweckung von Aufmerksamkeit,
– Erweckung eines Verdachts, ohne diesen klar auszusprechen, wodurch die Vorstellungskraft des Publikums gereizt wird,
– Ausdruck besonders emotionaler Anteilnahme des Sprechenden.

„Quos ego...!" (Diese [sollte] ich...!) (Vergil, Aeneis I, 135)
„Buchner: Sie hat mich ersucht, Euer Gnaden das Medaillonkapsel zu übergeben! – Vincelli: *Die Person, mit der mein Sohn –?* – Buchner: *Ja, die Person, mit der Ihr Sohn –*" (Nestroy, Liebesgeschichten und Heiratssachen 3, 15)

7. Licentia

Freimütige Rede
Der Redner/Autor nimmt sich die Freiheit offener Rede heraus, die ihm nach den Kriterien der Angemessenheit (☞*aptum*) nicht zusteht.

„Die *licentia* ist ein freimütiger, nur auf die Wahrheit pochender brüskierender Vorwurf an das Publikum auf die Gefahr hin, das Publikum gegen die sprechende Partei zu verstimmen: der Redner traut dem Publikum die Verkraftung einer unangenehmen objekti-

ven Wahrheit zu und hofft, damit erst recht an Sympathie zu gewinnen, was er in für das Publikum schmeichelhafter Weise durch-
blicken läßt" (Lausberg, Handbuch, § 761). Neben der Schmeichelei verbindet sich die Licentia häufig mit List oder versteckter
☞Ironie.

Schmeichelei (cap-
tatio benevolentiae)

> Martin Luther in einem Brief an Papst Leo X.: „[...] das ist die Ursach,
> warum es mir allezeit ist leid gewesen, du frommer Leo, daß du ein
> Papst worden bist in der Zeit, der du wohl würdig wärest, zu besse-
> ren Zeiten Papst zu sein. Der Römische Stuhl ist deiner und deines-
> gleichen nicht wert, sondern der böse Geist sollte Papst sein, der
> auch gewißlich mehr denn du in Babylon regieret. O wollte Gott,
> daß du entledigt der Ehre (wie sie es nennen, deine allerschädlich-
> sten Feinde) [...] dich erhalten könntest. [...] Denn sag mir, wozu bist
> du doch nutz in dem Papsttum; denn je ärger und verzweifelter einer
> ist, desto mehr und stärker mißbraucht er deine Gewalt und Titel, die
> Leute zu schädigen an Gut und Seel, Sünd und Schand zu mehren,
> den Glauben und Wahrheit zu dämpfen. O du allerunseligster Leo,
> der du sitzest auf dem allergefährlichsten Stuhl – *wahrlich, ich sag dir*
> *die Wahrheit, denn ich gönn Dir Gutes.*" (Luther, Ein Sendbrief an
> Papst Leo X., 115)
>
> Friedrich Torberg über sich selbst: „Denn auf die Frage: „Was blieb
> vom Doppeladler?" könnte ich mit einer gewissen Berechtigung ant-
> worten: „Zum Beispiel ich." [...] *Ich sehe nicht ein, warum ich* gerade
> jene von ihnen [Kindheitserinnerungen], die mit dem alten Österreich
> zu tun haben, künstlich verdrängen und mir womöglich ein monar-
> chistisches Trauma einwirtschaften *sollte*; *warum ich* mich nichts da-
> von wissen machen *sollte*, daß meine Geburt und acht Jahre meines
> Lebens noch in die Ära des alten Kaisers fielen [...]; *warum ich* leug-
> nen oder bagatellisieren oder gar schmähen *sollte*, was ich als Kind
> bestaunt und bewundert habe; *warum ich*, kurzum, an diese Kinder-
> und Kaiserzeit, an das allsommerliche Feuerwerk in Ischl am Vor-
> abend des 18. August (der für mich noch lange „Kaisers Geburtstag"
> blieb), an das klingende Spiel der Burgkapelle, dem ich an der Hand
> meines Kinderfräuleins zuhören durfte, an Regimentmusik und Fron-
> leichnamsprozession und Farbenpracht und Equipageprunk – *warum*
> *ich* an dies alles nicht mit Wehmut zurückdenken und es nicht in ei-
> nem sentimentalen Vorwort äußern *sollte*." (Torberg, Tante Jolesch,
> 219)

4.3. Figuren der Erklärung und Veranschaulichung

Diese Figurengruppe basiert wesentlich auf der Hinzufügung bzw.
Ausdehnung eines Gedankens (☞*amplificatio*). Zur Steigerung von
Verständlichkeit und Anschaulichkeit (*evidentia*) werden sinnfällige
Einzelheiten eines Gegenstandes dargelegt und detailreich aufgezählt.

Ausdehnung

Wo die Anschaulichkeit im Vordergrund steht, versetzt der Autor/Redner sich und das Publikum in die Lage von Augenzeugen und steigert dadurch die Glaubwürdigkeit des Dargestellten. Die *evidentia* erweckt nicht umsonst den Charakter eines Beweises, stellt sie doch seit der Antike als Vorstellung vom „Offenkundigen" und „Offensichtlichen" (*evidens*) ein zentrales Kriterium der Rechtsfindung dar.

1. Commoratio

„Verweilen" bei einem Gedanken.

Die Commoratio wird durch Ausschmückung (*expolitio*) bzw. sprachliche Variation eines Gedankens erreicht. Dies kann durch ☞Wiederholung, ☞Synonymie oder ☞tropische Ausdrucksweise geschehen. Der vermittelte Gedanke soll dadurch eindringlicher und einprägsamer wirken, gerade auch in seiner affektiven Wirkung gesteigert werden.

Eindringlichkeit

> „Quo usque tandem abutere, Catilina, patientia nostra? Quam diu etiam furor iste tuus nos eludet? Quem ad finem sese effrenata iactabit audacia?" (Wie lange noch, Catilina, willst du unsere Geduld missbrauchen? Wie lange soll auch diese deine Raserei ihr Gespött mit uns treiben? Bis zu welchem Ende soll die zügellose Frechheit ihr Haupt erheben?) (Cicero, In L. Catilinam I, 1, 1)
> „Immer, seit ich denken kann, war die Zeit aus den Fugen und steuerte auf einen Untergang zu, immer, schon als Kind, habe ich ihn gespürt, war ich mir seines Herannahens bewußt, und je deutlicher er mir bewußt wurde, desto intensiver habe ich mich dem Geschenk der noch verbleibenden Zeitspanne hingegeben, der Gnadenfrist, die einer zum Untergang verurteilten Epoche noch zugemessen war." (Torberg, Tante Jolesch, 11)

2. Enumeratio

Aufzählung (ohne Nennung des Oberbegriffs)
Aneinanderreihung von Einzelelementen.

Die Enumeratio besitzt im Vergleich zur einfachen Nennung eines die Aufzählungsglieder umfassenden Oberbegriffes einen weit höheren Grad an Anschaulichkeit, der besonders auch die Fülle bzw. Vielfalt eines Gedankens illustrieren kann. Der Adressat wird selbst angeregt, die Einzelaussagen unter einem für ihn passend erscheinenden Kriterium/Oberbegriff zu subsumieren, wodurch es zu einer verstärkten Auseinandersetzung mit dem Gedankengang des Redners/Autors kommt.

Anschaulichkeit

> Martin Luther über das Rom des Papstes: „Da ist ein Kaufen, Verkaufen, Wechseln, Tauschen, Lärmen, Lügen, Trügen, Rauben, Stehlen,

Prachten, Hurerei, Büberei, Gottesverachtung auf vielerlei Weise, daß es dem Antichrist nicht möglich ist, lästerlicher zu regieren." (Luther, An den christlichen Adel deutscher Nation, 40f.)

„Kaum eine der auftretenden Personen wäre ohne das Kaffeehaus denkbar. Kaum eine der von ihnen handelnden Geschichten, auch wenn sie anderswo spielen, wäre ohne das Kaffeehaus entstanden. Kaum einer der hier verzeichneten Aussprüche wäre getan worden, wenn es das Kaffeehaus nicht gegeben hätte." (Torberg, Tante Jolesch, 136)

3. Distributio

„Aufteilung" eines Hauptbegriffes in mehrere Unterbegriffe, wobei der Hauptbegriff vor oder nach der Unterteilung genannt werden kann.

Die Distributio dient der Veranschaulichung und Verdeutlichung des Hauptbegriffs, der durch das Verweilen in seiner Bedeutung gesteigert wird. Diese Eigenschaften der Distributio lassen sich nicht zuletzt für den Ausdruck heftiger Gemütsbewegung nutzen. Veranschaulichung

> „Auch die Stammgäste der früheren Literatencafés *waren beschäftigt*: zum Teil eben damit, im Kaffeehaus zu sitzen, zum Teil mit Dingen, die sie im Kaffeehaus erledigen konnten und wollten. Dort schrieben und dichteten sie. Dort empfingen und beantworteten sie Post. Dort wurden sie telephonisch angerufen, und wenn sie zufällig nicht da waren, nahm der Ober die Nachricht für sie entgegen. Dort trafen sie ihre Freunde und ihre Feinde, dort mußte man hingehen, wenn man mit ihnen sprechen wollte, dort lasen sie ihre Zeitungen, dort diskutierten sie, dort lebten sie [...]." (Torberg, Tante Jolesch, 243)

4. Descriptio

Beschreibung
Kunstvolle Beschreibung von Personen, Orten, Dingen etc.

Die Descriptio dient der bildhaften Ausschmückung einer Rede/eines Textes. Doch auch in der Alltagssprache tritt sie als das wohl geläufigste Mittel zur Veranschaulichung und Anregung der Vorstellungskraft auf. Veranschaulichung

> „Madidis notus evolat alis / terribilem picea tectus caligine vultum; / barba gravis nimbis, canis fluit unda capillis, / fronte sedent nebulae, rorant pennaeque sinusque." (Mit triefenden Flügeln entfliegt der Südwind, das schreckliche Gesicht bedeckt von düsterer Dunkelheit; der Bart schwer von Wolken, von den grauen Haaren fließt Wasser, auf der Stirn sitzen die Nebel, es tropfen die Federn und das Gewand.) (Ovid, Metamorphosen I, 264-7)

Seit der Antike und besonders im Mittelalter hat sich in den einzelnen literarischen Gattungen wesentlich für die Beschreibung von Personen und Orten eine richtiggehende Topik herausgebildet. Deren Kenntnis ist für eine eingehende Untersuchung dieser Texte unerlässlich, um nicht schematisierte Zuschreibungen mit der beschriebenen Sache automatisch gleichzusetzen.

Eine besondere Ausbildung haben die Beschreibung von Personen, Orten und Völkern erfahren:

Prosopographie

1. **Prosopographie**
Personenbeschreibung

> „Franz, bildhübsch und mit einer starken Begabung zum Nichtstun ausgestattet (das er nur dem Bridgespiel und der Jagd zuliebe aufgab), muß um mindestens zwölf Jahre älter gewesen sein als ich, denn er hatte bereits am Ersten Weltkrieg teilgenommen und wurde von seinen gleichaltrigen Freunden auch späterhin noch scherzhaft als „Seiner Majestät schönster Leutnant" bezeichnet." (Torberg, Tante Jolesch, 13)

Mittelalterliche Schemata

Besonders in der Personenbeschreibung hat sich im Mittelalter nach antikem Vorbild (☞V.1.2.1. Topoi von der Person) ein Kanon von elf Gemeinplätzen entwickelt, der nach folgendem Schema vorging (nach Arbusow, Colores rhetorici, 71):

- *nomen* (Name),
- *natura* (Naturanlage): *sexus* (Geschlecht), *patria* (Heimatland), *natio* (Volksstamm), *qualitas animae et corporis* (geistige und körperliche Beschaffenheit),
- *convictus* (Lebensführung): *educatio* (Erziehung), *amici* (Freunde), *officium* (Amt) etc.,
- *fortuna* (Glücksgüter),
- *habitus* (Erscheinung),
- *studium* (Betätigungsfeld),
- *affectio* (die Äußerungen seelischer Affekte, die körperlichen Leistungen, Liebhabereien),
- *consilium* (Anschauung),
- *casus* (Vorfälle),
- *facta* (Taten),
- *orationes* (Reden).

Auch die Charakterisierung durch die vier Kardinaltugenden (Tapferkeit, Klugheit, Mäßigung, Gerechtigkeit) findet sich häufig. Die ausgedehnte Verwendung solcher Topik kennzeichnet noch vor der Geschichtsschreibung (Historiographie) die mittelalterlichen Heiligenleben (Hagiographie). „Da der Gegenstand der Personenbeschreibung nach spätantikem Muster Lob oder Tadel war, erklärt sich die Seltenheit objektiver Charakterisierung im MA" (Arbusow, Colores rhetorici, 71).

Ein schönes Beispiel liefert die Lebensbeschreibung des Hl. Emmeram durch Arbeo von Freising (gest. 783):

> „Erat namque procerus statura, decorus, forma, vultu sincerus, elemosinarum praecipuus, ieiuniis, castitate et continentia praeclarus, sermone facundus, ad eradicanda vitia sagax, ad plantanda et inriganda subiectorum pectora simplex [...]" (Er war aber von hohem Wuchs und schöner Gestalt, mit offenem Blick, durch seine Almosen ausgezeichnet, durch Fasten, Keuschheit und Mäßigung berühmt, gewandt in der Rede, wachsam, die Sünden auszurotten und aufrichtig bedacht, die Herzen seiner Untergebenen zu pflanzen und zu bewässern [...].) (Arbeo von Freising, Leben und Leiden des Hl. Emmeram, 7f.) [Damit wird das Idealbild eines Heiligen der Merowingerzeit entworfen.]

2. **Topographie**
Ortsbeschreibung, Landschaftsschilderung

Die in der Topographie beschriebenen Landschaften können wirklich oder nur fingiert sein. Einer der Klassiker unter den Gemeinplätzen zur Landschaftsschilderung ist der *locus amoenus* (lieblicher Ort)-Topos. Seine konventionellen Attribute wie Blumen und Gras, fruchttragende Bäume, Quelle, Gesang von namentlich genannten Vögeln, laue Luft lassen sich teilweise bis Homer zurückverfolgen (Arbusow, Colores rhetorici, 93).

Typische Stoffe zur Ortsbeschreibung in Antike und Mittelalter stellten Gemälde, schöne Häuser, Haine, Villen, Tempel, Kirchen, Sonneneffekte, Meeresstille und glückliche Fahrt dar. Im Mittelalter kam es schließlich zur Ausbildung von „ein für allemal festgelegten Ideallandschaften" (Arbusow, Colores rhetorici, 93).

> „[...] prospiciens ipsam terram optimam, superficie amoenam, nemorosis locupletem, vino copiosam, ferro superfluam, auro et argento et purporis habundantem, proceros viros et robustos, caritate et humanitate fundatos, humum fertilem et segetum habundantem, iumentis et gregum omniumque [...] melli et apium copia epode habundans, piscium multitudine in stagnis et amnis infusa, prospicuissimis fontibus et rivolis inrigua, sale, prout opus erat, condita. Urbs [...] Radaspona inexpugnabilis, quadris aedificata lapidibus, turrium exaltata magnitudine, puteis habundans [...]" ([...] schaute er das Land an: es war sehr gut, lieblich anzusehen, reich an Hainen, wohlversehen mit Wein. Es besaß Eisen in Fülle und Gold, Silber und Purpur im Überfluss; seine Männer waren hochgewachsen und stark, auf Nächstenliebe und Sitte gegründet. Das Erdreich war fruchtbar und brachte üppige Saaten hervor, mit Vieh und Herden aller Arten [...]; Honig und Bienen waren wahrlich in reichlicher Menge vorhanden. In Seen

Topographie

Locus amoenus-Topos

und Flüssen gab es Fische in großer Zahl; das Land war von klaren Quellen und Bächen bewässert und besaß an Salz, soviel es bedurfte. Die Stadt Regensburg war uneinnehmbar, aus Quadern erbaut, mit hochragenden Türmen und mit Brunnen reichlich versehen [...].) (Arbeo von Freising, Leben und Leiden des Hl. Emmeram, 14f., 8. Jh.)

Ethnograpie

3. **Ethnographie**

Völkerbeschreibung unter Einbeziehung von Orts- und Länderbeschreibung.

Die Ethnographie war schon in der Antike gattungsbildend, vgl. z. B. die „Germania" des Tacitus:

„Ultra hos Chatti initium sedis ab Hercynio saltu incohant, non ita effusis ac palustribus locis, ut ceterae civitates, in quas Germania patescit; durant siquidem colles, paulatim rarescunt, et Chattos suos saltus Hercynius prosequitur simul atque deponit. Duriora genti corpora, stricti artus, minax vultus et maior animi vigor. Multum, ut inter Germanos, rationis ac sollertiae: praeponere electos, audire praepositos, nosse ordines, intellegere occasiones, differre impetus, disponere diem, vallare noctem, fortunam inter dubia, virtutem inter certa numerare, quodque rarissimum nec nisi Romanae disciplinae concessum, plus reponere in duce quam in exercitu." (Weiter nördlich beginnt mit dem herkynischen Walde das Land der Chatten; sie wohnen nicht in so flachen und sumpfigen Gebieten wie die übrigen Stämme, die das weite Germanien aufnimmt. Denn die Hügel dauern an und werden erst allmählich seltener, und so begleitet der herkynische Wald seine Chatten und endet mit ihnen. Bei diesem Volk sind kräftiger die Gestalten, sehniger die Glieder, durchdringend der Blick und größer die geistige Regsamkeit. Für Germanen zeigen sie viel Umsicht und Geschick: sie stellen Männer ihrer Wahl an die Spitze, gehorchen den Vorgesetzten, kennen Reih und Glied, nehmen günstige Umstände wahr, verschieben einmal den Angriff, teilen sich ein für den Tag, verschanzen sich für die Nacht; das Glück halten sie für unbeständig und nur die eigene Tapferkeit für beständig. Und was überaus selten und sonst allein römischer Kriegszucht möglich ist: sie geben mehr auf die Führung als auf das Heer. (Tacitus, Germania 30)

Geschichts-
schreibung

Zuvorderst finden sich Völkerbeschreibungen in der Geschichtsschreibung (Historiographie) und hier besonders bei der Darstellung von Kampfhandlungen. Die häufig parteiischen Historiographen lassen den Feind besonders schrecklich und wild erscheinen, um den Sieg der eigenen bzw. favorisierten Seite aufzuwerten oder deren Niederlage als unabwendbar zu präsentieren.

„Non multo post Gothis iam inter se pacatis Hunorum gens horribilis, tanquam ex incubis et meretricibus, ut Iordanis refert, originem trahens, ducatu cervae de Meotidis paludibus egressa fortissimam gentem Gothorum cum rege suo Hermanarico in tantum terruit, ut prefatus rex, qui multas ante nationes domuerat, tam huius gentis horrore quam inflicto sibi a quodam milite suo fraudolenter vulnere C et X annorum mortuus sit." (Nicht lange danach, als die Goten untereinander Frieden geschlossen hatten, hat das gräuliche Volk der Hunnen, das, wie Jordanes berichtet, von bösen Geistern und Huren abstammt und unter Führung einer Hirschkuh vom Mäotischen See abgewandert war, das tapfere Volk der Goten unter ihrem König Ermanarich in solchen Schrecken versetzt, dass der König, der vorher viele Völker unterworfen hatte, infolge des Grauens vor diesem Volk und infolge einer heimtückischen Verwundung durch einen seiner Dienstmannen im Alter von 110 Jahren starb.) (Otto von Freising, Chronica IV, 16, Mitte 12. Jh.)

Neben diesen besonders ausgebildeten Formen der Descriptio vermag aber jeder Gegenstand Ausgangspunkt einer Beschreibung zu werden, sogar „Krautfleckerln":

Beliebige Gegenstände der Beschreibung

> „Wäre es nach den Verehrern ihrer Kochkunst gegangen, dann hätte sie sich als Abendmahl ihre eigenen „Krautfleckerln" zubereiten müssen, jene köstliche, aus kleingeschnittenen Teigbändern und kleingehacktem Kraut zurechtgebackene „Mehlspeis", die je nachdem zum Süßlichen oder Pikanten hin nuanciert werden konnte: in der ungarischen Reichshälfte bestreute man sie mit Zucker, in der österreichischen mit Pfeffer und Salz. Krautfleckerln waren die berühmteste unter den Meisterkreationen der Tante Jolesch." (Torberg, Tante Jolesch, 19)

5. Vergleich (Similitudo)

Zwei Begriffe werden zum Aufzeigen von Ähnlichkeiten bzw. Unterschieden in Bezug gesetzt.

Ebenso wie die ☞Metapher stellt der Vergleich eine Beziehung zwischen zwei Sachverhalten her. „Anders als bei der Metapher setzt aber der Vergleich das Bild nicht an die Stelle der Sache, sondern stellt beides durch eine ausdrückliche Vergleichspartikel nebeneinander, wobei Bildempfänger und Bildspender durch etwas Gemeinsames, das Tertium comparationis, verbunden sind. Dem Vergleich fehlt also der [☞] paradoxe Charakter der Metapher. In den übrigen Leistungen entspricht der Vergleich der Metapher" (Landfester, Einführung, 91).

Vergleichspartikel, die auf das Vorliegen einer Similitudo verweisen sind lat. „sicut", „velut", „ut", „quam", „qualis", „quantum"; dt. „(so) wie", „als".

Vergleichspartikel

Der Vergleich dient durch die Heranziehung eines ähnlichen, sinnlicheren Begriffes der Veranschaulichung. Insofern erweist sich der Vergleich heute besonders bei der Darstellung großer Zahlen und statistischer Ergebnisse als verständnisfördernd. Neben der Veranschaulichung kann der Vergleich auch belehrenden, qualifi-

Veranschaulichung

zierenden oder sogar argumentativen Charakter gewinnen. Die ästhetische Qualität eines Vergleichs steigt mit seiner Kühnheit, also mit der Entfernung der beiden Vergleichsbegriffe – das Entdecken unerwarteter Ähnlichkeiten und Unterschiede soll dabei intellektuelles Vergnügen bereiten.

„Uritur infelix Dido totaque vagatur / urbe furens, *qualis* coniecta cerva sagitta / quam procul incautam nemora inter Cresia fixit / pastor agens telis liquitque volatile ferrum / nescius: illa fuga silvas saltusque peragrat / Dictaeos; haeret lateri letalis harundo." (Es glüht die unglückliche Dido und streift durch die ganze Stadt, außer sich, *gleich* der vom Pfeil getroffenen Hirschkuh, die unvorsichtig ein in den Waldschluchten Kretas jagender Hirt von fern traf und ahnungslos das fliegende Geschoß in der Wunde ließ: Auf ihrer Flucht streift sie durch die Täler und Wälder des Dictegebirges; in ihrer Seite steckt noch der tödliche Schaft.) (Vergil, Aeneis IV, 68-73)

„*Quomodo* fabula, *sic* vita: non quam diu, sed quam bene acta sit, refert." (*Wie* ein Theaterstück, *so* [ist] das Leben: nicht wie lange, sondern wie gut es gespielt wurde, darauf kommt es an.) (Seneca, Epistulae 77, 20)

„Denn es ist zu Rom genug, daß die Wörtlein sich wandeln und nicht die Tat, *gleich als wenn* ich lehrte, die Hurenwirtin solle Bürgermeisterin heißen und doch so fromm bleiben, wie sie ist." (Luther, An den christlichen Adel deutscher Nation, 39)

„Tatelhuber: Ich will hoffen, daß du von der Lieb' nicht *mehr* weißt, *als* der Blinde von der Farb'! – Sepherl: Grad so viel. Die Blinden kennen die Farben durchs Gefühl, und auf *dieselbe Art* hab' ich die Lieb' kenneng'lernt." (Nestroy, Die verhängnisvolle Faschingsnacht I, 4)

Gleichnis

Während der Vergleich eine einzelne Ähnlichkeit/Verschiedenheit zwischen zwei Dingen behandelt, zählt das **Gleichnis** diese fortschreitend auf.

„Quemadmodum stultus est, qui equum empturus non ipsum inspicit, sed stratum eius ac frenos, sic stultissimus est, qui hominem aut ex veste aut ex condicione, quae vestis modo nobis circumdata est, aestimat." (Wie töricht ist, wer ein Pferd kaufen will, und nicht es selbst genau betrachtet, sondern seine Decke und Zügel, so ist sehr töricht, wer einen Menschen nach seiner Kleidung oder Situation, die nach Art eines Kleidungsstückes uns umgelegt ist, einschätzt.) (Seneca, Epistulae 47, 16)

„Wiederum ist das Himmelreich gleich einem Netz, das ins Meer geworfen wurde und (Fische) aller Art zusammenbrachte. Als es voll war, zogen sie es auf den Strand, setzten sich und lasen die guten in Gefäße, die schlechten aber warfen sie weg. So wird es sein am Ende der Welt: Die Engel werden ausziehen und die Bösen mitten aus den Gerechten aussondern und sie in den Feuerofen werfen. Dort wird Heulen und Zähneknirschen sein." (NT, Matthäus 13, 47-50)

6. Exemplum

Beispiel

Anführung eines konkreten Falls als Ergänzung zu einem allgemeinen, abstrakten oder hypothetischen Sachverhalt.

Das Exemplum konkretisiert/versinnbildlicht/beweist einen allgemeinen, abstrakten oder hypothetischen Gedanken und/oder steht zu diesem in einem Analogie-, Vorbild- oder Kontrastverhältnis (Gegenbeispiel). Um seine Wirkung entfalten zu können, stützt es sich auf einen gemeinsamen Erfahrungsschatz von Redner/Autor und Publikum, weshalb es sich besonders für mentalitätsgeschichtliche Untersuchungen eignet.

Indikator für Gedankenwelten

Das Exemplum besitzt unterschiedliche Funktionen; es tritt auf (nach HWRh 3, 61):

- argumentativ als Beweismittel oder Beleg
- erläuternd als Erklärung am Beispiel
- ästhetisch als Schmuck
- lebenspraktisch als Orientierungshilfe (besonders erscheinen Personen mit ethisch-vorbildlicher Lebensführung als Vorbild in:
  - Lobreden
  - Legenden- und Heiligenliteratur, Predigt)

Schon die Antike hat die Wirkung der Exempla hochgeschätzt. Seneca, an dessen Stil vor allem die Anschaulichkeit besticht, formuliert als generelle Lebensweisheit: *longum iter est per praecepta, breve et efficax per exempla* (Lang ist der Weg über Belehrung, kurz und wirksam über Beispiele.) (Seneca, Epistulae 6, 5).

> „Id agere debemus, ut irritamenta vitiorum quam longissime profugiamus: indurandus est animus et a blandimentis voluptatum procul abstrahendus. *Una Hannibalem hiberna solverunt et indomitum illum nivibus atque Alpis virum enervaverunt fomenta Campaniae: armis vicit, vitiis victus est.* Nobis quoque militandum est, et quidem genere militiae, quo numquam quies, numquam otium datur: debellandae sunt in primis voluptates, quae ut vides, saeva quoque ad se ingenia rapuerunt." (Darum müssen wir uns bemühen, vor den Verlockungen der Laster möglichst weit zu fliehen: abgehärtet werden muss die Seele und von den Verführungen der Genüsse weit ferngehalten. *Ein einziges Winterlager hat Hannibal geschwächt, und jenen, von Schnee und Alpen unbezwungenen, Mann hat die Üppigkeit Kampaniens entkräftet: mit den Waffen hat er gesiegt, von den Lastern ist er besiegt worden.* Auch wir müssen Kriegsdienst leisten, und zwar von einer Art, wo niemals Ruhe, niemals Muße gewährt wird: bekämpfen müssen wir zuvorderst die Genüsse, die, wie du siehst, auch wilde Gemüter in ihren Bann gezogen haben.) (Seneca, Epistulae 51, 5f.)

Fester Bestandteil
im Mittelalter

Besonders im Mittelalter wurden, begünstigt durch das Analogie-Denken und das Streben nach Bildhaftigkeit, das Exemplum und verwandte Formen wie die ☞Parabel – „letzere in der Tradition der biblischen Gleichnisse – mehr noch als in der Antike zu festen Bestandteilen nahezu aller literarischen und religiösen Textgattungen" (HWRh 3, 65).

7. Sententia (Gnome)

Sentenz, Sinnspruch
Kurzer Ausspruch von allgemeingültigem Inhalt.

Die Sententia stellt einen Gedanken der „Volksweisheit" in feststehender, meist knapper und einprägsamer Formulierung dar. Sie ist insofern ein Mittel der Kürze und Prägnanz sowie der Evidenz.

> „Verus amor nullum novit habere modum." (Wahre Liebe kennt keine Grenze.) (Properz, Elegien II, 15, 30)
> „*Quomodo quisque potest*, mi Lucili [...]." (Wie ein jeder kann, mein Lucilius: [...]) (Seneca, Epistulae 51,1)
> „Fortuna fortes metuit, ignavos premit." (Die Tapferen fürchtet das Schicksal, die Feigen bedrängt es.) (Seneca, Medea 159) [Die Einprägsamkeit der Sentenz wird durch ☞Alliteration, ☞Parallelismus und ☞Antithese gesteigert.]

Allgemeiner
Erfahrungsschatz

Beweischarakter

Da die Sentenz in einem allgemeinen Erfahrungsschatz gründet, kann sie auch mit allgemeiner Zustimmung rechnen; sie knüpft sozusagen an ein generell anerkanntes Vor-Urteil an. Dies lässt die Sententia in argumentativen Zusammenhängen Beweischarakter erlangen. Durch die argumentative Verkürzung kann die Sententia jedoch „komplexe Zusammenhänge unzulässig simplifizieren, kann pejorativ gegen Sachen und Personen eingesetzt und als Vorurteil mißbraucht werden" (Ottmers, Rhetorik, 192).

> „Daher man auch siehet, wie schwach und ungesund die unfruchtbaren Weiber sind; die aber fruchtbar sind, sind gesünder, reinlicher und lustiger. Ob sie sich aber auch müde und zuletzt tottragen, das schadet nicht, sie sind drum da. *Es ist besser, kurz gesund denn lange ungesund zu leben.*" (Luther, Vom ehelichen Leben, 41)

Einsatzbereich

Um ihren Effekt nicht zu verfehlen, müssen Sinnsprüche die Situation treffen, dürfen nicht zu lang und v. a. nicht zu banal sein, weiters nicht zu oft verwendet werden, da sonst Rede und Text ihre Originalität verlieren und „abgeschmackt" wirken. Der allzu häufige Gebrauch von Sentenzen führt ferner ob deren Kürze zu einem abgehackten Stil, lässt aufgrund ihrer abstrakten Beschaffenheit Anschaulichkeit vermissen und durch ihren apodiktischen (keinen Widerspruch duldenden) Charakter den Redner/Autor autoritär erscheinen.

„Und so schließe denn dieses Kapitel mit einem Ausspruch, der die
Tante Jolesch nicht nur in sprachlicher Hinsicht auf dem Höhepunkt
ihrer Formulierungskraft zeigt: *„ Was ein Mann schöner is wie ein Aff',
is ein Luxus. "* (Torberg, Tante Jolesch, 21) [Der Ausspruch dient hier
zur Charakterisierung der Tante Jolesch: ☞Ethopoiie.]

Wird die Sententia in Schlussstellung im Sinne einer schlussfol-
gernden Reflexion bzw. mit feststellendem Charakter nach einem
Argumentationsteil verwendet, wird sie als **Epiphonem** bezeichnet.

Epiphonem

„Optimum est pati quod emendare non possis, et deum quo auctore
cuncta proveniunt sine murmuratione comitari: *malus miles est qui
imperatorem gemens sequitur.*" (Am besten ist es hinzunehmen, was
du nicht bessern kannst, und dem Gott, nach dessen Willen alles geschieht, ohne Murren sich anzuschließen: *ein schlechter Soldat ist, wer
seinem Befehlshaber unter Stöhnen folgt.*) (Seneca, Epistulae 107, 9)
[☞Epiphonem]

Auch in vielen Werbeslogans finden sich Anlehnungen (☞An-
spielungen) an Sprichwörter und Zitate. Dahinter „verbirgt sich
Autorität und Zitatenzauber. Der Empfänger ist derart darauf ge-
schult, solcherart Dargebrachtes als bare Münze zu nehmen, daß
ihm kaum etwas anderes übrigbleibt als in geformte, genormte
Denk- und Handlungsbahnen zu verfallen" (Sahihi, Kauf mich, 52).

Werbung

„Veni, vidi, visa." (Kreditkarten-Werbung)

8. Definitio

„Begriffsbestimmung" mit dem Ziel der Präzisierung bzw. Abgrenzung gegenüber benachbarten oder gegensätzlichen Begriffen.

Die Definitio dient der Erläuterung von argumentativ wichtigen
Begriffen sowie Fachausdrücken. Sie wird eingesetzt, um Unverständnis oder Missverständnisse beim Adressaten möglichst auszu-
schließen.

Steigerung der
Verständlichkeit

„Quae sit libertas, quaeris? Nulli rei servire, nulli necessitati, nullis ca-
sibus, fortunam in aequum deducere." (Was Freiheit ist, fragst du?
Keiner Sache sklavisch zu dienen, keiner Notwendigkeit, keinen Zu-
fällen, das Schicksal in die Gleichgültigkeit überzuführen.) (Seneca,
Epistulae 51, 9) [Definition in der Form einer ☞Subiectio]
„Rhetorice est bene dicendi scientia." (Die Rhetorik ist die Wissen-
schaft vom guten Reden.) (Quintilian, Institutio oratoria V, 10, 54)
„Aber nun ist Rom nichts anderes denn des Evangelii und Gebets
Verachtung und Tischdienst [...]." (Luther, An den christlichen Adel
deutscher Nation, 47)
„Er glaubte seinen Kindern aufs Wort, daß Amerika das Land Gottes
war, New York die Stadt der Wunder und Englisch die schönste Spra-

che. Die Amerikaner waren gesund, die Amerikanerinnen schön, der Sport wichtig, die Zeit kostbar, die Armut ein Laster, der Reichtum ein Verdienst, die Tugend der halbe Erfolg, der Glaube an sich selbst ein ganzer, der Tanz hygienisch, Rollschuhlaufen eine Pflicht, Wohltätigkeit eine Kapitalsanlage, Anarchismus ein Verbrechen, Streikende die Feinde der Menschheit, Aufwiegler Verbündete des Teufels, moderne Maschinen Segen des Himmels, Edison das größte Genie." (Roth, Hiob, 109)

„Sie haben keine Zeit. Und *Zeithaben ist das wichtigste, die unerläßliche Voraussetzung jeglicher Kaffeehauskultur (ja am Ende wohl jeglicher Kultur).*" (Torberg, Tante Jolesch, 243)

„8-Zylinder sind brav, behäbig oder teuer. Oder von Volkswagen." (Auto-Werbung)

Etymologie

Zur Begriffsbestimmung wird manchmal eine (vorgebliche) **Etymologie** herangezogen:

„wahre Bedeutung"; Namensherleitung

Herleitung eines Namens/Begriffes, um Auskunft über das Wesen der bezeichneten Person oder Sache zu geben.

Geschichte der Etymologie

Der Versuch, die „wahre Bedeutung" (Etymologie) eines Wortes zu erfassen, findet sich schon in der frühen griechischen Dichtung; seit dem 5. Jh. v. Chr. widmeten sich wesentlich die griechischen Philosophen etymologischen Fragestellungen, da sie aus der Erkenntnis über die wahre Bedeutung eines Wortes die Erkenntnis über die Dinge selbst gewinnen wollten. Heute ist die Etymologie grundsätzlich eine Aufgabe der Sprachwissenschaft und bezeichnet die Wissenschaft von der Herkunft, Geschichte und Grundbedeutung der Wörter. Die Etymologie stellt den Versuch dar, ein Wort in seiner ursprünglichen, d. h. ältesten bzw. frühest ermittelbaren, Form und Bedeutung zu rekonstruieren.

Volksetymologie

Die rhetorische Verwendung der Etymologie entspricht in der Sprachwissenschaft wesentlich der „Volksetymologie", der es in erster Linie um Sprachspielerei und die Erschließung neuer Verstehenshorizonte für einen Begriff geht und nicht um dessen sprachgeschichtliche Ableitung. Wie schon bei den Griechen wird auch hier eine eigene „Wahrheit" hinter dem Begriff gesucht. Die Volksetymologie versucht, das Verhältnis von Form und Inhalt eines Wortes im Nachhinein zu korrigieren und transparent zu machen. Nicht zuletzt soll durch diese „Umwidmung" unverständlichen Wörtern ein Sinn gegeben werden.

(Wenn die Etymologie also auch kein genuin rhetorischer Terminus ist und deshalb in der rhetorischen Systematik keine eigene Stelle besitzt (HWRh 2, 1544), so findet sie in der Begriffsbestimmung doch häufig Verwendung und wird aus diesem Grund hier der ☞Definitio untergeordnet.)

„Canis a *non canendo."* (Der Hund [heißt *canis*], weil er nicht singt.)
(Varro, De lingua Latina VII, 32)
„Sol appellatus eo quod *solus appareat* [...]." (Die Sonne heißt deshalb
so, weil sie allein erscheint.) (Isidor, Etymologiae III, 71, 1)
„Er heißt ja deßtwegen Stellwagen, weil er von der Stell' nicht wei-
terkommt." (Nestroy, Der Talisman 1, 4)

9. Paraphrase

Umschreibung (eines genannten Begriffes)
Hinzufügung einer Interpretation, einer klärenden Darstellung.

Durch die Paraphrase kommt es zur Verdeutlichung des Sinns des
vorher Gesagten (im Verständnis des Redners/Autors). Die Paraphrase kann durch lat. „id est"; dt. „das heißt", „das bedeutet" etc.
eingeleitet sein.

Verdeutlichung

Indikatoren

> „Zum anderen heißt ein Wörtlein „Kommenden" [Übertragung eines
> Kirchenamtes samt Einkommen ohne Dienstverpflichtung], wenn der
> Papst einem Kardinal oder sonst einem der Seinen ein reiches, fettes
> Kloster oder Kirche befiehlt zu behalten, gleich als wenn ich dir hun-
> dert Gulden zu behalten gäbe. Dies heißt das Kloster nicht geben
> noch verleihen, auch nicht verstören, noch Gottes Dienst abtun, son-
> dern allein zu erhalten geben, nicht daß er's bewahren oder bauen
> soll, sondern die Personen austreiben, die Güter und Zinsen einneh-
> men und irgendeinen abtrünnigen, verlaufenen Mönch hineinsetzen,
> der fünf oder sechs Gulden des Jahres nimmt und sitzt des Tages in
> der Kirchen, verkauft den Pilgern Zeichen und Bildlein, so daß weder
> singen noch lesen daselbst mehr geschieht. Denn wo das hieße Klös-
> ter zerstören und Gottes Dienst abtun, so müßte man den Papst nen-
> nen einen Verstörer der Christenheit und Abtäter des Gottesdienstes,
> denn er treibet es fürwahr mächtig. Das wäre eine harte Sprache zu
> Rom – drum muß man es nennen eine Kommende oder Anbefeh-
> lung, das Kloster zu behalten." (Luther, An den christlichen Adel
> deutscher Nation, 37f.)
> „Eine Art Mille-fleurs-Bildung. Ich besitze einen Anflug von Geogra-
> phie, einen Schimmer von Geschichte, eine Ahndung von Philoso-
> phie, einen Schein von Jurisprudenz, einen Anstrich von Chirurgie
> und einen Vorgeschmack von Medizin." (Nestroy, Der Talisman 2, 17)

10. Digressio

Abschweifung; Exkurs
Gezieltes Abweichen vom eigentlichen Thema.

Die Digressio ist ein „Abstecher im Argumentations- und Erzähl-
verlauf" (HWRh 3, 127). Sie dient der Ausschmückung und Veranschaulichung, meist durch Beschreibung (☞*descriptio*). Bei fehlender Verbindung zum eigentlichen Thema sowie bei allzu ausführ-

Ausschmückung,
Veranschaulichung

Argumentations-
taktik

licher Abschweifung besteht die Gefahr der inhaltlichen Verdunkelung bzw. der Zerstörung des Argumentationsgangs – dies kann aber auch gezielt eingesetzt werden! Die Digressio soll das Publikum unterhalten oder taktisch von einer Schwierigkeit ablenken. Durch die Herstellung eines unerwarteten Zusammenhanges vermag sie in der Argumentation auch neue Perspektiven zu eröffnen.

„Der Exkurs umfaßt mindestens eine Satzeinheit, kann aber auch einen oder mehrere Absätze beinhalten. Dem Hauptthema kann er – wie die [☞]Parenthese – in ergänzender, konträrer, illustrierender oder kommentierender Funktion beigegeben sein und dementsprechend in Form eines Exempels, eines Vergleichs etc. auftreten" (Ottmers, Rhetorik, 193).

> „Hic quod supra distuli solvendum puto, quod Romanum imperium [...]." (Hier glaube ich nun nachholen zu sollen, was ich oben aufgeschoben habe, nämlich eine Erörterung darüber, dass das römische Reich [...].) (Otto von Freising, Chronica VI, 36, Mitte 12. Jh.)

11. Sustentatio

Hinhalten
Die Fortführung des Themas wird hinausgezögert.

Spannungsaufbau

Die Sustentatio spielt mit der Erwartungshaltung des Publikums. Durch das Hinauszögern des erwarteten Fortgangs soll Spannung aufgebaut und Aufmerksamkeit erzielt werden.

> „Mit seiner intellektuell verschraubten Ausdrucksweise zielte Sperber nicht etwa darauf ab, sich über Gesprächspartner von geringerem Bildungsniveau lustig zu machen. Er konnte nicht anders. Es war ihm nicht gegeben, sich „normal" auszudrücken. Die verständnisvolle Heiterkeit, die er damit im Gerichtssaal hervorrief, ließ ihn im Grunde ebenso gleichgültig wie das Unverständnis, auf das er außerhalb des Gerichtssaals stoßen mochte. Und jetzt wird es Zeit, von den zahllosen Aussprüchen, denen er seinen advokatischen Ruf und Ruhm verdankte, wenigstens eine kleine Anzahl vor der Vergessenheit zu bewahren." (Torberg, Tante Jolesch, 163)

12. Subnexio

Gedankenverknüpfung
An einen Gedanken werden weitere erläuternde, meist begründende, Gedanken geknüpft, so dass ganze Gedankenketten entstehen.

Beweisgang

Durch die Subnexio entsteht meist eine überzeugend konsequent wirkende Gedankenentwicklung, der sich das Publikum kaum zu entziehen vermag, da jeder Einzelschritt nur von geringer Reichweite erscheint – der ganze (Argumentations-)Bogen kann schließlich jedoch zu unerwarteten Ergebnissen führen.

„Klaus: Mit einem Wort, ich kann Ihnen sagen, daß Sie sehr schwarz angeschrieben sind bei uns. – Nachtwächter: Mein G'schäft ist die Nacht, die Nacht ist schwarz, also verschlagt mir das nix." (Nestroy, Freiheit in Krähwinkel 1, 3)

„Frau von Frankenfrei: Wer gibt Ihnen das Recht? – Bürgermeister: Die Macht. Ich bin die Macht und mache das Recht. Als eine ihr Glück von sich Stoßende sind Sie einer Wahnsinnigen gleichzustellen. Wahnsinnige bevormundet das Gesetz. Ich bin das Gesetz, folglich ihr Vormund, und als solcher nicht der erste, der seine widerspenstige Mündel zur Heirat zwingt." (Nestroy, Freiheit in Krähwinkel 3, 3)

„Ob er eigentlich in die Reihe der hier zu schildernden Sonderlinge gehört, weiß ich nicht; ich wüßte allerdings auch keine andere „Reihe", in die er gehören würde – womit schon angedeutet ist, daß er eine ganz und gar einmalige Persönlichkeit war, ein Mischprodukt aus Intelligenz, Begabung und moral insanity, geistreich bis zum Zynismus und insgesamt eine so vielfältig schillernde Erscheinung, wie sie schon damals nur an der Außenseite einer morbiden Gesellschaft gedeihen konnte und wie sie heute kaum noch vorstellbar oder glaubhaft zu machen ist." (Torberg, Tante Jolesch, 39)

13. Conclusio

„Schlusssatz/-folgerung"
Abschließende/Zusammenfassende/Folgernde Bemerkung am Ende eines Rede-/Textteils.

Die Conclusio findet sich als Schlusssatz in erzählenden, als Schlussfolgerung in argumentativen Texten. Besonders in letzteren ist sie ein wesentlicher Teil des Argumentationsganges, der nur dann fehlt, wenn die Schlussfolgerung dem Redner/Autor allzu offensichtlich erscheint.

Argumentationsteil

> „Er war, kurzum, der allseits anerkannte Meister." (Torberg, Tante Jolesch, 63)

14. Pointe

Geistreiche und überraschende Schlussbemerkung.

Die Pointe wirkt besonders, je schneller und unerwarteter sie gesetzt wird.

> „Meine Herren, Sie wissen doch, wie es in einer Redaktion zugeht – besonders an einem so aufregenden Tag – da herrscht ein entsetzliches Durcheinander – die Meldungen überstürzen sich – man weiß gar nicht, wo man zuerst hinhören soll – meine Herren: *da kann es schon passieren, daß man einmal die Wahrheit schreibt.*" (Torberg, Tante Jolesch, 117f.)
>
> „[...] der Sieg wurde nicht ausgenützt, sondern nützte sich ab, versandete, verschlampte und blieb in jener Halbschlächtigkeit stecken, aus

der noch stets die einzige Entscheidung erwachsen ist, die der Öster-reicher mühelos zu treffen vermag: *keine Entscheidung zu treffen.*" (Torberg, Tante Jolesch, 241)

5. Weitere Mittel zur Stilbildung

1. Dialekt, Soziolekt

Regionale und soziale Sonderformen der Sprache.

Dialektale Formen besitzen sowohl in Schriftsprache als auch in der Rede die Erscheinungsform des Unüblichen und Seltenen und

Kunstcharakter

erhöhen deshalb deren Kunstcharakter. Die Häufigkeit ihrer Ver-wendung hängt von Gattung und Sprache ab. Während dialektale Formen für die griechischen Literatursprachen typisch waren, fin-den sie sich im Lateinischen nur selten. Im Deutschen begegnen sie besonders in Gattungen, die zu direkter Rede Anlass geben.

Personenzeichnung

Hier dienen dialektale Ausdrucksformen der Personenzeichnung, geben häufig Auskunft über die geographisch-regionale Verortung oder das Milieu (Soziolekt). Mit ihrer Verwendung werden häufig ☞Ironie, Witz und Komik hervorgerufen, so wenn z. B. eine Per-son aus niederer Schicht mit der Sprache eines höheren Standes kokettiert oder aber auch nicht zu Rande kommt. Je größer die Differenz zwischen den verwendeten Sprachebenen – besonders innerhalb derselben Aussage – ist, desto größer ist auch die Wir-kung. Als Meister, die individuelle Sprache zur Charakterisierung von Personen einzusetzen, erwies sich Friedrich Torberg:

„Gelegentliche Stichproben ließen es wenig ratsam erscheinen, sich auf dem Weg zur Synagoge zu *verkrümeln*, was im Ertappungsfall streng geahndet wurde." (Torberg, Tante Jolesch, 29) [Das umgangssprachliche Wort „verkrümeln" kontrastiert mit der nominalen Neubildung „im Er-tappungsfall", die auf einen bewusst-kreativen Umgang mit der Sprache verweist – hier in Form einer Parodie auf die juristische Fachsprache.]

„No da bist du ja Waldili no wie ich mich frei daß du wieder da bist gelt du freist dich auch hast scheen Gassi gemacht und jetzt bist wie-der bei deiner Karolin' und wir freien sich beide nicht wahr braves Hundi gutes Hundi no ja schon gut Waldili schon gut..." (Torberg, Tante Jolesch, 45) [Nachahmung des tschechischen Akzents und Cha-rakterzeichnung der böhmischen Wirtschafterin Karolin']

„„Das könnt dir so passen", sagte er. In Wahrheit sagte er, wie es das Prager Deutsch erheischte, nicht „könnt", sondern „möcht", ja er sag-te, genau genommen, „mecht" und fügte noch ein halblautes „du Bleedian" hinzu." (Torberg, Tante Jolesch, 121)

„Auf Kriegsfuß stand er mit dem in Österreich und den Nachfolge-staaten populären Gruß „Habe die Ehre", nachlässig „Habbedjehre" ausgesprochen und meistens zu einem bloßen „Djehre" verkürzt. Das kränkte ihn. Im Bestreben, den zu kurz gekommenen Anfang des Grußes wieder in Geltung zu setzen, grüßte er seinerseits nur mit einem barsch hervorgestoßenen „Habbe", das vom Begrüßten durch ein automatisches „Djehre" ergänzt wurde." (Torberg, Tante Jolesch, 122)

2. Preziosität

„Ziererei"
Gekünstelte, gezierte Wortwahl.

Die Preziosität ist Kennzeichen eines geblümten Stils. Aufgrund ihres gezielten Versuchs, den gewöhnlichen Ausdruck durch einen entlegeneren zu ersetzen (z. B. „düpieren" statt „betrügen", „ridikül" statt „lächerlich"), besitzt sie den Charakter ausgeprägter Künstlichkeit und wird schon den ☞*vitia* der Rede zugerechnet. Die Personenschilderung eröffnet der Preziosität besonders in der direkten Rede ein dankbares Betätigungsfeld und gibt Anlass zu ☞Pointen und Komik; nicht selten verbindet sich die Preziosität mit der Verwendung von ☞Archaismen oder ☞Barbarismen, aber auch mit der Schaffung von ☞Neologismen.

Geblümter Stil

Stilfehler

> „Wenn ich nur die Dichter, die die Wiesen einen *Blumenteppich*, die den Rasen rasenderweise ein *schwellendes grünes Sammetkissen* nennen – wenn ich nur die a drei Stund' lang barfuß herumjagen könnt', in der so vielfältig und zugleich so einfältig angeverselten Landnatur – ich gebet was drum." (Nestroy, Der Zerrissene 2, 9)

3. Aischrologie (Kakophemismus)

„Schimpfrede"
Verwendung drastischer und verletzender, aber auch abwertendscherzhafter Wendungen.

Die Aischrologie verstößt vorsätzlich gegen die Angemessenheit (☞*aptum*) (z. B. „abkratzen", „verrecken", „krepieren" für „sterben"), da der verwendete Ausdruck Tabus des Publikums bricht bzw. das Stilniveau von Rede/Text unerwartet unterschreitet, so dass es zu einem signifikanten „Mißton in einem (scheinbar) eindeutigen Zusammenhang kommt" (HWRh 4, 844). Die Aischrologie wird eingesetzt, um das Publikum zu schockieren, aufzurütteln bzw. um den Eindruck von Realität zu verstärken und den der Beschönigung zu vermeiden. Insofern kann sich die Aischrologie mit der ☞Licentia, der freimütigen Rede, verbinden.

Verstoß gegen die Angemessenheit

> „Quam foedi itaque pestilentesque ructus sunt, quantum fastidium sui exhalantibus crapulam! In ventre scias putrescere sumpta, non concoqui." (Wie scheußlich und verderblich ist daher das Rülpsen, wel-

chen Ekel vor sich selbst empfinden diejenigen, die ihren Rausch ausdünsten! Im Magen, könnte man meinen, verfault das Genossene, nicht wird es verdaut.) (Seneca, Epistulae 95, 25)

„Nun hat der römische Geiz und Raubstuhl nicht können die Zeit erwarten, daß durch den Papstmonat alle Lehen [Leihegaben] hineinkämen, eines nach dem anderen, sondern *er eilet nach seinem unersättlichen Wanst, daß er sie alle aufs kürzeste hineinreiße.*" (Luther, An den christlichen Adel deutscher Nation, 34)

Für manche (realistischen) Strömungen der modernen Literatur stellt die Aischrologie aufgrund ihrer Drastik im Ausdruck geradezu ein Stilmerkmal dar, doch kennt besonders auch das Mittelalter die verächtliche Rede als gattungsspezifischen Grundton, so bei politischen, religiösen und wissenschaftlichen Auseinandersetzungen sowie im religiös geprägten Literaturgenre des *contemptus mundi* (Weltverachtung), wobei sich die volle Kraft der Aischrologie meist in der Beschreibung des Menschen und seines Körpers entlädt.

Contemptus mundi

„Conceptus est homo de sanguine per ardorem libidinis putrefacto, cuius tandem cadaveri quasi funebres vermes adsistent. Vivus genuit pediculos et lumbricos, mortuus generabit vermes et muscas; vivus produxit stercus et vomitum, mortuus producet putredinem et fetorem; vivus hominem unicum impinguavit, mortuus vermes plurimos impinguabit. Quid ergo fetidius humano cadavere? Quid horribilius mortuo homine?" (Gemacht wurde der Mensch aus Blut – aufgrund der Glut der Begierde – zum Verfaulen, zu dessen Leichnam sich letztlich sozusagen die Leichenwürmer gesellen. Der Lebende erzeugte Läuse und Eingeweidewürmer, der Tote wird Würmer und Fliegen erzeugen; der Lebende schied Kot und Erbrochenes aus, der Tote wird Gestank und Verwesung ausscheiden; der Lebende machte einen einzigen Menschen fett, der Tote wird zahlreiche Würmer fett machen. Was stinkt daher mehr als ein menschlicher Leichnam? Was ist schrecklicher als ein toter Mensch?) (Lothar von Segni, De miseria humane conditionis III, 4, Ende 12. Jh.)

In einer abgemilderten Form kann die Aischrologie auch scherzhaften Charakter annehmen; in dieser Verwendungsart, der uneigentlichen Bezeichnung, ist sie als ☞Tropus zu sehen.

„kleiner Gauner" (Kosewort)
„Räuber" (Kosewort)

4. Archaismus (Vetustas)

„Altertümlichkeit"
Rückgriff auf veraltete Wörter, Sprach- oder Stilformen.

Solange alte und junge Formen in einer Sprache nebeneinander verwendet werden, bleiben sie in den Texten stilistisch unauffällig. Stilistisch bedeutsam werden Wörter und Formen, sobald sie in der Umgangssprache keinen Platz mehr haben; „sie sind zu Archaismen geworden und erhöhen durch ihre Eigenschaft des Ehrwürdigen den Kontext poetisch" (Landfester, Einführung, 61f.). Archaismen finden sich besonders in der Sakralsprache, aber auch als Stilmittel in den Literatursprachen, wo sie Abwechslung und Verfremdung bewirken, nicht zuletzt auch als Mittel der Komik dienen. Der Einsatz von Archaismen setzt ein gebildetes Publikum voraus, das diese als solche erkennt und sie zu verstehen und deuten weiß.

Charakter des Ehrwürdigen

Sakralsprache

Verfremdung

> „*Postea* vero *quam* in Asia Cyrus, in Graecia Lacedaemonii et Athenienses coepere urb*is* atque nationes subigere, l*u*bidinem dominandi causam belli habere, max*u*mam gloriam in max*u*mo imperio putare, tum demum *periculo* atque *negotiis* compertum est in bello plur*u*mum ingenium posse." (Nachdem aber Kyros in Asien, in Griechenland die Spartaner und Athener begonnen hatten, Städte und Völker zu unterwerfen, in ihrer Herrschsucht einen Kriegsgrund zu haben, den größten Ruhm im größten Reich zu sehen, da erkannte man schließlich durch Erfahrung [„periculo"] und eigenes Tun [„negotiis"], dass im Krieg der Geist am meisten ausrichte." (Sallust, Bellum Catilinae 2, 2) [Der Archaismus drückt sich in der ☞Tmesis von „postquam", in der Akk.-Pl.-Endung „-is" statt „-es" in der konsonantischen Konjugation, in der Verwendung der Wörter „periculum" und „negotium" in ihren urspünglichen Bedeutungen sowie im archaisierenden „u" für „i" aus.]
>
> „„Unterlassen Sie Ihre tölpelhaften Einwände", wandte er sich mit schläfriger Stimme und gelangweilter Miene an einen unerwünschten Gesprächsteilnehmer. „Ich *ästimiere* das nicht."" (Torberg, Tante Jolesch, 41).

5. Barbarismus

Übernahme eines fremdsprachlichen Ausdrucks in die eigene Sprache, entweder in der ursprünglichen (sogar mit unterschiedlichem Schriftsystem!) oder in einer abgewandelten Form.

Der Barbarismus galt der klassischen Rhetorik ob des Verstoßes gegen die Sprachrichtigkeit (☞*latinitas*) als Stilfehler (☞*vitium*). Im heutigen „global village" gehört Sprachmischung in einzelnen Sprachbereichen, allen voran in Werbung und Jugendsprache, jedoch zu den stilbildenden Merkmalen.

Stilfehler

Der Verwendung von Barbarismen können verschiedene Absichten zu Grunde liegen:

1. Ausfüllen einer lexikalischen Leerstelle, besonders beim Erschließen von Fachsprachen oder Kulturbereichen – so hat das Griechische z. B. in Philosophie und Rhetorik Einzug in

Benennungsbedarf

andere Sprachen gehalten, das Französische in den Bereichen der Haus- und Hofhaltung sowie des Benehmens. Die Übernahme fremdsprachlicher Ausdrücke besitzt hier wesentlich referentielle Funktion, indem man sich einer „Leitkultur" anschließt (diese ist heute wesentlich englischsprachig geprägt: „cool").

Komik 2. Erzeugen von Komik durch Sprachmischung. (Die lateinische Literatur hat hier ihren Meister im Komödienschreiber Plautus gefunden, der durch die Verwendung von griechischem Vokabular seine Sklaven und Angehörige der Unterschichten zeichnet.)

Ästhetisierung 3. Ästhetisierung durch Verfremdung, v. a. auch auf klanglicher Ebene. Diese Art der Verwendung findet sich wesentlich zur Steigerung des Kunstcharakters in den poetischen Sprachen.

Aufmerksamkeit 4. Erregen von Aufmerksamkeit durch das Unbekannte bzw. aus einem anderen (Sprach-)Kontext Bekannte. Auf diesen Effekt Werbung setzt besonders die Werbung, die versucht, durch „das Neue" Aufmerksamkeit zu erzielen.

> „HAN. *Gunebbal samem lyryla.* AGOR. Narra, quid est? / quid ait? MIL. Non hercle nunc quidem quicquam scio. / HAN. At ut scias, nunc dehinc latine iam loquar." (HAN. *Gunebbal samem lyryla.* AGOR. Erzähl', was gibt's? Was sagt er? MIL. Beim Herkules, ich versteh' jetzt überhaupt nichts. HAN. Aber damit du es verstehst, werde ich ab jetzt lateinisch reden!) (Plautus, Poenulus, 1027-9)
>
> „Du elender *Parfimör* – (sich korrigierend) *Parfenü* will ich sagen." (Nestroy, Frühere Verhältnisse, 6)
>
> „„*Schimpferint, dum zahleant*", pflegte er zu sagen und variierte damit das politische Credo des Römerkaisers Caligula: „Oderint, dum metuant." – mögen sie mich hassen, wenn sie mich nur fürchten." (Torberg, Tante Jolesch, 63)
>
> „Das Strukturproblem, ob Milan Dubrovic in dieses oder ins folgende Kapitel gehört, hat sich *via facti* gelöst." (Torberg, Tante Jolesch, 135).
>
> „Cool & hot" (deutsche Werbung für Auto mit Klimaautomatik und Standheizung)

6. Neologismus

Wortneuschöpfung

Der Verwendung von ☞Barbarismen in vielem ähnlich besitzen auch Neologismen verschiedene Funktionen:

Benennungsbedarf 1. Benennung neuer Sachverhalte, besonders in Fachsprachen („Euro")

Bedeutungs-
verdichtung 2. Bedeutungsmäßige Verdichtung, Ausdruckserweiterung; besonders durch Wortzusammensetzung („gewitterschwanger")

3. (Affektive) Ausdrucksverstärkung, besonders als Mittel der Komik („klischeefreudiger Untergangsstimmungsmacher": Torberg,
   Tante Jolesch, 245)

4. Ästhetisierung, Rhythmisierung, besonders in der Dichtung

5. Erregen von Aufmerksamkeit: Besonders in der Werbung wird
   versucht, sich durch „das Neue" Aufmerksamkeit zu verschaffen.

> „Die Zeit ist näher, als Sie glauben. Dumpf und *gewitterschwanger*
> rollt's am politischen Horizont." (Nestroy, Freiheit in Krähwinkel 1, 8)
> „Und noch selten hat mir ein an sich korrekter deutscher Satz so mas-
> siv *entgegengejüdelt* wie dieser." (Torberg, Tante Jolesch, 61)

Für das Deutsche sind ebenso wie für das Griechische Wortneu-
bildungen durch Zusammensetzung charakteristisch, während diese im Lateinischen selten auftreten. Da Wortzusammensetzungen
einen sachlich-knappen Ausdruck ermöglichen, können derart gebildete Neologismen zugleich ein affektives wie auch ein ästhetisches Stilmerkmal darstellen.

> griech. „„γλυκύπικρος" – lat. „dulcamarus" – dt. „bittersüß"
> griech. „μεγάθυμος" – lat. „magnanimus" – dt. „großmütig"
> „Der Vierte, mit dem Herr Thorsch es versuchte, entsprach sowohl als
> Raseur wie als *Beschimpfungsobjekt* allen Anforderungen, nur ent-
> sprach er ihnen nicht mit der nötigen Regelmäßigkeit, erschien
> manchmal zu spät, manchmal gar nicht und verfiel desgleichen der
> Kündigung." (Torberg, Tante Jolesch, 15)

7. Sonderformen beim Verb

a) Historisches Präsens

Verwendung des Präsens für vergangene Vorgänge.

Die Verwendung des Präsens für vergangene Vorgänge entstammt
dem umgangssprachlichen Gebrauch. Literarisch dient das historische Präsens an Stellen besonders lebhafter Schilderung als Mittel
zur Vergegenwärtigung und weiterer Verlebendigung vergangenen
Geschehens. Es findet sich sowohl in den alten als auch in den
modernen Sprachen. Da das historische Präsens gewöhnlich in
den Gebrauch von Vergangenheitstempora eingebettet ist, sind seine Bedeutung und Funktion eindeutig.

> „Pervenit res ad istius auris nescioquomodo [...]. Iste *petit* a rege et
> eum pluribus verbis *rogat* ut id ad se *mittat*; cupere se *dicit* inspice-
> re neque se aliis videndi potestatem esse facturum. Antiochus qui
> animo et puerili esset et regio, nihil de istius improbitate suspicatus
> est, *imperat* suis ut id in praetorium involutum quam occultissime de-
> ferrent." (Ihm [Verres] kam die Sache, ich weiß nicht wie, zu Ohren
> [...]. Er [Verres] verlangt vom König und bittet ihn mit vielen Worten,

*Ausdrucks-
verstärkung*

Ästhetisierung
Aufmerksamkeit
Werbung

*Wortzusammen-
setzungen*

Vergegenwärtigung

er möge ihm das Werk schicken; er wolle es, sagt er, betrachten und werde es sonst niemanden sehen lassen. Antiochus, von teils knabenhaftem, teils königlichem Sinn, ahnte nichts von dessen Skrupellosigkeit; er befiehlt seinen Dienern, den Leuchter eingewickelt so heimlich wie möglich zum Sitz des Prätors zu bringen.) (Cicero, In C. Verrem II, 4, 65)

Historischer Infinitiv

Der Verwendung des historischen Präsens ist im Lateinischen die des **historischen Infinitivs** ähnlich. Für vergangenes Geschehen wird hier in affektvollen Schilderungen der bloße Infinitiv gesetzt, um schnell wechselnde Handlungen der Vergangenheit als gegenwärtig vorzuführen.

„Sed postquam L. Sulla armis recepta re publica bonis initiis malos eventus habuit, *rapere* omnes, *trahere*, domum alius, alius agros *cupere*, neque modum neque modestiam victores *habere*, foeda crudeliaque in civis facinora *facere*." (Nachdem aber Lucius Sulla mit Waffengewalt den Staat an sich gerissen hatte und nach guten Anfängen ein schlimmes Ende gezeitigt hatte, da rafften alle, schleppten beiseite, der eine wünschte ein Haus, Ackerland der andere, die Sieger kannten weder Maß noch Beherrschung, begingen scheußliche und grausame Taten gegen ihre Mitbürger.) (Sallust, Bellum Catilinae 11, 4)

b) Aktiv – Passiv

täterbezogen-tatbetroffen

Die stilistische Bedeutung der Verwendung von Aktiv und Passiv ist kaum erfasst. „Vor allem das funktionale Verhältnis von aktivischer (täterbezogener) und passivischer (tatbetroffener) Konstruktion bei transitiven Verben [Verben mit Akkusativobjekt] – „jemand tötet jemanden"; „jemand wird von jemandem getötet" – ist trotz vielfältiger Spekulation nicht gelöst [...]" (Landfester, Einführung, 66f.).

„Cotidie *morimur*. cotidie enim *demitur* aliqua pars vitae, et tunc quoque, cum <u>crescimus</u>, vita <u>decrescit</u>." (Täglich sterben wir [passive Form im Lateinischen!]: täglich nämlich wird hinweggenommen ein Teil des Lebens, und auch dann, wenn wir wachsen, nimmt das Leben ab.) (Seneca, Epistulae 24, 20)

Besonders beliebt ist das Spiel mit Aktiv und Passiv in Verbindung mit einem ☞verbalen Polyptoton, der Wiederholung eines Verbums in veränderter Form, da hier der Unterschied zwischen Handeln und Erleiden besonders deutlich hervortritt. Viele derartige Aussagen basieren auf dem Prinzip „Was du nicht willst, dass man dir tu [= dir zugefügt wird], das füg auch keinem andern zu" bzw. auf seiner positiven Umkehrung (vgl. unten: „Gebt, so wird euch gegeben werden").

„Si vis *amari, ama*!" (Wenn du geliebt werden willst, liebe!) (Seneca, Epistulae 9, 6)

„Qui *vincitur, vincit.*" (Wer sich besiegen lässt, siegt.) (Petron, Satyricon 59)

„<u>Richtet</u> nicht, und ihr *werdet* nicht *gerichtet werden*; <u>verdammet</u> nicht, und ihr *werdet* nicht *verdammet werden*; <u>vergebt</u>, und euch *wird vergeben werden*. <u>Gebt</u>, so *wird* euch *gegeben werden*." (NT, Lukas 6, 38)

c) Verbum simplex pro composito

Verwendung der Grundform eines Verbs anstatt der eigentlich gemeinten Zusammensetzung.

Der Rückgriff auf die Urform eines Verbums galt besonders dem Lateinischen als Stilmittel des ☞Archaismus. Heute wird dadurch eher ein primär unbestimmter Verfremdungseffekt erzielt, der die Aufmerksamkeit des Publikums erweckt. | Verfremdung

> „*Liquit* Agenorides Sidonia moenia Cadmus [...]." (Es ließ [hinter sich] die Mauern von Sidon Cadmus, der Sohn des Agenor [...].) (Ovid, Epistulae ex Ponto I, 3, 77)
>
> „Auf einer Kinderjause hemmungslos seiner Freßlust frönend und Torte um Torte verschlingend, besann er sich mittendrin auf die Rechenschaft, die er seiner Gouvernante – sie saß mit den anderen erwachsenen Begleitpersonen im Nebenzimmer – schuldig war und rief ihr durch die offene Türe zu: „Freilein! Bis in einer Weile werde ich *brechen*!" Nach diesem Aviso (das die pragerisch verkürzte Form von „erbrechen" anwandte) mampfte er weiter." (Torberg, Tante Jolesch, 89) [☞Dialekt]

8. Diminutiva

Formen der Verkleinerung.

Diminutiva dienen stilistisch zum Ausdruck von Emotionalität, sei es nun in verächtlicher („Männlein", „Frauchen") oder kosender Funktion („Liebchen", „Augensternchen"), während sie als Ausdruck von Kleinheit stilistisch unauffällig bleiben. | verächtlich ↔kosend

> „[...] omnibus diis hominibusque formosior videatur massa auri quam quicquid Apelles Phidiasque, *Graeculi* delirantes, fecerunt." ([...] allen Menschen und Göttern erscheint ein Goldklumpen wohlgestalter als das, was Apelles und Phidias [gelten als der größte griechische Maler bzw. Bildhauer], die wahnsinnigen *Griechlein*, geschaffen haben.) (Petron, Satyricon 88, 10)

Bei negativ besetzten Begriffen dient die Verkleinerung der Verbrämung: | Verbrämung

> „ein Spielchen wagen"
> „ein kleines Schweinchen sein"

9. Inkonzinnitat

„Ungefügtheit"
Uneinheitliche Gestaltung von koordinierten Satzteilen.

Die Inkonzinnität widerspricht dem rhetorischen Grundgedanken der *compositio* („Wortfügung"), der syntaktischen Gestaltung eines Satzes/einer Satzfolge nach den Regeln der Rhetorik, die ihre höchste Ausprägung eben in der *concinnitas* („Wohlgeformtheit") verwirklicht sieht, der syntaktischen Eleganz und klanglich-rhythmischen Ebenmäßigkeit syntaktisch gleichwertiger oder korrespondierender Gedanken bzw. Sätze. Hauptkennzeichen der *concinnitas* stellen ☞Parallelismus und ☞Isokolon dar. Durch die Inkonzinnität wird innerhalb eines Satzes oder auch in einem ganzen Text- oder Redeteil bewusst auf Symmetrie und Wiederholung syntaktischer Strukturen verzichtet; somit erhält das Stilprinzip der ☞*variatio* Wirkung. Das Verlassen einer Formtradition verhilft dem Moment der Überraschung oder Verfremdung zur Geltung.

variatio

> „Solemus dicere summum bonum esse secundum naturam vivere: natura nos *ad utrumque* genuit, et contemplationi rerum et actioni." (Wir pflegen zu sagen, das höchste Gut sei, gemäß der Natur zu leben: die Natur hat uns zu beidem geschaffen, zum Betrachten der Dinge und zum Handeln.) (Seneca, De otio IV, 2) [*ad + Akk.* ↔ 2x Dat.]

10. (Das) Anakoluth

Satzbruch
Eine Satzkonstruktion wird anders fortgeführt, als sie begonnen wurde.

Das Anakoluth stellt eine radikale Variante der ☞Inkonzinnität dar. Der Satzabbruch entstammt der gesprochenen Sprache und verweist auch literarisch auf die Mündlichkeit; insofern findet er sich besonders im Drama bzw. in Dialogen. Das Anakoluth präsentiert sich als Ausdruck einer Erregung, die nicht mehr auf die Satzkonstruktion zu achten vermag. Es wird als bewusstes Stilmittel eingesetzt, „um *Charaktereigenheiten* von Personen (sprunghaftes Denken, mangelnde Konzentration, emotionale Sprechweise, auch rednerische Emphase usw.) anzudeuten [...]" (HWRh 1, 487).

Erregung

Charakterzeichnung

Das Anakoluth weist verschiedene Erscheinungsformen auf. Es findet sich (nach HWRh 1, 487):

1. bei Nichtfortführung paariger bzw. mehrgliedriger Partikel, d. h. lat. „quamquam" ohne „tamen"; dt. „zwar" ohne „aber", „teils" ohne „teils", „erstens" ohne „zweitens" etc.

2. a) bei der Vorwegnahme eines Satzgliedes – v. a. von Subjekt oder direktem Objekt –, das anschließend durch ein Pronomen wiederaufgenommen wird: „Der Kerl, der hat mich geschlagen."
   b) bei Nachstellung hinter das ersetzende Pronomen: „Geschlagen hat er mich, der Kerl."
3. bei Konstruktionswechsel, der eine grammatische Regelverletzung darstellt („Satzbruch").

> „Etenim, si mecum patria, quae mihi vita mea multo est carior, si cuncta Italia, si omnis res publica sic loquatur: „M. Tulli, quid agis?""
> (Wenn nämlich das Vaterland, das mir viel teurer als mein Leben ist, wenn das gesamte Italien, wenn das ganze Gemeinwesen zu mir spräche: „Marcus Tullius, was tust du?") (Cicero, In L. Catilinam I, 27)
> [Auf den mit *etenim si* eingeleiteten Gliedsatz folgt kein Hauptsatz →3) „Satzbruch"]
> „Jedenfalls blieb *es* immer spürbar, *das Herz*." (Torberg, Tante Jolesch, 169) [2 b]

11. Constructio ad sensum

„Übereinstimmung nach dem Sinn"
Übereinstimmung eines Prädikats oder Attributs nicht nach der grammatikalischen Form des Subjekts/Beziehungswortes, sondern nach dessen Sinn.

Die Constructio ad sensum entstammt der Umgangssprache, in welcher der Sinn einer Aussage wesentlicher als deren grammatische Korrektheit ist. Als auffälliger Verstoß gegen die Sprachrichtigkeit findet sie literarisch jedoch nicht allzu breite Verwendung.   *Verstoß gegen die Sprachrichtigkeit*

> „alius alio more *viventes*" (jeder lebte nach einer anderen Art) (Sallust, Bellum Catilinae 6, 2) [statt „vivens"]
> „iuventus [...] *habebant*" (die Jugend hatte) (Sallust, Bellum Catilinae 7, 4) [statt „habebat"]

12. Solözismus

Grober Fehler gegen die Syntax (Satzbau).
(Der Begriff „Solözismus" leitet sich vermutlich von der griechischen Stadt Sóloi in Kilikien ab, deren Einwohner für ihre fehlerhafte Sprache bekannt gewesen sein sollen.)

Literarisch eingesetzt werden Solözismen wesentlich zur Charakterisierung von Personen in direkter Rede.   *Charakterzeichnung*

> „„Was andere Mädchen Verhältnisse haben, geh *ich* in Vorträge." Hier dient das „was" einem quantitativen Vergleich [...]. Bezöge es sich nur

auf den Zeitaufwand, so hätte zur Not auch ein häßliches „während"
ausgereicht. Aber das füllig ausgreifende „was" umschließt viel mehr,
umschließt *alles, was* andere Mädchen nicht nur an Zeit, sondern an
Planung, Interesse und persönlichem Einsatz für die Männerwelt auf-
wenden." (Torberg, Tante Jolesch, 22) [Hervorhebungen im Original]
„Mit der grüß ich mich nicht." (Torberg, Tante Jolesch, 91)

IV. Stilmittel: Tropen

Ein Tropus ist ein Ausdruck, der nicht im wörtlichen, sondern im übertragenen Sinn gebraucht wird. Er stellt eine Abweichung von der Standardbedeutung eines Wortes dar. Sinnübertragung

Um den Sinn der Aussage nicht gänzlich zu verdunkeln, muss zwischen dem eigentlich Gemeinten und dem tatsächlich Gesagten eine Verbindung herzustellen sein – diese kann entweder aus der Ähnlichkeit der beiden Sachverhalte und/oder dem Kontext resultieren.

Wie die Stilfiguren dienen die Tropen dem Schmuck (☞*ornatus*) einer Rede/eines Textes; aufgrund ihrer Sinn verschleiernden Wirkung und des sich daraus ergebenden intellektuellen Anspruchs sind sie jedoch weitgehend dem erhabenen Stil (☞*genus grande* bzw. *sublime*) vorbehalten. Die Schwierigkeit, in manchen Fällen Tropen von Figuren zu unterscheiden, ist seit der Antike bekannt, so findet man z. B. die ☞Ironie ebenso unter den Tropen wie auch unter den Sinnfiguren. Verdunkelung

Erhabener Stil

Abgrenzung von Figuren

Der intellektuelle Reiz der Tropen wird durch die notwendige Decodierung hervorgerufen, dieser ist jedoch nur bei Neuheit und Unverbrauchtheit der verwendeten Übertragungen gegeben. „Der Trope ist das Gewand des Gedankens, und die Mode übt hier ihre Herrschaft eben so sehr aus, als bei den Gewändern des Körpers, nur aus den schon angezeigten bessern Gründen" (Adelung, Über den deutschen Styl I, 410). Decodierung

Tropen besitzen einen hohen Grad an Lebhaftigkeit durch Lebhaftigkeit

- die höhere Anschaulichkeit im Verhältnis zum ersetzten Begriff,
- die Verfremdung gegenüber dem eigentlichen Ausdruck, den der Leser erst decodieren muss,
- die zu entdeckende Ähnlichkeit zwischen beiden Vorstellungen.

„Tropen sind ihrer Funktion nach erkenntnisstiftend und zugleich affektiv; erkenntnisstiftend, weil sie Sachverhalte verdeutlichen; affektiv, weil sie Gefühle freisetzen können. Schließlich kommt ihnen wegen ihrer Abweichung ein ästhetischer Wert zu: das Ungewöhnliche oder Außergewöhnliche ist etwas 'Schönes'" (Landfester, Einführung, 88).

Je nach Grad der Abweichung des tropischen Ausdrucks von der ersetzten Vorstellung kann man bei einem Naheverhältnis von Grenzverschiebungstropen, bei fehlender Verwandtschaft von Sprungtropen sprechen, eine Unterscheidung, an der sich auch die folgende Einteilung orientiert.

TROPEN

1. GRENZVERSCHIEBUNGSTROPEN	2. SPRUNGTROPEN
1. Verschiebungen innerhalb der Ebene des Begriffsinhalts	1. Metapher
1. Periphrase	2. Personifikation
2. Euphemismus	3. Allegorie
3. Hyperbel	4. Katachrese
4. Synekdoché	5. Allusio
5. Emphase	6. Ironie
6. Antonomasie	7. Adynaton
7. Litotes	
2. Verschiebungen außerhalb der Ebene des Begriffsinhalts	
1. Metonymie	

1. Grenzverschiebungstropen

Der tropische Ausdruck entstammt einem Inhaltsbereich, der dem der zu ersetzenden Vorstellung eigen oder unmittelbar benachbart ist.

1.1. Verschiebungen innerhalb der Ebene des Begriffsinhaltes

1. Periphrase

„Umschreibung" eines Wortes durch mehrere Wörter (anstelle des umschriebenen Begriffs).

Die Periphrase ermöglicht einerseits die Nichtnennung negativer, unangenehmer oder „unschicklicher" Begriffe; dabei handelt es sich häufig um die Vermeidung von Tabuwörtern und -themen aus den Bereichen von Sexualität, Tod und Sterben, womit die Periphrase in die Nähe des ☞Euphemismus rückt (z. B. „den Lebensatem aushauchen" für „sterben"). Andererseits dient die Periphrase der Veranschaulichung und Klarheit, zur Steigerung der Lebhaftigkeit oder Anregung der Phantasie. Je nach Präzision der Umschreibung kann die Periphrase den gemeinten Begriff (als Kunstgriff) jedoch auch verdunkeln. Bei fehlenden Begriffen entspringt die Periphrase einer Notwendigkeit und keinen ästhetischen Über-

Marginalien:
Vermeidung von Tabuwörtern/-themen

Veranschaulichung

Verdunkelung
Benennungsbedarf

legungen. In allen Verwendungsarten gibt die Periphrase Raum zu persönlichem Urteil, woraus sich innerhalb einer Rede-/Textanalyse häufig die Tendenzen eines Redners/Autors ablesen lassen.

Textanalyse

> „solis utramque domum" (beide Wohnstätten der Sonne) (Ovid, Heroides 9, 16) [= Osten und Westen]
> „Nein, er betreibt ein stilles, abgeschiedenes Geschäft, bei dem die Ruhe das einzige Geschäft ist; er liegt von höherer Macht gefesselt, und doch ist er frei und unabhängig, denn er ist Verweser seiner selbst – er ist tot." (Nestroy, Der Talisman 2, 17)

2. Euphemismus

„Beschönigende Bezeichnung" eines meist unangenehmen oder kulturell als anstößig empfundenen Sachverhalts oder Begriffs.

Der Euphemismus dient hauptsächlich der Nichtnennung kultureller oder religiöser Tabus. Diese können sich von Sexualität, bestimmten Körperteilen und Kleidungsstücken (besonders bezeichnend „die Unaussprechlichen" für „Unterhose"), menschlichen Ausscheidungen, körperlichen und geistigen Nachteilen, Krankheit und Tod über Fragen der Rasse oder des sozialen Status bis in den Bereich des Religiösen und des Aberglaubens erstrecken. Daneben stellt der Euphemismus allgemein ein Mittel der Abschwächung und Untertreibung dar, das besonders bei der Benennung von Lastern und Fehlverhalten bemüht wird (z. B. „Vergehen" für „Verbrechen").

Nichtnennung von Tabus

Abschwächung

Euphemismen finden sich auch in der Alltagssprache häufig und charakterisieren verschiedene Sprachcodes, die nicht selten unter dem Ausdruck „political correctness", der wesentlich dem rhetorischen Prinzip des ☞*aptum*, der „Angemessenheit", entspricht, subsumiert werden. Was „politisch korrekt" ist, entscheiden gesellschaftliche, politische und religiöse Auffassung, sozialer Status, Einschätzung des Adressaten etc.

Sprachcodes

> „eine ältere Dame" (für „alte Frau")
> „ableben", „aus dem Leben scheiden", „von uns gehen" (für „sterben")
> „Null-Wachstum" (für „wirtschaftliche Stagnation")
> „Freisetzung von Arbeitskräften" (für „Entlassung")
> „Sonderbehandlung" (für „Tötung")

In der Literatur finden Euphemismen als „Mittel zur Bewahrung einer bestimmten Stilhöhe, bei wechselndem Einsatz zur stilistischen und damit sozialen Charakterisierung einzelner Figuren" Verwendung. „Im Trivialroman dienen E.[uphemismen] außerdem zur Erzeugung von Scheinrealität, im Witz zur Pointenbildung."

Stilhöhe

Sozio- und
Psycholinguistik →
Analyseindikator

„Als Ausdruck der Zugehörigkeit zu einer bestimmten sozialen Gruppe oder Schicht, die ein bestimmtes Tabu wahrt, sind E.[uphemismen] [...] wichtig im Bereich der Sozio- und Psycholinguistik" (HWRh 3, 3) und geben Aufschluss über Tabubereiche, Redehemmnisse und generelle Voreinstellungen.

Galt der Euphemismus der Antike zwar noch nicht als Stilmittel, so war ihr sein Gebrauch doch bekannt:

> „Iampridem equidem nos vera vocabula rerum amisimus: quia bona aliena largiri *liberalitas*, malarum rerum audacia *fortitudo* vocatur [...]." (Schon längst freilich haben wir die wirklichen Ausdrücke für die Dinge verloren, weil Verschwenden fremden Guts *Großzügigkeit*, Tollkühnheit in üblen Dingen *Tapferkeit* genannt wird [...].) (Sallust, Bellum Catilinae 52, 11)
> „Stoffwechselstube" (für „Klosett") (Torberg, Tante Jolesch, 161f.)

Werbung

„Werbung muß euphemistisch sein, zum Beispiel wenn es um Körpergeruch oder harte Alkoholika geht, muß unerwünschte Assoziation – beispielsweise an Raucherzähne oder -atem – zu vermeiden wissen" (Sahihi, Kauf mich, 52).

3. Hyperbel

„Wurf über das Ziel"
Bewusste Übertreibung (in Anzahl, Größe, Gewicht, Intensität) in Vergrößerung (Auxesis) und Verkleinerung (Meiosis).

Funktionsvielfalt

Die Hyperbel kennt eine Vielzahl von Einsatzbereichen. Sie dient zu (vgl. zum Folgenden HWRh 4, 115f.):

– Pointierung (Überschreitung der Glaubwürdigkeit eines Sachverhalts zugunsten starker Anschaulichkeit),
– Anregung der Vorstellungskraft des Publikums,
– Erregung starker Affekte (Pathos),
– Täuschung und Manipulation,
– Aufwertung einer Sache (besonders in der Werbung, wo ein Produkt gegen ein anderes positiv abgegrenzt wird und sich durch die starke Anschaulichkeit der Hyperbel einprägt bzw. als fester Bestandteil in Lob- (Panegyrikus) und Festrede),
– Abwertung (fester Bestandteil im Genus der Tadelrede),
– Darstellung der Erhabenheit eines Gegenstandes (besonders am Beginn von Rede/Text zur Betonung der Wichtigkeit eines Themas),
– Erweckung komischer und witziger Effekte (in Komödie, Satire und Parodie).

> „Non gutt[ur]ae maris, non arenae litoris / aequantur meis scelerum flagitiis; / excedunt stellas pluviasque numero / pondere montes."

(Nicht die Tropfen des Meeres, nicht der Sand des Strandes kommen gleich meiner Schande aufgrund der Vergehen; sie überschreiten die Sterne und Regen an Zahl, an Gewicht die Berge.) (Petrus Damiani, Rhythmus paenitentis monachi, 5-8, 11. Jh.)

„„Ich mußte mir heute ein neues Postsparkassenkonto einrichten", ließ Wolf sich vernehmen, als Hajek an den Tisch trat. „Auf das alte ist nichts mehr draufgegangen."" (Torberg, Tante Jolesch, 103)

Da die Hyperbel gezielt die Wahrheit verletzt, ist sie nur in bestimmten Genera einsetzbar, in Textgattungen mit Wahrheitsanspruch (v. a. in wissenschaftlichen Texten) gemäß dem Kriterium der Angemessenheit (☞*aptum*) jedoch in jedem Fall unzulässig. Tritt die Hyperbel in der Form eines Vergleichs auf, wirkt sie abgemildert.

Die Gefahren beim Gebrauch der Hyperbel liegen in:

– Abnutzung (besonders die modebedingten Hinzufügungen von „extra", „super", „ultra" verlieren zunehmend an Aussagekraft),
– Erstarrung zum Klischee (wodurch die Hyperbel „abgeschmackt" wirkt),
– lächerlich-schwülstiger Wirkung (was zu unfreiwilliger Komik führen kann),
– fehlender Decodierung der Übertreibung durch den Rezipienten (wodurch der Sinn verdunkelt wird).

Die Alltagssprache erscheint als ein Hauptspielfeld der Übertreibung. Hyperbeln begegnen als:

– „Volkssuperlative" („hundsmiserabel", „splitternackt"),
– „Zahlenhyperbeln" („ich habe dir tausendmal gesagt"),
– erstarrte Hyperbeln („blitzschnell", „todmüde", „Schneckentempo", „eine Ewigkeit auf jemanden warten"),
– modische Übertreibungen („super-", „mega-", „giga-", „ur-"),
– steigernde Zusatzwörter („hoch-", „Luxus-"),
– Superlativbildungen („allerbeste", „baldmöglichst").

In der Werbung gehört die Hyperbel ob ihrer steigernden Wirkung zu den häufigsten Figuren.

„In Cappy geht die Sonne auf." (Fruchtsaft-Werbung)

Bei der Hyperbel kann zwischen Vergrößerung und Verkleinerung unterschieden werden:

1. **Auxesis**

„Vergrößerung"
Ein gewichtigeres Wort wird für ein geringeres gesetzt.

Marginalia:

Verstoß gegen die Wahrheit

Gefahren der Hyperbel

Erscheinungsformen in der Alltagssprache

Werbung

Auxesis

Lob und Kritik

Die Auxesis dient neben den generellen Verwendungsarten der Hyperbel besonders zum Ausdruck von Lob und Kritik bzw. von Affekten. Sie macht aus einem „ehrlichen Mann" „einen Heiligen", aus einem „Mädchen voller Liebreiz" einen „Engel".

> „Denn der Demel [Wiener Kaffeehaus] ist mehr als eine Institution. Er ist, auch hierin wieder dem Theater vergleichbar, und zwar dem Burgtheater, eine *Legende*." (Torberg, Tante Jolesch, 226)

Meiosis

2. Meiosis

„Verkleinerung", „Verharmlosung"
Ein geringerer Ausdruck wird für einen gewichtigeren gesetzt.

Die abschwächende Wirkung der Meiosis kann Hoffnung vermitteln, aufmuntern oder zur Entschuldigung herangezogen werden.

Bescheidenheitstopos

Im Bescheidenheitstopos, besonders am Anfang einer Rede/eines Textes oder innerhalb schwieriger Passagen, hat die Meiosis jedoch ihren festen rhetorischen Platz und dient dem Gewinnen der Publikumsgunst (*captatio benevolentiae*). Indem der Redner/Autor sich in seiner Position selbst erniedrigt und seine Schwächen übertreibt, nimmt er dies einem möglichen Gegner als Angriffspunkt im Sinne einer ☞Praesumptio vorweg.

> „Sum miser, ut mereor, quantum vix ullus in orbe est; / semper inest luctus, tristis et hora mihi." (Ich bin unglücklich, wie ich es verdiene, wie kaum jemand auf der Welt es ist; immer bin ich von Trauer erfüllt, traurig ist mir auch diese Stunde.) (Paulus Diaconus, Versus ad regem precando, 3f., 8. Jh.)
> „Ich bedenke wohl, daß mir's nicht wird unverwiesen bleiben, daß ich verachteter, weltabgewandter Mensch solche hohen und großen Ständen wage anzureden in so gewaltigen, großen Sachen, als wäre sonst niemand in der Welt denn Doktor Luther, der sich des christlichen Stands annähme und so hochverständigen Leuten Rat gäbe." (Luther, An den christlichen Adel deutscher Nation, 9)

4. Synekdoché

„Mitverstehen"
Austausch einer Vorstellung durch einen Begriff weiterer oder engerer Bedeutung, d. h. auf der Ebene von Teil und Ganzem.

Im Gegensatz zur ☞Metonymie besteht bei der Synekdoche zwischen den beiden Begriffen kein kausaler, räumlicher oder zeitlicher Zusammenhang, sondern eine Teil-Ganzes-Beziehung.

Teil-Ganzes-Beziehung

Die Synekdoche stellt durch den Verfremdungseffekt einen intellektuellen Anspruch an das Publikum dar, das den eigentlich gemeinten Begriff erst decodieren muss.

1. Die Hauptform der Synekdoche besteht in der Vertauschung von Teil und Ganzem, Geschlecht und Gattung:

– **pars pro toto** (Teil für Ganzes)

Die Vertauschung ist häufig auf bestimmte Teile beschränkt: So finden sich z. B. „tectum"/„Dach" für „domus"/„Haus" („unter meinem Dach") bzw. „Schwelle" für „Haus" („jemandes Schwelle nicht betreten"), nicht jedoch „Fenster" als möglicher Ersetzungsbegriff.

> „Unser tägliches *Brot* gib uns heute" (Vaterunser) [„Brot" für „Nahrung"]

Besonders durch das Herausgreifen eines Einzelteils kann eine größere Anschaulichkeit und Bildlichkeit erzielt werden. So fokussiert der Ausdruck „ein witziger Kopf" für einen „witzigen Menschen" schon auf den Teil des Menschen, dem Witz zugeschrieben wird. In dieser Verwendungsart stellt die Synekdoche auch ein beliebtes Stilmittel der Werbung dar; ein Produktmerkmal wird herausgegriffen, um dieses dann in den Mittelpunkt zu rücken und anzupreisen.

– **totum pro parte** (Ganzes für Teil)

> „alii *fontem*que ignemque ferebant" (andere brachten eine Quelle [→Wasser] und Feuer) (Vergil, Aeneis XII, 119)

Die Verwendung eines weitergespannten Begriffs anstelle einer präziseren Formulierung gibt Möglichkeit für Vagheit und Implikation und eröffnet dem Publikum ein breites Interpretationsfeld. Hier kann die Synekdoche ☞emphatischen Charakter erlangen.

2. Darüber hinaus werden bei der Synekdoche auch **Einzahl** und **Mehrzahl** vertauscht:

> „Tune putas illam pro te disponere crines / aut tenues *denso* pectere *dente* comas?" (Du glaubst, dass sich jene für dich das Haar zurechtmacht oder die weichen Haare *mit einem dichten Zahn* [dichtgezahnten Kamm] kämmt?) (Tibull, Elegien I, 9, 67f.)

5. Emphase

„Nachdruck"; „verblümte Rede"
Erweiterung eines Ausdrucks um eine Bedeutungsdimension, welche diesem eigentlich nicht zukommt.

Bei der Emphase wird das Gemeinte nicht direkt ausgesprochen, sondern erst durch die Betonung, Wortwahl und/oder den Kontext deutlich. So kann die Aussage „Er ist ein *Mensch*" je nach Kontext bedeuten „er ist *nur* ein Mensch" oder „er ist *immerhin* ein Mensch".

„Die Emphase ist der Gebrauch eines Wortes geringeren habituellen Bedeutungsinhalts (und größeren Bedeutungsumfangs) zur Bezeichnung eines größeren (präziseren) Bedeutungsinhalts (und geringeren Bedeutungsumfangs). Die Emphase, die man als eine Sonderart der ☞Synekdoche [...] auffassen kann, ist also eine verhüllende sprachliche Ungenauigkeit, die ihre genaue Bezeichnungs-*voluntas* durch den (sprachlichen oder situationsmäßigen) Kontext sowie durch Mittel der *pronuntiatio* verrät und so überraschend wirkt [...]" (Lausberg, Handbuch, §578).

Die Emphase findet grundsätzlich Anwendung, wenn ein bestimmter Sachverhalt nicht präzise ausgedrückt werden kann oder soll. Gründe dafür können sein:

– Furcht (vor der Reaktion des Adressaten),
– Respekt (vor dem Gegenüber und seinen Auffassungen),
– Spiel (mit dem uneigentlichen Ausdruck, der decodiert werden muss und dem Publikum insofern Aufmerksamkeit und Scharfsinn abverlangt).

Gefahr der
Verdunkelung

Durch den uneigentlichen Ausdruck beinhaltet die Emphase die Gefahr der Verdunkelung, wenn dem Publikum nicht ausreichend Anhaltspunkte zur Aufschlüsselung gegeben werden.

„Ecce *homo*!" (Seht, welch ein Mensch!) (NT, Johannes 19, 5)
„Das sind mir jedenfalls *Römer*, wie mich dünkt!" (Luther, An den christlichen Adel deutscher Nation, 36)

Aufgrund von Nachdruck, Eindringlichkeit und häufig Kürze ist die Emphase auch in der Werbung beliebt (Sahihi, Kauf mich, 53).

6. Antonomasie

Ersetzung eines Eigennamens durch eine charakteristische Eigenschaft/ein bezeichnendes Merkmal oder umgekehrt.

Die Antonomasie tritt in zwei Erscheinungsformen auf:

Charakteristikum
statt Namensnennung

1. Ersetzung eines bekannten Eigennamens durch ein herausragendes Charakteristikum des Trägers. Dieses wird als ☞Epitheton ornans (schmückendes Beiwort) beim Namen so selbstverständlich auf diesen bezogen, dass der Name selbst weggelassen werden kann, wodurch es zur Antonomasie kommt.

„die Göttliche" (für „Greta Garbo")
„„Prag wird durchflossen von der Nebbich, die sich schließlich doch

in die Elbe ergießt", heißt es bei Gustav Meyrink, der bekanntlich nur ein Wahl-Prager war und sich infolgedessen oder trotzdem eine gewisse kritische Einstellung zum *goldenen Moldau-Mütterchen* bewahrt hatte, als einziger auf weiter Prager Literaturflur." (Torberg, Tante Jolesch, 95)

„[...] deutsche Emigranten – von den Franzosen *„les chez-bei-uns"* genannt, weil sie immer wieder bekanntgaben, daß bei ihnen in Deutschland alles viel besser gewesen wäre." (Torberg, Tante Jolesch, 207)

Diese Verwendungsart der Antonomasie begegnet häufig im Bereich des Religiösen und des Aberglaubens. Die alte Vorstellung, der Teufel komme „g´rennt, wenn man ihn beim Namen nennt", geht von einer realen Kraft der Sprache aus, die sich in heilsversprechender Weise auch im Gebet und der Anrufung von himmlischen Mächten zeigt. Die Scheu, durch die Nennung jenseitiger oder anderweitiger furchterregender Kräfte, diese herbeizurufen, führte zur Ausbildung von Namentabus, der Benennungsbedarf zu Antonomasien oder ☞Periphrasen.

Namentabus

> „der Allmächtige", „der Schöpfer der Welt" (für „Gott")

2. Ersetzung einer Eigenschaft/eines Wesenszuges durch den Namen einer Person, die als deren Sinnbild gilt.

Charakteristischer Eigenname statt Eigenschaft

> „ein Krösus" (für „sehr reicher Mensch")
> „ein Casanova" (für „berühmt-berüchtigter Liebhaber")
> „ein Mäzen" (für „Förderer der Künste")
> „ein Cato" (für „Mann von strenger Tugend")
> „Homer der Reportage" (Torberg, Tante Jolesch, 189)
> „[...] solange Sacher noch der *Demel* unter den Restaurants ist und Demel noch der *Sacher* unter den Konditoreien, solange wir froh sein dürfen, daß wir zwei solche Kerle haben, sollten sie einander nicht ein Etikett streitig machen, das entweder beiden gehört oder keinem." (Torberg, Tante Jolesch, 236)

Die Antonomasie führt zu bildhafter Verdeutlichung; wird der Eigenname alltagssprachlich durch einen Sympathiebegriff ersetzt, spricht man von einem Spitznamen.

Bildhaftigkeit

Spitzname

In manchen Sparten des Handels haben sich Produkte so sehr durchgesetzt, dass ihr Markenname häufig allgemein anstelle des Produkts verwendet wird (z. B. „Tempo" für Taschentuch, „Uhu" für Klebstoff).

Markenname

7. Litotes

„Schlichtheit"
Vorsichtige Bejahung/absichtsvolle Untertreibung durch doppelte Verneinung oder Verneinung des Gegenteils des Gemeinten.

Betonung durch Untertreibung

Die Litotes dient gerade durch die Untertreibung der Betonung, Ausdrucksverstärkung oder bloßen Variation. Sie kann, v. a. mit Bezug auf den Sprecher/Autor selbst, zur Vermittlung von Bescheidenheit/„understatement" („nicht gerade unvermögend"), mit Bezug auf andere zur Milderung einer Aussage aus Respekt („nicht gerade schlank"), besonders aber zum Ausdruck von ☞Ironie („nicht gerade ein Held") gebraucht werden. Die ironische Note stellt geradezu eine Grundkonstante der Litotes dar, bei der etwas anderes gesagt wird, als eigentlich gemeint ist. Die darin enthaltene Gefahr des Missverstehens sowie weiters des Hängenbleibens der Negativkonnotation lässt die Litotes in der Werbung nur selten auftreten.

Ironie

> *„non nihil* aspersis gaudet Amor lacrimis" (nicht wenig freut Amor sich über die vergossenen Tränen) (Properz, Elegien I, 12, 16)
> „haud inpune" (nicht ungestraft) (Ovid, Metamorphosen II, 474)

1.2. Verschiebungen außerhalb der Ebene des Begriffsinhaltes

Metonymie

„Namensvertauschung"
Bezeichnung eines Begriffes durch ein Wort, das damit logisch, räumlich usw. zusammenhängt.

Wie die ☞Metapher beruht die Metonymie auf der Ersetzung eines Begriffs durch einen anderen, doch stehen die beiden Begriffe bei der Metonymie in einer logischen oder faktischen Beziehung zueinander.

Logischer oder faktischer Bezug

„Diese Figur gründet sich auf die Gesetze der Einbildungskraft und der Verbindung der Ideen, nach welcher man sich bey einer einmahl gehabten Nebenvorstellung oder Empfindung sogleich wieder an eine andere damit verbundene Vorstellung erinnert, und daher jene für diese setzt" (Adelung, Über den deutschen Styl I, 384).

Verfremdung

Die Metonymie wirkt durch die Ungewöhnlichkeit des Ausdrucks als Mittel der Verfremdung und Abwechslung; in der zu entschlüsselnden Aussage liegt ihr intellektueller Anspruch begründet. Der rätselhafte Charakter macht die Metonymie, wie andere Tropen auch, für die Verwendung in Fachsprachen ungeeignet.

Die wichtigsten Erscheinungsformen der Metonymie sind:

Ursache – Wirkung

1. Vertauschung von Ursache und Wirkung („Schmerzen zufügen" statt „Verletzungen zufügen, die Schmerzen verursachen"),

2. Vertauschung von Ort/Zeit und Akteuren/Bewohnern („Österreich" statt „Österreicher"; „der Saal tobt" statt „die Zuschauer im Saal toben"; „ein ungläubiges Jahrhundert" statt „ungläubige Menschen dieses Jahrhunderts"),

Ort/Zeit – Akteur/Bewohner

3. Vertauschung von Abstraktem und Konkretem („Sklaverei" statt „Sklaven"; „Waffen" statt „Krieg"),

Abstrakt – konkret

4. Vertauschung von Urheber/Besitzer und Resultat/Produkt; besonders beliebt ist die Vertauschung von Autor und Werk („Homer lesen" statt „ein Buch von Homer lesen"; „Mozart hören" statt „eine Komposition von Mozart hören") sowie von Gottheit und Funktionsbereich („Mars" für „Krieg"; „Ceres" für „Getreide"; „Bacchus" für „Wein"),

Urheber/Besitzer – Resultat/Produkt

5. Vertauschung von Material und Erzeugnis („das Eisen führen" statt „das Schwert führen"),

Material – Erzeugnis

6. Vertauschung von Gefäß und Inhalt („ein Gläschen trinken" statt „ein Glas Wein trinken").

Gefäß – Inhalt
Werbung

Ein besonders berühmtes Beispiel für eine Metonymie stellen die Anfangsworte von Vergils Aeneis dar:

> „*Arma* virumque cano [...]." (*Waffen* besinge ich und den Helden [...])
> (Vergil, Aeneis I, 1) [„arma"/„Waffen" steht für „bellum"/„Krieg"]
> „Nondum caesa suis, peregrinum ut viseret orbem, / montibus in liquidas *pinus* descenderat undas" (Noch nicht gefällt war die Fichte und, um den fremden Erdkreis zu sehen, von ihren Bergen in die klaren Wellen hinabgestiegen) (Ovid, Metamorphosen I, 94f.) [„Fichte" steht für „Schiff", wobei die ☞Allegorie den Beginn der „Schifffahrt" insgesamt meint.]

Die Metonymie stellt ein beliebtes Stilmittel in der Werbung dar; eine Eigenschaft/Wirkung eines Produkts wird (metonymisch) für das Ganze gesetzt und dann angepriesen.

> „Allrad für alle!" (Auto-Werbung)
> „Fate l'amore con il sapore." (Liebt den Geschmack.) (Italienische Joghurt-Werbung) [wirkt besonders auf der Klangebene durch den ☞Reim eingängig]

2. Sprungtropen

Der tropische Ausdruck und die zu ersetzende Vorstellung sind einander inhaltlich nicht verwandt.

1. Metapher

„Übertragung" eines anschaulichen Ausdrucks auf etwas Abstraktes, schwer Fassbares.

Die Metapher kann ebenso in einem einzigen Wort (z. B. „Lebensabend" für „Alter") liegen, wie sie mehrere Worte umfassen kann. Eine ausgedehnte Metapher wird als ☞Allegorie bezeichnet.

„Königin" der Stilfiguren

Die Metapher gilt als der prominenteste Tropus, sozusagen als die „Königin" der Stilfiguren schlechthin. Sie ist nicht nur ein Mittel der Ästhetisierung, im Sinne von Verkürzung (☞*brevitas*) oder Erweiterung (☞*amplificatio*), Ausschmückung (☞*ornatus*) oder Abwechslung (☞*variatio*), sondern auch der Verdeutlichung durch Veranschaulichung.

„Abgekürzter Vergleich"

Seit Aristoteles wird die Metapher häufig als „abgekürzter Vergleich" definiert. Während der Vergleich (nach einem klassisch gewordenen Beispiel) „Achill sich *wie* einen Löwen auf ihn stürzen" lässt, sagt die Metapher von demselben – unter Weglassen des Vergleichspartikels – „Achill, der Löwe, stürzte sich auf ihn" (Aristoteles, Rhetorik 1406b) und macht damit beide Begriffe austauschbar. Auf der Grundlage der Ähnlichkeit zweier Vorstellungen wird bei der Metapher folglich die eine für die andere gesetzt, wobei nicht zutreffende Aspekte übergangen werden. Was an übertragener Bedeutung zu gebrauchen, ob und wie diese zu verstehen ist, ergibt sich häufig erst aus dem Kontext und setzt zudem kulturelles Wissen und Sprachkompetenz voraus.

Bildhaftigkeit

Durch ihre Bildhaftigkeit vermag die Metapher eine direkt einleuchtende, überzeugende Wirkung zu entfalten. Sie kann einerseits Sachverhalte ausdrücken, die in der „eigentlichen" Sprache nicht adäquat formuliert werden können, andererseits vereinfacht sie bildlich abstrakte bzw. komplexe Sachverhalte und formuliert so nicht zuletzt Modelle für Wissenschaft und Gesellschaft in anschaulicher Weise. Gegenüber anderen Tropen kann sie aus dem größten Bildbereich schöpfen und besitzt deshalb die größte Variationsbreite.

Intellektueller Reiz

Der intellektuelle Reiz der Metapher wird umso größer, je weiter „Bild" und Bezeichnetes voneinander entfernt sind (am ausgeprägtesten bei der ☞kühnen Metapher). „Der allzu häufige Gebrauch von Metaphern kann zur Dunkelheit, eine Unähnlichkeit der Begriffe, die durch die ausgetauschten Wörter bezeichnet werden, zur Unverständlichkeit der Rede führen" (Ueding/Steinbrink, Grundriß, 295). Durch wiederholten Gebrauch verliert die Metapher an ästhetischem Wert.

> „Dum nos fata sinunt, oculos satiemus amore: / *nox* tibi longa venit nec reditura *dies*." (Solange das Schicksal es zulässt, wollen wir die Augen an der Liebe sättigen: / eine lange Nacht wird für dich kommen und nicht zurückkehren der Tag.) (Properz, Elegien II, 15, 23f.) [Tag und Nacht als Metaphern für Leben und Tod]

„Denn alle Christen sind in Wahrheit geistlichen Standes und ist unter ihnen kein Unterschied denn des Amtes halben allein, wie Paulus I. Kor. 12 sagt, *daß wir allesamt ein Körper sind, doch ein jeglich Glied sein eigen Werk hat, mit dem es den anderen dienet.*" (Luther, An den christlichen Adel deutscher Nation, 14)

„In gärend Drachengift hast Du / die Milch der frommen Denkart mir verwandelt." (Schiller, Wilhelm Tell 4, 3)

„Ja, die Lieb' – die Lieb', das ist die Köchin, die am meisten anrichtet in der Welt." (Nestroy, Die verhängnisvolle Faschingsnacht I, 4) [☞Geminatio]

„[...] das is Senf für das alltägliche Rindfleisch des Lebens." (Nestroy, Der Zerrissene 1, 8)

„*Den Dolch der mörderischen Ablehnung verstand auch Alfred Polgar zu handhaben*, dem es die klebrigen Anbiederungsversuche des Stammgastes Weiß angetan hatten." (Torberg, Tante Jolesch, 145)

„[... das Herz] bildet manch freundliche Inselbank inmitten der skurrilen Strudel, mit denen Molnár den Fluß seiner autobiographischen Prosa durchsetzt hat." (Torberg, Tante Jolesch, 169)

Metaphern können nach den Herkunftsbereichen der ersetzenden Ausdrücke bezeichnet werden: Pflanzen-, Schifffahrtsmetaphorik etc. Je nach den Erfahrungen einer Zeit und den Interessensgebieten einer Gattung entwickeln sich verschiedene bevorzugte „Bildspenderbereiche" (Landfester, Einführung, 90). So tritt das Bild vom Menschen als Maschine z. B. erst mit der Industrialisierung auf, das Bild vom „Staatsschiff" hat indessen mit der abnehmenden Bedeutung der Schifffahrt heutzutage weitgehend ausgedient. Benennung nach Herkunftsbereichen

Je nach Entfernung zwischen eigentlicher Vorstellung und Bildbereich unterscheidet man:

– **verblasste** oder **tote Metaphern** (Trennung von bildlichem und eigentlichem Bereich wird kaum bzw. nicht mehr vergegenwärtigt, z. B. „über etwas brüten" für „nachdenken"), verblasste/tote M.
– **dunkle Metaphern** (Sinn bleibt unbestimmt), dunkle M.
– **kühne Metaphern** (Bildbereich ist sehr weit von der eigentlichen Vorstellung entfernt), kühne M.
– **pathetische Metaphern** (Bildbereich wirkt gegenüber der eigentlichen Vorstellung übersteigert). pathetische M.

Mit ihrer Bildhaftigkeit und Uneigentlichkeit kommt die Metapher den Tendenzen der Werbung sehr entgegen, da sie einerseits die Einprägsamkeit fördert, andererseits Assoziationsmöglichkeiten schafft. „Die Metapher hat zahlreiche für die Slogan-Rhetorik günstige Eigenschaften: Sie verkürzt, impliziert, vergleicht, und dient auch der Vagheit und der Personifikation" (Sahihi, Kauf mich, 51; vgl. 54). Werbung

Einheitlicher
Bildbereich

Die Metapher erhält ihre Kraft wesentlich aus der Einheit des Bildes, die zerstört wird, wenn z. B. Verb und Substantiv nicht in den gleichen Bildbereich gehören; ist diese Uneinheitlichkeit gewollt, spricht man von einer ☞Katachrese.

Metaphern-
forschung

Überlegungen wie diejenige, „daß die Metapher ein sinntragendes und mithin kommunikativ interpretierbares Zeichen ist, aber wohl mehr über unsere Sprache aussagt, als über die Gegenstände und Sachverhalte, von denen sie zu sprechen vorgibt" (Müller Richter/Larcati, Kampf der Metapher, 20) bzw. „daß mit der Frage der Metapher die Frage nach den Bedingungen der Möglichkeit

Sinnstiftung

von Sinn und Vorläufigkeit von Sinnstiftung aufgeworfen wird" (Ebd., 11), stellen den Ausgangspunkt einer intensiven und weitverzweigten Metaphernforschung mit reichhaltiger Literaturproduktion dar. „Daß die Metapher alles andere als ein sondergestellter Tropus und mehr mit dem Verständnis unseres Selbst, unserer

Selbstverständnis

Kultur und der Art unserer Weltkonstitution zu tun hat, als alle rhetorische Schulweisheit sich träumen läßt, kann man als das einstimmige Urteil der Metapherntheorie des 20. Jh. festhalten" (Ebd., 35). Neben ihrer stilistischen Funktion eröffnen Metaphern inner-

Textanalyse

halb einer Textanalyse deshalb Einblicke in die Weltsicht eines Autors, geben den Blick frei auf zentrale Einstellungen und Werte einer Gesellschaft oder eines Kommunikationsgefüges und können so als „Kondensate herrschender Mentalitäten/Meinungssysteme" aufgefasst und als solche untersucht werden (Pielenz, Argumentation, 178).

2. Personifikation

„Verpersönlichung"
Abart der ☞Metapher: Etwas Nicht-Personales (Gegenstand, Kollektiv, Tier, Abstraktum) wird durch die Übertragung von menschlichen Eigenschaften und Fähigkeiten als Person eingeführt.

Die Personifikation stellt die eindringlichste Form der versinnlichenden ☞Metapher dar (Lausberg, Handbuch, § 559c). Sie ist das

Mittel der
Verlebendigung

Mittel der „Verlebendigung" schlechthin und durch ihre Anschaulichkeit, die dem menschlichen Erfahrungsbereich entspricht, besonders eingängig.

Eines der eindrucksvollsten Beispiele der Vermenschlichung gibt Vergil mit seiner Schilderung der Fama, des personifizierten Gerüchts:

> „Extemplo Libyae magnas it Fama per urbes, / Fama, malum qua non aliud velocius ullum: / mobilitate viget virisque adquirit eundo, / parva metu primo, mox sese attollit in auras / ingrediturque solo et ca-

put inter nubila condit. / Illam Terra parens ira inritata deorum / extremam, ut perhibent, Coeo Enceladoque sororem / progenuit pedibus celerem et pernicibus alis, / monstrum horrendum, ingens, cui quot sunt corpore plumae, / tot vigiles oculi subter – mirabile dictu –, / tot linguae, totidem ora sonant, tot subrigit auris. / Nocte volat caeli medio terraeque per umbram / stridens, nec dulci declinat lumina somno; / luce sedet custos aut summi culmine tecti / turribus aut altis, et magnas territat urbes, / tam ficti pravique tenax quam nuntia veri. / Haec tum multiplici populos sermone replebat / gaudens, et pariter facta atque infecta canebat: / [...]." (Sogleich eilt Fama durch Libyens große Städte, Fama, die schneller ist als jedes andere Unheil: Beweglichkeit ist ihre Stärke, und im Eilen gewinnt sie zunehmend Kräfte; aus Furcht anfangs klein, erhebt sie sich bald in die Lüfte, sie geht auf festem Boden einher und verbirgt ihr Haupt in den Wolken. Diese hat Mutter Erde, angestachelt von ihrem Zorn gegen die Götter, zuletzt, so erzählt man, dem Coeus und Enceladus als Schwester geboren, rasch zu Fuß und mit schnellen Flügeln, ein schreckliches Ungeheuer, gewaltig, so viele Federn sie am Körper trägt, so viele wachsame Augen hat sie darunter – sonderbar ist es zu sagen –, so viele Zungen auch und ebenso viele Münder sind zu hören, so viele Ohren spitzt sie. Nachts fliegt sie schwirrend durch das Dunkel zwischen Himmel und Erde und gönnt ihren Augen nicht den erquickenden Schlaf; am Tag sitzt sie als Wächterin ganz oben auf dem First des Hauses oder auf hohen Türmen und versetzt die großen Städte in Schrecken, starr hält sie fest an Erfundenem und Verkehrtem und ist zugleich Botin der Wahrheit. Freudig erfüllte sie nun das Volk mit vielfältiger Rede und verkündete gleichermaßen Geschehenes und Ungeschehenes: [...]." (Vergil, Aeneis IV, 173-90)

„Es hat auch der liebe römische Geiz den Brauch erdacht, daß [...]." (Luther, An den christlichen Adel deutscher Nation, 39) [☞Ironie]

„Die Weißheit ging jüngsthin spazieren / und ließ sich von der Frühlingszeit / des Abends durch die Gasse führen, / gleich wenn der Wächter Zehen schreyt." (Günther, Der von der Weißheit gefundene Fleiß, 1-4: Werke 4, 64, Anfang 18. Jh.)

„Eine kleine Kneipe gewährte uns für die kurze Zeit bis zur Sperrstunde noch Unterschlupf [...]." (Torberg, Tante Jolesch, 221)

In der Werbung stellt die „Vermenschlichung der Ware" „ein wesentliches Mittel der persuasiven Manipulation" dar; der Appell an das Gefühl erweckt bei den Adressaten Wohlwollen (Sahihi, Kauf mich, 51).

Vermenschlichung der Ware

„Meister Proper putzt so sauber, daß man sich drin spiegeln kann." (Putzmittel-Werbung)

3. Allegorie

„Bildliche Rede"
Fortgeführte, textologische ☞Metapher: bildliche, gleichnishafte Darstellung.

Bei der Allegorie wird der Bildbereich eines ☞metaphorischen Ausdruckes zu einem komplexen Zusammenhang ausgebaut, wobei nicht nur ein Ausdruck, sondern ein ganzer Gedankengang ersetzt und bildlich dargestellt wird. Die Allegorie stellt sich als Aussage mit zwei Bedeutungen dar, einer direkten und einer indirekten. „Im Unterschied zur Metapher sagt sie aber nicht explizit, was sie vor allem meint. [...] Die Allegorie ist ihren Funktionen nach kognitiv und ästhetisch; kognitiv, insofern sie Wissen und Einsicht vermittelt, ästhetisch, weil sie aus der Spannung zwischen direktem und indirektem Sprechen zum Vergnügen führt" (Landfester, Einführung, 119). „Es gibt viele Anwendungsmöglichkeiten der Allegorie von feierlich prätentiöser, ehrfürchtig mysteriöser oder taktisch vorsichtiger Einkleidung des indirekt zu Sagenden über verbales Tasten und suchendes Umschreiben, aber auch suggestives Argumentieren, anschauliches Belehren und Memorieren, selbst Philosophieren bis hin zu fabulöser Phantastik und Witz, selbst Satire" (HWRh 1, 331).

Noch mehr als bei der ☞Metapher ist jedoch bei der Allegorie auf die Einheit des Bildbereichs zu achten, da diese durch die größere Ausführlichkeit noch leichter als bei der kürzeren Metapher verletzt werden kann.

Schon Quintilian (Institutio oratoria VIII, 6, 47) unterschied zwei Formen der Allegorie:

1. vollständige, in sich abgeschlossene Allegorie, in der kein Element des eigentlichen Gedankens auftritt – hier besteht die Gefahr der Dunkelheit und Unverständlichkeit, eines in der Poesie durchaus gewünschten Effekts,

2. gebrochene, „gemischte" Allegorie, in der auf den eigentlichen Gedanken verwiesen wird bzw. Elemente desselben beinhaltet sind, wodurch der eigentlich zugrundeliegende Sinn gegenüber 1. verdeutlicht wird.

Randbegriffe: Ausgedehnte Metapher · Einheitlicher Bildbereich · Vollständige A. · Gebrochene A.

> 1. „Si percensere singulas [res publicas] voluero, nullam inveniam quae sapientem aut quam sapiens pati possit. Quod si non invenitur illa res publica quam nobis fingimus, incipit omnibus esse otium necessarium, quia quod unum praeferri poterat otio nusquam est. *Si quis dicit optimum esse navigare, deinde negat navigandum in eo mari in quo naufragia fieri soleant et frequenter subitae tempestates sint quae rectorem in contrarium rapiant, puto, hic me vetat navem solvere, cum laudet navigationem* [...]." (Wenn ich sie [die Staaten] einzeln durchmustern will, werde ich keinen finden, der den Weisen oder den der Weise ertragen könnte. Wenn nun nicht gefunden wird der Staat, den wir uns vorstellen, dann beginnt für alle Muße notwendig zu werden, weil, was einzig vorgezogen werden konnte der Muße, nirgends existiert. *Wenn einer sagt, am besten sei es, zu Schiff zu fahren, sodann erklärt, man*

dürfe nicht auf dem Meer fahren, auf dem Schiffbruch zu gesche-
hen pflegt und häufig plötzliche Stürme auftreten, die den Steuer-
mann in die entgegengesetzte Richtung reißen, so glaube ich, dieser
verbietet mir auszulaufen, obwohl er die Seefahrt preist [...]." (Seneca, De otio VIII, 3f.) [Darstellung der Politik als Schifffahrt]

2. „At tu finge *elegos*, fallax opus (haec tua *castra*!), / scribat ut ex-
   emplo cetera turba tuo. / *Militiam Veneris blandis* patiere sub *ar-*
   mis / et *Veneris pueris* utilis *hostis* eris. / Nam tibi victrices quas-
   cumque labore parasti, / eludit palmas una puella tuas: / et bene
   cum fixum mento discusseris uncum, / nil erit hoc: rostro te pre-
   met ansa tuo." (Aber du erdichte Elegien, trügerisches Werk (dies
   ist dein Militärlager!), damit nach deinem Beispiel die übrige Menge schreibe. Den Kriegsdienst der Venus wirst du unter lockenden
   Waffen ertragen und den Knaben der Venus wirst du ein nützlicher
   Feind sein. Denn alle Siegeszeichen, die du dir mit Mühe erworben hast, verspottet ein einziges Mädchen: und wenn du den am
   Kinn gut angebrachten Haken abschütteln würdest: es wird dies
   nichts helfen: an deinem Schnabel wird dich der Haken drücken.)
   (Properz, Elegien IV, 1, 135-41) [Liebesdienst als Kriegsdienst stellt
   das Grundmotiv der lateinischen Liebeselegie schlechthin dar.]

Auf der Basis der verschiedenen Bedeutungen einer Aussage wurde
wesentlich von der Patristik für die Bibelauslegung eine eigene Me-
thode entwickelt: die **Allegorese**, die dann in der Scholastik ausge- | Allegorese
baut, systematisiert und in ihren Anwendungsbereichen erweitert
wurde. Durch das ganze Mittelalter hindurch und darüber hinaus
wurden Texte, vor allem biblische, nach dem **vierfachen Schrift-** | vierfacher
sinn interpretiert, demzufolge ein Text vier Sinnebenen besitzt: | Schriftsinn

1. historisch/literal (wörtlich; was der Text real aussagt), | historisch-literal
2. allegorisch (christologisch-ekklesiologisch; was der Text in Be- | allegorisch
   zug auf Christus und die Kirche aussagt),
3. tropologisch (moralisch; welche Handlungsanleitungen der Text | tropologisch
   enthält),
4. anagogisch (eschatologisch; welchen transzendentalen Bezug | anagogisch
   der Text ausdrückt).

Bei Hrabanus Maurus (8./9. Jh.) wird Jerusalem dementsprechend als 1. Stadt der Juden, 2. Kirche Christi, 3. die heilige Seele
und 4. Himmelsstadt Gottes interpretiert (Hrabanus Maurus, Allegoriae in sacram Scripturam, 966).

4. Katachrese

„Missbräuchliche Verwendung" eines Bildes.

Die Katachrese tritt auf als:

1. „notwendige" Metapher zur Bezeichnung einer noch namenlo- | „Notwendige"
   sen Sache bei einer sog. „lexikalischen Leerstelle" (so z. B. | Metapher
   „pes"/„Fuß" für „Versfuß"),

Bildbruch 2. „Bildbruch"/„-sprung" bei der Kombination zweier nicht „kompatibler" Bilder („Ich kann nicht über meine Haut springen.").

Benennungsbedarf Während die erste Verwendung der Katachrese einem Benennungsbedarf entspringt und meist keine rhetorisch-ästhetische Funktion besitzt (vgl. Landfester, Einführung, 91), sondern vorwiegend ein Kennzeichen von Fachsprachen darstellt, besitzt die Komik/Ironie zweite Verwendungsart komische (bei Ungleichheit der Begriffe) oder ☞ironische (bei einem auftretenden Gegensatz) Wirkung und trägt den Charakter einer Stilblüte in sich.

1. „Glüh-birne", „Fuß eines Berges", „Buch-rücken", „Flaschen-hals", „Schrauben-mutter", „Raum-schiff" etc.

2. „Mein Räsonnieren übern Eh'stand is etwas fabelhaft, denn es hat sehr viel Fuchs- und Weinbeerartiges an sich. Meine Junggesellenschaft ist nicht als staubige Distl auf der rohen Busta des Weiberhasses emporgeschossen, o nein, sie ist als düsteres Efeu dem Garten der Liebe entkeimt; für mich war die Liebe kein buntes Gemälde in heiterer Farbenpracht, sondern eine in der Druckerei des Schicksals verpatzte Lithographie, grau in grau, schwarz in schwarz, dunkel in schmutzig verwischt. Die pragmatische Geschichte meines Herzens zerfällt in drei miserable Kapitel: zwecklose Träumereien, ab'brennte Versuche und wertlose Triumphe. Wenn der Mensch nie diejenige erringt, wo er eigentlich – wo es der Müh wert, wo – ich kann mich nicht ausdrücken, mag mich eigentlich nicht ausdrücken – wenn der Mensch nicht Baumkraxler genug war, um die wahren süßen Früchte am Lebensbaum zu erreichen, wenn – ich find' nicht die gehörigen Worte, das heißt, ich findet s', aber grad die g'hörigen täten sich nicht g'hören – mit einem Wort, der Mensch verfällt nach einigen Desperations-Paroxysmen in eine ruhige Sarkasmus-Languissance, wo man über alles räsonniert und andererseits wieder alles acceptable find't." (Nestroy, Das Mädl aus der Vorstadt 1, 5)

„O es ist etwas Unangenehmes, wenn man in der Niedrigkeit is und man muss immer emporblicken zu der Stufe, auf der die Frau steht. *Es tut ei'm moralisch das G'nack weh.*" (Nestroy, Frühere Verhältnisse, 2)

„in den leise hingepinselten Skizzen" (Torberg, Tante Jolesch, 169)

5. Allusio

Anspielung
Implizite Bezugnahme auf einen Text, ein Kunstwerk, Geschichtliches, Personen etc.

In der Allusio wird mehr ausgedrückt als direkt angesprochen, insofern besitzt sie stark suggestive Wirkung. Häufig wird zum Zweck der Anspielung ein bekannter Text (besonders Sinn- und Vorwissen Werbesprüche) oder Ausspruch verfremdet, die tief im Sprachbewusstsein verwurzelt sind. „Die Anspielung wird auch gerne als Probe des Hörers auf den Bildungsbesitz benutzt, indem auf [☞] exempla [...] und auf [☞] Sentenzen angespielt wird", mit dem Ziel, „dem Hörer eine ihn befriedigende Denkleistung zwecks Erreichung des Verständnisses des eigentlichen Gedankens zuzumuten" (Lausberg, Elemente, §419).

> „felix qui potuit praesenti flere puellae" (glücklich, wer in Anwesenheit des Mädchens weinen konnte) (Properz, Elegien I, 12, 15) [Anspielung auf Vergil, Georgica II, 490: „felix qui potuit rerum cognoscere causas" (glücklich, wer die Beweggründe der Dinge erkennen konnte)]

Die Allusio stellt ein beliebtes Stilmittel in Satire und Spott dar; das Objekt der Anspielung muss dem Publikum für eine gelingende Decodierung allerdings hinreichend bekannt sein.

Satire/Spott

> „Das is nur in ein' Zauberstück möglich, hier is keine Red' davon." (Nestroy, Das Mädl aus der Vorstadt 1, 21) [Anspielung auf die Zauberstücke von Nestroys Konkurrenten Ferdinand Raimund]
> „Auch du, mein Lohn brutto!" [Abwandlung von Caesars angeblichem „Auch du, mein Sohn Brutus!"]

Besonders eignet sich die Anspielung für die Werbung. Das Anknüpfen an bekannte Strukturen inklusive Verfremdung bewirkt einerseits Aufmerksamkeit und begünstigt andererseits die Erinnerung. Dieser Effekt findet häufig bildliche Unterstützung.

Werbung

> „Veni, Vidi, Visa." (Kreditkarten-Werbung)
> „Und ich dachte, man fährt wieder Bahn." (Auto-Werbung) [Bezugnahme auf den Bahn-Slogan: „Man fährt wieder Bahn."]
> „Rentiert sich... Rentiert sich nicht... Rentiert sich... Rentiert sich nicht..." (Lebensversicherungswerbung) [Im Bild dahinter reißt ein Mann Blütenblätter ab.]

6. Ironie

„Verstellung"
Bezeichnung eines Sachverhalts durch sein Gegenteil.

Die Ironie stellt eine Form des uneigentlichen Sprechens dar; durch sie wird etwas anderes gesagt als gemeint ist, so wird z. B. Lob ausgedrückt, wo Tadel intendiert ist. „Der Redende weiß mehr als er sagt, bzw. sein Wissen weicht von seinen Äußerungen ab, aber so, daß der Zuhörer oder Leser diese Diskrepanz ahnt oder gar durchschaut" (Ueding/Steinbrink, Grundriß, 316). Insofern stellt die Ironie ein intellektuell besonders anspruchsvolles, gleichzeitig aber auch unterhaltsames Stilmittel dar.

Uneigentliches Sprechen

Ironiesignale

Um eine Aussage als ironisch zu erkennen, braucht der Adressat Hinweise oder Signale, die ihm eine solche Interpretation nahelegen. In der mündlichen Rede handelt es sich hier in erster Linie um Aussprache und Tonfall, Mimik, Gestik oder Körperhaltung, während im schriftlichen Text wesentlich auf den Kontext Bezug genommen bzw. das Vorverständnis aktiviert werden muss. Somit wird Ironie verstanden als Kontrast zu Kontext, Urheber oder Situation.

Empfänger und Opfer

Trifft eine ironische Aussage auf einen größeren Rezipientenkreis, so kann durchaus intendiert sein, dass nur einige die Ironie verstehen, also die „Empfänger" der Ironie, andere jedoch im Unverständnis zum „Opfer" der Ironie werden (vgl. Ottmers, Rhetorik, 178).

Angemessenheit

Da die Ironie die Glaubwürdigkeit von Personen oder Sachverhalten zu erschüttern vermag, wird sie besonders zur Widerlegung eines Gegners eingesetzt. Die Ironie beinhaltet stets die Gefahr, jemanden zu verletzen; nicht zuletzt deshalb verbindet sich mit ihr die Frage der Angemessenheit (☞*aptum*). Besonders Untergebenen wird Ironie gegenüber Höhergestellten zumeist nicht zugestanden – durch derartige Verstöße lassen sich jedoch wirkungsvolle Effekte erzielen. Grundsätzlich wird auch Ironie aus einer Überlegenheitsposition zunehmend als illegitim, weil arrogant, empfunden, während Ironie als Ausweg aus einer hilflosen Situation, so z. B. die Selbstironie („Wie mir das wieder gelungen ist!" nach einem Missgeschick), weitgehend anerkannt ist. Die Angemessenheit der Ironie unterliegt weit mehr als die meisten anderen Stilmittel der gesellschaftlichen Veränderung.

Die Ironie kennt verschiedene Unterteilungen:

Asteïsmus/ Urbanitas

1. **Asteïsmus/Urbanitas** (urban, unterhaltsam, unverbindlich): geistreiche Äußerung, eleganter Witz, der den gebildeten, städtischen, zivilisierten Menschen kennzeichnet; der feine Ton, städtisches Benehmen, Raffinesse, eleganter Humor und Scharfsinn zeugen vom Esprit des Redners/Autors,

Charientismus

2. **Charientismus** (charmant): Abschwächung einer gravierenden Sache durch gefällige Worte; Kritik unter dem Deckmantel von Harmlosigkeit und Wohlwollen; der Charientismus kann entweder zur Milderung des Verdrießlichen einer Mitteilung nach dem Gebot der Schicklichkeit eingesetzt werden und gewinnt hierbei den Charakter eines ☞Euphemismus, oder aber er drückt in Höflichkeit gekleideten Spott, geheucheltes Wohlwollen aus,

Diasyrmus

3. **Diasyrmus** (höhnisch, bloßstellend): Verhöhnung, Herabsetzung einer Person oder Sache, die der spöttischen Abwertung des Gegners dient,

4. **Mykterismus** (verächtlich),
5. **Sarkasmus** (bitter, von beißender Schärfe): meist gegenüber Feinden gezielt und in gravierenden Situationen verwendet; schadet sonst dem Urheber,
6. **dramatische/tragische Ironie**: Begriff des frühen 19. Jh., der sich auf die Gewalt des Schicksals in der klassischen Tragödie stützt; das „tragisch Ironische besteht in der unlösbaren Verkettung der Vorgänge, im Ineinandergreifen von Determiniertheit und Verantwortung, von Einsicht und Unwissenheit" (HWRh 4, 603),
7. **Selbstironie**: wird häufig vorbeugend als Schutz gegen Angriffe von außen eingesetzt.

> „*Kleinigkeiten* werden immer g'stohlen, Portemonnaies, Herzen, Silberlöffel, Couplets – es tut ei'm völlig wohl, wenn einmal etwas Großartiges passiert." (Nestroy, Frühere Verhältnisse, 8) [☞Charientismus]
> „O, er hat Recht, jener populäre Philospoh, wenn er so *klar* sagt, dass das Sein nur ein Begriffsaggregat mit markierten elektromagnetisch-psychologisch-galvanoplastischen Momenten ist." (Nestroy, Freiheit in Krähwinkel 1, 15) [☞Diasyrmus. Die Komik wird wesentlich durch die unverständliche Anhäufung von ☞Barbarismen erzielt]
> „Jahre später [...] begegnete er auf der Straße seinem einstigen Religionslehrer, der jetzt bereits ein wohlerworbenes Recht auf Senilität besaß." (Torberg, Tante Jolesch, 33) [☞Charientismus]
> „Friedells Abneigung gegen Snobismen jeder Art bekundete sich auch anläßlich eines der berühmten Empfänge, die Max Reinhardt während der Salzburger Festspielsommer auf Schloß Leopoldskron zu veranstalten liebte. An einem besonders pompös aufgezogenen Festabend waren auf der Zufahrt und vor dem großen Eingangsportal livrierte Fackelträger postiert. „Was ist los?" fragte Friedell. „Kurzschluß?" (Torberg, Tante Jolesch, 193) [☞Diasyrmus]
> „Der Kellner brachte das Gewünschte und blieb, auch als die Partie schon begonnen hatte, immer noch wartend stehen. „Herr Ober", wandte sich Sperber mit erhobener Stimme an ihn. „Merken Sie nicht, daß Ihrer Anwesenheit lediglich dekorative Bedeutung zukommt?" (Torberg, Tante Jolesch, 163) [☞Mykterismus]

7. Adynaton

„Das Unmögliche"
Konkretisierung des Begriffs „niemals" durch die Parallelisierung von Handlungen/Geschehnissen, die als unmöglich empfunden werden, mit solchen, die es von Natur aus sind.

Das Adynaton neigt zur Ausdehnung (☞*amplificatio*) und ist v. a. ein Mittel der Pathossteigerung. Seine Grundform zeigt sich im sprichwörtlichen Beispiel vom Kamel, das leichter durch ein Na-

Mykterismus

Sarkasmus

Dramat./trag. I.

Selbstironie

Pathossteigerung

delöhr hindurchgehe, als dass ein Reicher ins Himmelreich komme (Matth. 19, 24).

„Ante leves ergo pascentur in aethere cervi, / et freta destituent nudos in litore pisces; / ante pererratis amborum finibus exsul, / aut Ararim Parthus bibet aut Germania Tigrim, / quam nostro illius labantur pectore voltus." (Vorher werden darum die Hirsche, flüchtig beschwingt, am Himmel weiden, und die Fluten die Fische nackt am Strand zurücklassen, vorher wird entweder ein verbannter, nachdem er das Gebiet beidseitig durchirrt hat, Parther vom Arar oder Germanien vom Tigrisstrom trinken, als dass unserem Herzen sein Antlitz entschwände.) (Vergil, Eklogen 1, 59-62)

„Ebenso sollte man die Ketzer mit Schriften, nicht mit Feuer überwinden, wie die alten Väter getan haben. *Wenn es eine Kunst wäre, mit Feuer Ketzer zu überwinden, wären die Henker die gelehrtesten Doktoren auf Erden*, brauchten wir auch nicht mehr zu studieren, sondern, welcher den anderen mit Gewalt überwindet, könnte ihn verbrennen." (Luther, An den christlichen Adel deutscher Nation, 87)

„Indes sitzt du, Heiliger Vater Leo, wie ein Schaf unter den Wölfen und wie Daniel unter den Löwen und mit Ezechiel unter den Skorpionen. Was vermagst du einzelner wider so viele wilde Wundertiere; und ob dir schon drei oder vier gelehrte Kardinäle zufielen, was wäre das unter solchem Haufen. *Ihr müßtet eher durch Gift untergehen, ehe ihr begännet, der Sache aufzuhelfen*. Es ist aus mit dem Römischen Stuhl, Gottes Zorn hat ihn überfallen ohn Aufhören." (Luther, Ein Sendbrief an Papst Leo X., 114)

V. Argumentation

1. Argumentation zwischen Rhetorik und Logik

Die Argumentationslehre entwickelte sich in der Antike aus der Praxis vor Gericht. Dies spiegelt sich in den klassischen Handbüchern der Rhetorik, etwa von Cicero und Quintilian, wider. Im Verfahren über einen strittigen Sachverhalt (*quaestio*) hatte jede Partei oder deren Vertreter jeweils Argumente *pro* – für seine Position –, bzw. *contra* – gegen die Position der anderen Seite – vorzubringen. Wie weiter oben schon erwähnt, sollten die Argumente aus dem jeweiligen (Streit-)Gegenstand gewonnen, strategisch angeordnet und gezielt vorgetragen werden. Sie mussten vor allem überzeugend wirken, um die eigene, bzw. die vertretene Sache durchzusetzen und ein entsprechendes Urteil zu erlangen – das ist die Wurzel der immer noch betriebenen forensischen Rhetorik.

Rhetorik bei Gericht

Die Redner (Anwälte, Verteidiger) sollten bei ihrer Redeplanung den Bildungsstand, die intellektuellen Voraussetzungen, die spezifischen Fachkenntnisse, die emotionale Verfassung ihrer Adressaten (der Richter, Schöffen, Zuhörer, Gesprächspartner, Opponenten) genau bedenken, wie auch die intendierten Ziele im Auge behalten: ein günstiges Urteil, Veränderung des Denkverhaltens, der Denkinhalte. Darauf waren die Argumente abzustimmen.

Die antiken Autoren wussten, den Erkenntnissen des Aristoteles folgend und aus eigener Erfahrung, dass Wahrheit in menschlichen Angelegenheiten kaum zu finden sei. Zugegebenermaßen ging es in der Redekunst, anders als in philosophischen Diskussionen, auch nicht um „erste" oder „letzte" Wahrheiten, sondern um die Durchsetzung der eigenen Position, mit den dafür am besten geeigneten Mitteln.

Frage nach der Wahrheit

Fragen wie jene, worin die Wahrheit einer Aussage bestehe oder wie sich aus wahren Aussagen neue wahre Aussagen mit Gewissheit erschließen ließen, wurden erstmals systematisch in der „Ersten und Zweiten Analytik" des Aristoteles abgehandelt. Damit wurde die theoretische Basis wissenschaftlichen Arbeitens gelegt. Im Mittelalter war es das System der „Freien Künste", der *artes liberales*, das Raum ließ für die Beschäftigung mit der sogenannten Dialektik, später auch Logik genannt. Als einer der ersten Scholastiker tat sich Wilhelm von Ockham (1290/1300–1348/9) mit Arbeiten zur Logik, aufbauend auf der antiken Dialektik, hervor. Die

Logik, Dialektik

Logik gab bis weit ins 20. Jahrhundert hinein den formalen Standard guter Argumentation vor. Perelmann und Toulmin lenkten jedoch, die Schwächen der Logik erkennend, zur Rhetorik zurück. Sie haben eine informelle, an der natürlichen Sprache orientierte Argumentationstheorie erarbeitet, über die es aber weiterhin Kontroversen gibt.

Die gegenwärtige Situation ist von Pluralität gekennzeichnet. Neben der Weiterentwicklung obiger Ansätze besteht die sachlich-logische Argumentationslehre von der „Dialektik" herkommend weiter (dieser Bereich, vor allem der sogenannten rationalen Argumentation, wird in einem eigenen Folgeband dieser Reihe behandelt werden). In Amerika hat sich das „critical reasoning" – „kritisches Argumentieren" als eine Mischform mit Einflüssen verschiedener Disziplinen (Sprach-, Kommunikationswissenschaft, Rhetorik) entwickelt. Eine andere zeitgenössische Richtung baut auf der philosophischen Sprechakt-Theorie auf und zielt auf eine praxisorientierte Argumentationslehre ab.

critical reasoning

Die rhetorischen Argumentationstheorien sind vom Anspruch her anders gelagert als die logischen. Während den Logiker sprachliche Automatismen interessieren, die sicher stellen, dass man von einmal als wahr akzeptierten Aussagen zu weiteren *wahren Aussagen* gelangt (gültiges Schließen), ist der Rhetoriker dann erfolgreich, wenn er sein Publikum mit *überzeugenden Aussagen* zu dem von ihm gewünschten Ziel bringt (plausibles Argumentieren). Der Adressat der Rede soll die darin vertretene Auffassung akzeptieren, sie „glauben". Das schließt natürlich auch Fälle ein, in denen sich Meinungen durchsetzen, obwohl sie falsch sind, die jedoch erfolgreich mit „nur" rhetorischen Mitteln begründet wurden. Solche Mittel sind etwa der Rekurs auf „Autoritäten" oder der Verweis auf historische Beispiele, ohne weitere Begründung oder Absicherung, was aber unter rein rhetorischen Gesichtspunkten durchaus statthaft ist. Immerhin – in der Theorie gilt dies generell als schwächere Möglichkeit einer Beweisführung gegenüber der mittels Sachargumenten. Solche Begründungen zielen eher auf die Affekte, durch die der Mensch, nach antiker wie barocker Anschauung, wesentlich bewegt werde.

Gültigkeit, Plausibilität

Die klassische rhetorische Literatur befasst sich eher mit der Überlegung, welche Argumentationsmuster wie wirken und wie sie sich ggf. einsetzen lassen. Ausgangspunkt ist ihre Verwendung, gleichsam der „Sitz" im täglichen Leben. Der in der deutschsprachigen Literatur gebildete Begriff der „Alltagsargumentation" dürfte diese Art der Beweisführung am besten treffen.

1.1. Alltagsargumentation

Wir alle argumentieren tagtäglich und – wenn das auf den ersten Blick auch nicht so aussehen mag – sogar einigermaßen logisch korrekt: *„Klar, dass ich Dich noch liebe, sonst wär ich ja gar nicht zurückgekommen!"*. Diese Aussage ist zwar so, wie sie da steht, noch kein gültiger Schluss, aber sie lässt sich dahingehend umformulieren (vgl. unten *modus tollens*). Die Schwierigkeiten, vorweg gesagt, liegen einmal darin, dass die Argumentation quasi „Kopf steht", die Schlussfolgerung, die Konklusion, wird als These vorausgestellt; und die Voraussetzungen, die Prämissen, kommen erst danach bzw. müssen erst explizit gemacht werden.

Wir argumentieren also täglich, alltäglich, wenn Abwägungen, Entscheidungen zu treffen, Gründe zu nennen sind: Welches Produkt kaufen wir warum, bis hin zu Auto, Haus? Gehen wir ins Kino, spazieren – und wenn: wo (... der Hund will – ein Fall von emotionaler Entscheidungsüberlassung!)? Oft ergeben sich Situationen, in denen eine Frage diskutiert wird wie: „Wer hat recht?", „Wessen Meinung ist richtig?", „Wem soll man glauben?", „Wie soll man sich entscheiden?". Die Meinungen im Gespräch sind häufig konträr und weitgespannt, und in den verschiedensten Bereichen von der Politik über Urlaubsziele bis hin zu Beziehungssachen müssen Kompromisse, Entscheidungen gefunden werden.

Dazu kommt: In der modernen Gesellschaft haben die Eingriffsmöglichkeiten des Menschen, etwa in die Natur (etwa Gentechnik), exponentiell zugenommen. Was früher als unabänderliches Schicksal hinzunehmen war, lässt sich nunmehr beeinflussen. Mit den vermehrten Optionen nimmt aber auch die Verantwortung zu, sich zwischen Alternativen – mit jeweiligen Auswirkungen – entscheiden zu müssen. Religiöse Fundierungen, wie selbstevidente Wahrheiten haben für weite Teile der Bevölkerung ihre Orientierungsfunktion eingebüßt, sie werden nicht mehr als handlungsleitend angesehen. „Entscheidungsbedarf und argumentativer Rechtfertigungsdruck" (Kopperschmidt, Argumentationstheorie, 24) wachsen – und damit steigt der Bedarf an rationaler Argumentation. Nur so lassen sich die jeweiligen Problemlagen im Konsens lösen.

Dafür braucht es Argumente bzw. Gegenargumente. Da kaum jemand gelernt und geübt hat zu argumentieren, laufen solche Gespräche häufig wenig sachlich, kaum ziel- und konsensorientiert, sondern mehr emotional, unstrukturiert, polemisch ab: zufriedenstellende Resultate bleiben eher aus als Streit. Vorgebrachte Argumente sind häufig lückenhaft und unpräzis formuliert. Ohne klare

Form, ohne sichtbaren Argumentationsgang lassen sich Argumentationen auf den ersten Blick oft nicht erkennen, sie müssen mit genauer Analyse bzw. durch sorgfältige Lektüre erst in eine hantierbare Struktur „übersetzt" werden.

Beispiel:
Ein Text von Martin Luther, Von dem Papsttum zu Rom, 153, geht auf eine damals aktuelle Frage ein, warum aus der Überordnung des Kaisers (der weltlichen Macht) eine Unterordnung geworden sei: „[...] dass die teuren Fürsten Kaiser Friedrich I. und II. und viele andere deutsche Kaiser so jämmerlich von den Päpsten mit Füßen getreten und unterdrückt worden sind, vor welchen sich doch die Welt fürchtete. Sie haben sich vielleicht mehr auf ihre Macht verlassen denn auf Gott; darum haben sie fallen müssen".

Hier muss der letzte Satz zum Ausgangspunkt gemacht werden, zu einer Prämisse:
Wer sich mehr auf die eigene Macht denn auf Gott verlässt, wird fallen.
Die zweite Prämisse folgt dann: Die Fürsten haben sich mehr auf die eigene Macht verlassen,
woraus sich die Schlussfolgerung ergibt: also sind sie von den Päpsten...
Luther verwendete eine Mischung aus historischen und religiösen Argumenten, die, wie er wohl annehmen konnte, den Zeitgenossen aus deren eigener Weltsicht verständlich und eingängig gewesen sein dürften.
Argumente werden häufig mehr intuitiv als reflektiert gebraucht, was sich schon in der „ungeordneten" Form spiegelt. Doch, wie das Alltagsleben zeigt, kann durchaus jeder argumentieren; auch wer nie von Rhetorik oder Logik gehört hat, weiß aus sozialer Erfahrung, welche Argumente wann und wie einzusetzen oder zu vermeiden sind. Es existieren demnach gesellschaftliche Vorstellungen, was in einer Alltagsargumentation geeignet ist – oder ungeeignet, plausibel – oder unplausibel, zulässig – oder unzulässig. Dieses stillschweigende Wissen wird ziemlich „automatisch" genutzt. Auf derlei – gewöhnlich unreflektierten – Konventionen eines kollektiven Wissens- und Wertesystems (gesellschaftliche, soziale, historische, ideologische – d. h. weltanschauliche, religiöse Hintergründe, Annahmen) basiert jede Gesellschaft. Was in ihr allgemein akzeptiert ist, lässt sich als Argument für eine These einsetzen. Solche Annahmen sind freilich kritisch zu prüfen: Wie lange galt als unbestritten, dass die Erde im Mittelpunkt des Weltalls stünde!

Argumentation im Alltagsleben

Allgemeine Akzeptanz

Alle diese Konventionen einer Gesellschaft wirkten und wirken in Argumentationen hinein – und bieten sich zur Überprüfung an. So gibt uns etwa eine Metaphernanalyse Aufschluss über im Hintergrund wirkende „Weltbilder". Diese treten bei ideologischen, religiösen etc. Gegensätzen besonders in Erscheinung. Wenn hier nicht klar und fair genug argumentiert wird, bleiben Ergebnisse aus, im schlimmsten Fall kommt es zu Verfolgung, Mord, Krieg, wenn keine Seite von ihrem „Glauben" abgehen kann und will und von missionarischem Eifer durchdrungen starr nur die eigenen Positionen rechtfertigt. Damit ist der Bereich der „konsensualen" Argumentation verlassen. Von der Beeinflussung der Affekte bis hin zu den „unsauberen" Argumentationstechniken ist es dann nicht mehr sehr weit. Bei wichtigen persönlichen, auch politischen Anliegen prägen „Affekte" den Stil, häufig ist man sich der Unzulässigkeit, Falschheit der eigenen Argumentation gar nicht bewusst. Oft genug freilich erscheinen diese Techniken bewusst eingesetzt, um mit allen Mitteln zum Sieg zu gelangen. Demagogie nützt gerade diese Seiten und Möglichkeiten der Rhetorik, um bestimmte Standpunkte mit „kriegerischen" – eristischen – Techniken durchzusetzen. Hier hilft es nur, auch dieses Repertoire zu kennen, um widerstehen zu können. Wenn der Rhetor dem Ideal vom *vir bonus* ein wenig nacheifert, wird er seine Argumente überlegt und nachvollziehbar setzen. Die der vorliegenden Sache angemessenen und passenden Argumente zu finden und dann anzuordnen, gehört(e) unabdingbar zur Rhetorik und bildet(e), wie oben gesagt, einen wesentlichen Teil der (Vorbereitungs-) Arbeit eines Rhetors.

(Randnotiz: Weltbilder)

(Randnotiz: Demagogie)

Auch für den Alltag bieten die im Folgenden aufgeführten Schemata eine Hilfe, sowohl zur Gestaltung von Argumentationen als auch zu deren Analyse und ggf. Kritik. Wer seine Argumente klar, vollständig und folgerichtig aufbaut, erleichtert die Diskussion und Kommunikation; dies gilt im übrigen ebenso für wissenschaftliche Arbeiten, auch hier hilft transparente Argumentation zum besseren Verständnis.

1.2. Topik

Die für eine Diskussion geeigneten Argumente müssen zunächst gefunden werden. Bereits Aristoteles hat seine „Topik" dieser Aufgabe gewidmet. „tópos" (Plural: tópoi) meinte zunächst wörtlich den „Ort", an dem ein Argument liegt (also etwa: „in der Person"), beinhaltete ferner die „Findungsstrategie" und weiter, wie die gefundenen Elemente in Zusammenhänge und plausible Schlussmuster gebracht werden. Es handelt sich um einen Leitfaden, eine Hilfestellung, und nicht etwa um ein mechanisches Auswahl- oder Ableitungsverfahren. Die Topoi sind grundsätzlich offen und können somit verschiedene, sogar einander entgegengesetzte Argumentationslinien ermöglichen. Daher kommt es auf die kluge, situations- und kontextbezogene Auswahl an: Nicht jeder Topos ist für die jeweils intendierte Argumentation gleich gut geeignet. Das wiederum bedeutet, dass die einzelnen Schritte, Gesichtspunkte der Argumentation, die Stärken und Schwächen, die Gegner, möglichst alle Aspekte schon vorbedacht sein müssen, um den für die

Redeintention besten Topos auszuwählen. Das setzt bereits ein eigenes Maß an Kreativität voraus.

Die klassische Aufteilung erfolgt in zwei Typen von Argumenten, auf der einen Seite jene „von der Person her" *(a persona)* und auf der anderen Seite jene „von der Sache her" *(a re)*.

1.2.1. Topoi von der Person

Diese muten heute – nach langwährendem Gebrauch – vielfach als Gemeinplätze an. Vom äußeren Erscheinungsbild eines Menschen wird „intuitiv" auf die soziale, gesellschaftliche Stellung geschlossen, oder von einem bestimmten „dress-code" auf die Banker – wie auch auf die Bettler!

Beispiel:
Frau Müller ist gut aussehend und intelligent, sie ist wohl Fernsehansagerin.

Wir sehen auch hier wieder gesellschaftliche Muster vorliegen, denen häufig subjektive Einschätzungen oder Einstufungen folgen. Auch Herkunft, Lebenslauf, Beruf, bestimmte Verhaltens-, Handlungsweisen übernehmen eine Indikatorfunktion, und von da ausgehend werden dann weitere Schlüsse gezogen. Für die praktische

Verwendung bietet es sich an, einfach alle die Person betreffenden Topoi zusammenzustellen. Das erfolgte bereits in der Antike:

Abstammung:	genus
Volksstamm:	natio
Vaterland:	patria
Geschlecht:	sexus
Alter:	aetas
Erziehung und Ausbildung:	educatio et disciplina
Körperbeschaffenheit:	habitus corporis

Glücksgüter:	fortuna
Soziale Stellung:	conditio
Wesensart:	animi natura
Betätigung:	studia
Rolle:	quid affectet

Quintilian lieferte zu jedem Punkt Beispiele (Institutio oratoria V, 10, 20f.), daraus einige Muster:

Beispiel 1:
24. Topos von der Abstammung: „[...] denn die Söhne gelten meistens als ihren Eltern und Vorfahren ähnlich, und zuweilen stammen daher die Gründe für eine anständige oder unanständige Lebensführung [...]."

Beispiel 2:
25. Topos vom Geschlecht: „Wenn man etwa einen Raubüberfall leichter einem Mann, einen Giftmord einer Frau zutraut [...]."

Beispiel 3:
28. Topos von der Rolle: „Es ist auch darauf zu achten, welche Rolle jeder spielt, ob er reich oder beredt, gerecht oder mächtig erscheinen will. Frühere Taten und Reden finden ebenfalls Beachtung; denn aus dem Vergangenen lässt sich gewöhnlich das Gegenwärtige ermessen."

Diese Punkte konnten systematisch durchlaufen und daraus die in der Sache konkret nutzbaren herausgezogen werden. Von diesen ließen sich dann weitere Ableitungen vornehmen. Das Schema erwies sich als überaus praktisch und produktiv – auch für Schriftsteller. Viele Autoren nutzten es in ihren Werken; was heute manchem Leser durchaus original erscheint, erweist sich bei besserem Wissen nur als Verwendung des alten Katalogs.

Schematismus

Beispiel 4:
In seiner Lebensbeschreibung setzt Abaelard (geb. 1079) diese Topoi ein:
„Ich bin geboren in der Stadt Palais, an der Grenze der Bretagne, ungefähr 8 Meilen von Nantes gelegen. Ein lebhaftes Temperament und eine für die wissenschaftliche Ausbildung leicht empfängliche Begabung waren Erbe meines heimatlichen Bodens oder meiner Abstammung. Mein Vater [...] hat [...] sich der Wissenschaft mit solcher Liebe hingegeben, dass er darauf sah, alle seine Söhne erst wissenschaftlich auszubilden [...]." (Historia Calamitatum, 2).

1.2.2. Topoi von der Sache

Die Topoi wurden schließlich in (die bekannten Krimi-) Fragen gebracht:

Warum? Wo? Wann? Wie? Mit welchen Mitteln?
„Quare? Ubi? Quando? Quo modo? Per quae?"

Ort und Zeit Demgemäß lassen sich diese Topoi weiter aufgliedern, etwa in Topoi von der Örtlichkeit her *(a loco)* und von der Zeit her *(a tempore).*

Beispiel:

Wieder aus Quintilian (Institutio oratoria V, 10, 47): „Ein Verschwender, der wegen Vatermordes angeklagt ist, sagte [...] zu seinem Vater: „Du wirst mir nicht länger Vorwürfe machen" [...] weil er den Vater erschlagen wollte, hat er so gesprochen".

Gerade wegen der Praxis vor Gericht wurde die ganze Materie bereits in der Antike sehr ausführlich und ziemlich erschöpfend behandelt, sodass dem kaum später noch etwas hinzuzufügen war. Schon Quintilian hatte angesichts der Menge und Unterschiedlichkeit des Stoffes durchaus Mühe, diese ganzen Punkte anzuordnen:

Quintilians Zusammenfassung „Um also das ganze noch einmal kurz zusammenzufassen: Beweise lassen sich herleiten von Personen, Sachverhalten, Örtlichkeiten, der Zeit, die [...] dreigeteilt ist als vorausgehende, gleichzeitige und folgende, Möglichkeiten, [...] der Art und Weise, das heißt, wie jeweils etwas geschehen ist, der Definition, Gattung, Art, dem Unterscheidenden, Eigentümlichen, dem Ausschalten, der Aufgliederung, dem Anfang, der weiteren Entfaltung, dem Ziel des Ganzen, dem Ähnlichen, Unähnlichen, Widersprüchlichen, dem aus etwas Folgenden, dem Bewirkenden, dem Bewirkten, dem Ergebnis und der Vergleichung, die in mehrere Arten zerfällt" (Institutio oratoria V, 10, 94).

Die „Beweise", d. h. Argumente, mussten entwickelt, dann kreativ miteinander zu einem Argumentationsgang verbunden werden, um überzeugend wirken zu können.

2. Argumentation im logischen Sinn

Der Begriff „Argument" wird unterschiedlich und deswegen manchmal missverständlich gebraucht: Zunächst kann damit eine einzelne Aussage gemeint sein, mit der eine strittige Annahme glaubwürdig gemacht werden soll.

Ein Argument ist eine Aussage, die verwendet wird, um eine andere Aussage zu stützen oder zu begründen (HWRh 1, 889).

Argument – Definition

Es gibt aber auch eine Verwendungsweise von „Argument", die einen ganzen Beweisgang bezeichnet. Wir belassen es bei dem Ausdruck „Beweisgang", gelegentlich auch bei der Bezeichnung „Argumentation". (Die dritte Verwendung von „Argument", nämlich im literaturwissenschaftlichen Sinn für „Zusammenfassung", spielt hier keine Rolle).

Ein Beweisgang (oder: eine Argumentation) ist eine Gruppierung von Aussagen, die mit dem Anspruch geäußert werden, dass eine Aussage (die „Konklusion") durch die anderen Aussagen (die „Prämissen") begründet wird.

Es gibt unterschiedliche Stärken dieser Begründung. Die stärkste Form liegt vor, wenn die Konklusion sich aufgrund eines (zum Beispiel syllogistisch) gültigen Schlusses aus den Prämissen ergibt.

Prämissen, Konklusion

Argumente verhelfen dazu, in einer offenen Handlungssituation zu einer Entscheidung zu kommen. Ausgangspunkt einer Argumentation ist jeweils das vorliegende Erfahrungswissen. Die daraus entwickelten Prämissen sollten allgemein unstrittige oder weniger strittige Aussagen sein. Wenn dann auch noch der „Denkweg" stimmt – und dies sicherzustellen ist die Logik da – wird der Beweisgang und somit auch die erwünschte Konklusion unangreifbar.

Ziele

Im Folgenden wird nicht die gegenwärtige Logik skizziert werden (obgleich etliche Begriffe auch in der heutigen Logik so oder ähnlich verwendet werden), sondern eine Variante aus der griechisch-römischen Antike, die fast 2000 Jahre lang „state of the art" war: die Syllogistik. Das hat folgende Vorteile: Zunächst ist das System überschaubar vorzustellen. Ferner verfügt es über eine Art von historischer Relevanz, weil die antike Logik bis in die frühe Neuzeit (und innerhalb der Rhetorik bis ins 20. Jh.) angewandt wurde.

Heutige Logiken sind in vielfacher Hinsicht liberaler (etwa gibt es keine Einschränkung bezüglich der Anzahl der Prämissen mehr), komplizierter (weil mehr Regeln explizit gemacht werden als in der Antike) und flexibler (es gibt Logiken für die verschiedensten Satztypen, etwa für Sollsätze, Möglichkeitssätze u. v. a., die von der klassischen Syllogistik nicht aufgelöst werden können. Über die Nutzbarmachung dieser Fortschritte für das Argumentieren in den Geisteswissenschaften ist ein eigener Folgeband dieser Buchreihe vorgesehen).

2.1. Syllogistik

Die Syllogistik wurde von Aristoteles erfunden und ist das erste logische System der westlichen Welt. (Auch in Indien gab es frühe Entwicklungen in der Logik.) Syllogistisches Schließen liegt – explizit oder implizit – vielen Argumentationsgängen zugrunde, wie sich weiter unten an Hand von einzelnen Schemata der Alltagsargumentation zeigen wird. Darum sollen hier nur einige Grundzüge dargelegt werden, so weit sie sich auf die vorliegende Materie beziehen.

In den Handbüchern der Rhetorik, etwa bei Quintilian (Institutio oratoria V, 10), erscheint der Syllogismus bei den „Beweisgründen", dabei wird auf Aristoteles und Cicero verwiesen. Letzterer stellte schon eine Verbindung zwischen den „Logikern" und den „Rhetoren" bei den „Rechtsauskünften" her (Topica XIV, 56). Als *modi* ziehen sich die syllogistischen Schlüsse durch das ganze Mittelalter hin bis zu Descartes und in die „Alltagsargumentation".

Definition
Aristoteles hat den Syllogismus – genau genommen bereits den gültigen Syllogismus – definiert (Erste Analytik 24b, 18-22): „eine Rede, in welcher bei Setzung einiger (Sachverhalte) etwas anderes als das Gesetzte mit Notwendigkeit zutrifft aufgrund dessen, dass diese (wahr) sind".

Prämissen, Konklusion
Ein Syllogismus ist ein Beweisgang, der aus genau *zwei* Prämissen und einer Konklusion besteht.

Gültiger Syllogismus
Ein Syllogismus ist gültig, wenn gilt: wenn die Prämissen wahr sind, ist auch die Konklusion wahr.

Das heißt: eine Argumentation in einer Form, die dem Schema eines gültigen syllogistischen Schlusses entspricht, lässt sich nicht mehr *logisch* kritisieren (etwa: einen Widerspruch finden), sondern nur noch *sachlich* (etwa: eine der Prämissen wird nicht anerkannt).

Zunächst sollen die abstrakteren, generellen Grundschemata dargelegt werden, bevor dann die plastischere Typologie der Argumentationen diese, mit entsprechenden Beispielen, aufgreift.

2.1.1. Kategorische Syllogismen

Kategorische Syllogismen sind Syllogismen, in denen nur „... ist/sind ..." – Aussagen eines ganz bestimmten Typs vorkommen, nämlich:

a: *Alle* S *sind* P.
(universell affirmativ)
Bsp.: Alle Menschen
sind sterblich.

e: *Kein* S *ist* P.
(universell negativ)
Bsp.: Kein Hund ist ein Insekt.

i: *Einige* S *sind* P.   o: *Einige* S *sind nicht* P.
(partikulär affirmativ)   (partikulär negativ)
Bsp.: Einige Politiker sind   Bsp.: Einige Säugetiere sind nicht
korrupt.   Fleischfresser.

Die Buchstaben S und P stehen hier für „Subjekt" und „Prädikat".
Die vorangestellten Kleinbuchstaben (*copulae*) stammen aus der *copula*
mittelalterlichen Mnemotechnik und stehen für die ersten beiden
vorkommenden Vokale in den lateinischen Wörtern „affirmo" (a, i
bei den beiden Arten von affirmativen Aussagen) und „nego" (e, o
bei den beiden Arten von negativen Aussagen).

An die S- und P-Stellen dürfen nur Begriffe, jedoch keine Ei-
gennamen gesetzt werden – in einem klassischen Syllogismus
kann man also nichts anfangen mit Aussagen wie: Sokrates ist
sterblich.

Ein konkreter syllogistischer Beweisgang:

Beispiel 1:

Alle Menschen *sind* sterblich.
Alle Griechen *sind* Menschen.
Alle Griechen *sind* sterblich.

Daran zeigt sich ein weiteres Merkmal kategorischer Syllogismen:
es kommen jeweils genau drei verschiedene Begriffe (*termini*) vor.
Diese sind hier konkret: „Grieche", „Mensch", „sterblich". Die verwendeten Begriffe haben dabei dieselbe Bedeutung; wenn nicht, Begriffe
so liegt unbemerkt ein vierter Begriff vor (*quaternio terminorum* – quaternio termi-
Fehlschluss) und der Syllogismus ist nicht mehr korrekt aufgebaut. norum
Das Vorkommen der drei Begriffe lässt sich schematisch darstellen
– stets kommt einer der Begriffe, der sogenannte Mittelbegriff, sowohl in der ersten als auch in der zweiten Prämisse vor, nicht mehr Mittelbegriff
jedoch in der Konklusion. In Beispiel 1 ist „Mensch" der Mittelbegriff. Die beiden anderen vorkommenden Begriffe werden auch
„Subjektbegriff der Konklusion" und „Prädikatbegriff der Konklusion" genannt. Sie zeichnen sich dadurch aus, dass jeder von ihnen Subjekt-,
in genau einer Prämisse vorkommt und dass sie beide die einzigen Prädikatbegriff
Begriffe sind, die in der Konklusion verbleiben. Im Beispiel ist
„Grieche" der Subjektbegriff der Konklusion, und „sterblich" der
Prädikatbegriff der Konklusion. Schematisch:

Alle M *sind* P	bzw. noch stärker abgekürzt:	M a P
Alle S *sind* M		S a M
Alle S *sind* P		S a P

Damit ist ein Zeichenvorrat gegeben, mit dem eine ganze Anzahl von Syllogismus-Schemata zu bilden ist – um in einem nächsten Schritt aus allen formal möglichen Schemata jene herauszufiltern, die für *gültige* syllogistische Schlüsse stehen. Zunächst ergeben sich vier Möglichkeiten, wie die Begriffe im Syllogismus angeordnet sein können – unabhängig davon, welcher der vier kleinen Buchstaben a, e, i, o zwischen ihnen steht (Platzhalter: x):

(Randnotiz: Gültige syllogistische Schlüsse)

M x P	P x M	M x P	P x M
S x M	S x M	M x S	M x S
S x P	S x P	S x P	S x P

(Randnotiz: Figuren) (1. Figur) (2. Fig.) (3. Fig.) (4. Fig.)

Der erste Beispiel-Syllogismus fällt somit unter die sogenannte erste Figur. Je nachdem, welche *copulae* nun die Plätze des „x" in jeder Figur einnehmen, ergeben sich pro Figur 64 Kombinationen *(modi)* und insgesamt 256 mögliche Kombinationen. Das Interessante an der Logik, die dahintersteht, ist nun: es wurde bewiesen, dass von diesen 256 *modi* die überwiegende Mehrzahl ungültige syllogistische Schlüsse darstellen. Nur 19 *modi* stellen *gültige* Syllogismen dar. (In der antiken aristotelischen Variante der Syllogistik sah man fünf weitere *modi* als gültig an, weil die *copula* „a" geringfügig anders definiert wurde, als man es heute tut).

(Randnotiz: modus)

(Randnotiz: 19 modi)

Das heißt zweierlei: wenn man einen Beweisgang in eine Form bringen kann, die einem der 19 gültigen Syllogismen entspricht, dann ist dieser Beweisgang jedenfalls logisch korrekt. Er ließe sich im Diskurs höchstens noch dadurch angreifen, dass man sich die Prämissen inhaltlich betrachtet und zumindest eine davon nicht akzeptiert.

Andererseits: wenn ein Beweisgang in eine syllogistische Form gebracht worden ist, welche *nicht* einem der 19 gültigen *modi* entspricht, handelt es sich um einen syllogistisch ungültigen Schluss – und zwar unabhängig davon, wie akzeptabel oder nicht die Prämissen sind. Zu solchen Ergebnissen gelangt man aber erst durch logische Analyse von Beweisgängen. Es kommt nicht selten vor, dass ein logisch gesehen ungültiger Schluss auf den ersten Blick durchaus plausibel wirkt. Dann kann er beispielsweise trotz des verborgenen Denkfehlers das Publikum überzeugen.

(Randnotiz: Ungültige Schlüsse)

Die 19 *modi* der gültigen Syllogismen wurden in der Scholastik durch Johannes Hispanus (13. Jh.) mit dreisilbigen mnemotechnisch gewählten Namen bezeichnet, etwa „Barbara" (siehe obigen Beispielsyllogismus – ein *gültiger* syllogistischer Schluss), „Datisi", „Cesare" etc. Die jeweils in den Kunstwörtern vorkommenden Vokale, hier also „a-a-a", „a-i-i", „e-a-e" geben in der Reihung: Prämisse 1 – Prämisse 2 – Konklusion an, welche *copula* vorkommt. Die jeweils vorkommenden Konsonanten hingegen sind Codierungen, die Transformationsregeln für die Umformung von Schlüssen der zweiten, dritten und vierten Figur in Schlüsse der ersten Figur angeben. Dahinter stehen Beweistechniken, die hier nicht weiter im Detail verfolgt werden.

(Randnotiz: Kunstwörter als Merkhilfen)

Beispiel 2:

Einige Männer *sind* österreichische Staatsbürger.	S i M
Einige österreichische Staatsbürger *sind* Frauen.	M i P
Einige Männer *sind* Frauen.	S i P

Ist das ein *Syllogismus?* – Ja, er erfüllt die Bedingungen, die definitorisch an die Anzahl und die Art der vorkommenden Aussagen gestellt worden sind.

Ist das ein *gültiger* Syllogismus? – Nein, denn auch ohne tiefergehende Analyse zeigt sich anhand des Beispiels: aus zwei wahren Prämissen folgt eine falsche Konklusion. Damit ist genau jener Fall eingetreten, den die Definition von „gültiger Syllogismus" ausschließt.

Anstelle einer Liste der 19 gültigen syllogistischen *modi* folgen einige praktische Regeln, mit deren Hilfe die Scholastiker gültige von ungültigen Schlüssen trennten:

(Randnotiz: Praktische Regeln)

1. Aus zwei partikulären Prämissen folgt niemals etwas.
2. Aus zwei negativen Prämissen folgt niemals etwas.
3. Aus zwei positiven Prämissen folgt niemals eine negative Konklusion.
4. Die Konklusion folgt stets der „schwächeren" Prämisse (wobei gilt: „negativ" ist schwächer als „positiv" und „partikulär" ist schwächer als „universell").

(Hierzu: Anzenbacher Arno: Einführung in die Philosophie, Verlegergemeinschaft Neues Schulbuch, Linz 1981, S. 191. Audi Robert: The Cambridge Dictionary of Philosophy, Cambridge University Press 1995, s. v. „syllogism". Was wissenschaftliches Argumentieren bzw. weiterführende Ansätze angeht, sei hier auf die Autoren

Salmon und Kienpointner bzw. das Literaturverzeichnis verwiesen).

Der Wert logischer Schemata liegt darin, dass damit einerseits eigene Beweisgänge besser formuliert, andererseits bereits vorliegende Beweisgänge unabhängig von ihrer Plausibilität auch logisch überprüft werden können.

2.1.2. Konditionale Syllogismen

Konditionale Syllogismen im engeren Sinn sind Syllogismen, in denen nur Aussagen des Typs „wenn … dann …" vorkommen.

Wenn p, *dann* q.

Bsp.: *Wenn* Harro ein Hund ist, *dann* ist Harro ein Haustier.

Implikation, Antecedens, Konsequens

Die Buchstaben p und q (und weitere, wie r, s, etc.) stehen hier für ganze Aussagen. Nach der Stellung im Wenn-dann-Satz (Implikationssatz, Konditionalsatz) nennt man den ersten Satz auch „Vordersatz" oder „Antecedens" und den zweiten Satz auch „Nachsatz" oder „Konsequens".

Beispiel 1:

Wenn die Sonne scheint, *dann* ist es warm.	*Wenn* p *dann* q
Wenn es warm ist, *dann* wachsen die Pflanzen.	*Wenn* q *dann* r
Wenn die Sonne scheint, *dann* wachsen die Pflanzen.	*Wenn* p *dann* r

Gemischter konditionaler Syllogismus

Konditionale Syllogismen im weiteren Sinn sind Syllogismen, in denen mindestens eine Aussage des Typs „wenn … dann …" vorkommt. (Man nennt sie auch „gemischte konditionale Syllogismen").

Beispiel 2:

Wenn es regnet, *dann* ist die Straße nass.	*Wenn* p *dann* q
Es regnet.	p
Die Straße ist nass.	q

modus ponens

Dieser Typ von konditionalem Syllogismus wurde bereits von den Stoikern als gültig angesehen und trägt seit damals den Namen *modus ponens*. Unser Alltag ist voll von Schlüssen dieser Art. Auch das wissenschaftliche Argumentieren kommt nicht ohne diesen Modus aus.

Die antiken und scholastischen Nachfolger von Aristoteles gingen in ihrer Analyse von Aussagen aber noch weiter. Aussagen werden nicht nur in „wenn … dann …"-Beziehungen gesetzt, sondern auch einfach verneint („es ist nicht der Fall, dass ...", Negationssatz). Mit dieser Erweiterung lassen sich weitere gültige Schlüsse formulieren.

Negation

Das Eingangsbeispiel in der Einleitung: „Klar, dass ich Dich noch liebe, sonst wär ich ja gar nicht mehr gekommen!" als syllogistischer Beweisgang formuliert:

Beispiel 3:
Wenn unsere Liebe zu Ende ist, *dann* bin ich zum jetzigen Zeitpunkt woanders.
<u>*Es ist nicht der Fall, dass* ich zum jetzigen Zeitpunkt woanders bin.</u>
Es ist nicht der Fall, dass unsere Liebe zu Ende ist.

Wenn p *dann* q
<u>*Nicht* q</u>
Nicht p

Auch dieser Modus wurde schon in der Antike als gültig angesehen und wird *modus tollens* genannt.

modus tollens

2.1.3. Disjunktive Syllogismen

Disjunktive Syllogismen sind Syllogismen, in denen Aussagen des Typs „... oder ..." vorkommen.

Beispiel 1:
George ist republikanischer Präsidentschaftskandidat *oder* George ist demokratischer Präsidentschaftskandidat.
<u>George ist republikanischer Präsidentschaftskandidat.</u>
Es ist nicht der Fall, dass George demokratischer Präsidentschaftskandidat ist.

p *oder* q
p
nicht q

Dieser (gültige) Schlusstyp heißt *modus ponendo tollens*. Bei genauerem Hinsehen fällt auf, dass er nur dann funktioniert, wenn die erste Prämisse ein sogenanntes ausschließendes „oder" enthält. Wenn die erste Prämisse etwa lauten würde: „Hans mag Spaghetti *oder* Hans isst heute Ravioli", und die zweite Prämisse „Hans mag Spaghetti", dann würde keineswegs folgen, dass Hans heute nicht Ravioli isst.

modus ponendo tollens

Beispiel 2:

Einstein ist ein berühmter Theologe *oder* Einstein ist ein berühmter Physiker.

Es ist nicht der Fall, dass Einstein ein berühmter Theologe ist.

Einstein ist ein berühmter Physiker.

p *oder* q

nicht p

q

modus tollendo ponens

Diesen (gültigen) Modus nennt man traditionell *modus tollendo ponens*. Auch hier ist beim Analysieren von Beweisgängen sicherzustellen, dass „oder" so verwendet wird, dass dieses Schlussmuster passt.

Die Gültigkeit all dieser Schlüsse resultiert aus der Funktionsweise von Aussagen-Verknüpfungen wie „Wenn ... dann ...", „nicht ...", „... oder ...", „... und ...".

Weitere Beispiele sollen das illustrieren. Zuerst erscheint die originale Formulierung, dann wird die Argumentation in eine syllogistische Form gebracht, schließlich wird diese Form als Schema wiedergegeben. Dann wird festgestellt, ob es sich um einen gültigen Syllogismus handelt.

Beispiel 3:

Martin Luther, Von dem Papsttum zu Rom, 65: „Wenn ich den groben Köpfen all ihren Mutwillen gestatten würde, würden zuletzt auch die Badedienerinnen gegen mich schreiben."

Wenn ich (...) den Mutwillen gestatte, *dann* will ich letztlich, dass auch die Badedienerinnen gegen mich schreiben.

Es ist nicht der Fall, dass ich letztlich will, dass auch die Badedienerinnen gegen mich schreiben.

Es ist nicht der Fall, dass ich (...) den Mutwillen gestatte.

Wenn p *dann* q

nicht q

nicht p

(*modus tollens*)

Beispiel 4:

Martin Luther, Vom ehelichen Leben, 14: „[...] also wenig es in deiner Macht stehet, dass du kein Weibsbild seist, also wenig steht es auch bei dir, dass du ohne Mann seiest."

Wenn du ein Weib bist, *dann* steht es *nicht* in deiner Macht, kein Weib zu sein.
<u>Du bist ein Weib.</u>
Es ist nicht der Fall, dass es in deiner Macht steht, kein Weib zu sein.

Wenn du ein Weib bist, *dann* steht es *nicht* bei dir, dass du ohne Mann bist.
<u>Du bist ein Weib.</u>
Es ist nicht der Fall, dass es bei dir steht, dass du ohne Mann bist.

Wenn p *dann* q
p
q
(zweimal *modus ponens*)

Anmerkung: die strenge Form des Syllogismus erlaubt nur zwei Prämissen. Deshalb mussten, um Luthers Konklusion (einen „... und ...“-Satz, auch „Konjunktionssatz“ genannt) zu erhalten, zwei Beweisgänge durchgeführt werden.

Konjunktion

Beispiel 5:
  SPIEGEL-Gespräch mit dem Philosophen Peter Singer (DER SPIEGEL 48, 2001, 236ff.): „Wenn eine neue Technik, wie die der Gentests, bereitsteht, dann stellt sie uns auch vor neue Entscheidungen [...]. Wir fällen Entscheidungen darüber, welche Art von Leben wir fortsetzen wollen und welche nicht [...].“

Wenn eine neue Technik, wie die der Gentests, bereitsteht, *dann* stellt uns diese vor neue Entscheidungen.
<u>Eine neue Technik, wie die der Gentests, steht bereit.</u>
Eine neue Technik, wie die der Gentests, stellt uns vor neue Entscheidungen.

Wenn p *dann* q
p
q
(*modus ponens*)

Wenn uns eine neue Gentechnik vor neue Entscheidungen stellt, *dann* stehen wir vor Entscheidungen darüber, welche Art von Leben wir fortsetzen wollen.
<u>Eine neue Gentechnik stellt uns vor neue Entscheidungen.</u>
Wir stehen vor Entscheidungen darüber, welche Art von Leben wir fortsetzen wollen.

Ebd. „Es gibt Fälle, in denen man entscheidet, dass die Lebensqualität von jemandem, der nie wieder zu Bewusstsein kommen
wird, nicht Wert ist, erhalten zu bleiben [...].“

Die Person wird wieder zu Bewusstsein kommen *oder*
die Lebensqualität der Person ist es nicht wert, erhalten zu bleiben.
Es ist nicht der Fall, dass die Person wieder zu Bewusstsein kommen wird.
Die Lebensqualität der Person ist es nicht wert, erhalten zu bleiben.

p *oder* q
nicht p
q
(*modus tollendo ponens*)

2.1.4. Sonderfälle: Enthymem und Epicheirem

Definition
Ein Enthymem ist ein unvollständiger Syllogismus der Art, dass
entweder eine (oder gar beide) Prämissen fehlen oder dass die
Konklusion fehlt.

Wie sich bei den vorangegangenen Beispielen aus der Praxis
zeigte, sind Alltagsargumentationen häufig Enthymeme. Um sie auf
ihre logische Korrektheit überprüfen zu können, müssen sie erst
in Form gebracht werden – ein Vorgang, der gelegentlich einigen
guten Willen und Kreativität erfordert. Dazu gehört oft, eine still-
schweigend gemachte Annahme in Gestalt von einer Prämisse explizit zu machen. Bleibt es hingegen bei der unvollständigen all-
tagssprachlichen Formulierung, so ist die formale Voraussetzung
für einen „Logik-Check“ nicht gegeben; so lässt sich höchstens die
Frage beantworten, ob das, was da geschrieben steht oder
geäußert worden ist, plausibel wirkt (HWRh 2, 1197f.).

Ergänzung fehlen-
der Annahmen
Die Ergänzung fehlender Annahmen geschieht ohne größere
Probleme, wenn es sich um konventionelle Aussagen handelt
bzw. wenn deren Komponenten unstrittig sind. Da sich vieles
nach allgemeiner Ansicht von selbst versteht, muss es nicht eigens
erwähnt werden und bleibt deswegen auch häufig, der Sprachökonomie wegen, weg. Man denkt es sich dazu – von daher in
Im Geiste
(falscher) Etymologie die Lesart „im Geiste“ für griechisch „en
thymém“.

Beispiel 1:
„Fritz ist krank, er hat Fieber.“

Wenn mit der zweiten Aussage die erste Aussage begründet werden soll und der Gedankengang als (konditionaler) Syllogismus dargestellt, dann ist die allgemein anerkannte Aussage „Wer Fieber hat, der ist krank", auf Fritz bezogen, als Prämisse zu ergänzen.

Wenn Fritz Fieber hat, *dann* ist Fritz krank.	*Wenn* p *dann* q
<u>Fritz hat Fieber.</u>	p
Fritz ist krank.	q
	(modus ponens)

Um Fehlschlüsse bei konditionalen Syllogismen zu erkennen bzw. in Zweifelsfällen den Implikationssatz richtig zu formulieren, wurde der Begriff „notwendiger Zusammenhang" eingeführt.

Notwendiger Zusammenhang

Im „Fieber-Krankheit"-Beispiel ist Fieber das Indiz für Krankheit, es besteht ein notwendiger Zusammenhang zwischen dem Auftreten von Fieber und dem „Krank Sein" (in dieser Reihenfolge).

Folgender Satz ist deshalb wahr: „Wenn Fritz Fieber hat, dann ist Fritz krank." Würden hingegen Antecedens und Konsequens Platz tauschen, hätten wir den Satz: „Wenn Fritz krank ist, dann hat Fritz Fieber", und dieser Satz ist falsch. Ähnlich beim ersten Beispiel für den *modus ponens*: Es besteht ein notwendiger Zusammenhang zwischen dem Auftreten von Regenfällen und dem „Nass Sein" der Straße (in dieser Reihenfolge), aber nicht auch umgekehrt: „Wenn die Straße nass ist, dann regnet es" ist leicht als falscher Satz erkennbar – es ist sehr wohl denkbar, dass zwar die Straße nass ist, es aber nicht regnet, sondern vielmehr als Ursache für die nasse Straße etwa ein Wasserrohrbruch vorliegt.

Falsche Sätze

Bei der Verkürzung des Syllogismus wird zwar den Geboten der rhetorischen Kürze und Sprachökonomie gehuldigt, doch muss der Zuhörer sich den weggelassenen Teil ergänzen. In Alltagskonversationen und –argumentationen dürfte das vor keine besonderen Schwierigkeiten stellen. Wenn aber das Thema, die Argumente kaum bekannt oder komplexer sind, kann ihr Weglassen zu Unverständnis bzw. Missverständnissen führen. In so einem Fall darf nicht gekürzt, sondern muss – umgekehrt – ausführlicher dargestellt werden. Eine Gefahr bzw. Manipulationsmöglichkeit liegt darin, dass etwa gesellschaftlich nicht allgemein akzeptierte Thesen oder problematische Aussagen „zielgerichtet" weggelassen werden! Es entstehen dann unvollständige Argumentationen, die erst vervollständigt werden müssen. Das, was dasteht bzw. geäußert worden ist, mag plausibel wirken, aber im Licht zusätzlicher notwendiger Zusammenhänge kann es dann Widerspruch hervorrufen.

Gefahren durch Weglassung

Definition Ein Epicheirem ist ein Syllogismus der Art, dass beide Prämissen Enthymeme sind.

Solche Fälle sind im rhetorischen Zusammenhang nicht selten anzutreffen; der Redner stellt seine Argumente in kompakter Form dar, zieht daraus einen Schluss. Nun wird er kritisiert oder in eine Diskussion verwickelt – dann beginnt er seine Argumente ihrerseits Stück für Stück zu begründen, idealerweise wieder durch Syllogismen. Damit kann er seinen hauptsächlichen Beweisgang stützen und wirksamer gestalten (HWRh 2, 1251). Es kann natürlich auch das geschehen, was wir als Gefahr bei Enthymemen kennen gelernt haben: stillschweigende Annahmen werden ans Tageslicht gebracht und verringern die Plausibilität des Geäußerten.

2.2. Pragmatische Lösungen: Ciceros und Toulmins Schemata

Die Analyse von Beweisgängen kann auch weniger detailorientiert durchgeführt werden, als dies in der Logik der Fall ist. Das Muster für derartige Entwicklungen lieferte schon Cicero (De inventione I, 34, 57):

Schema 4

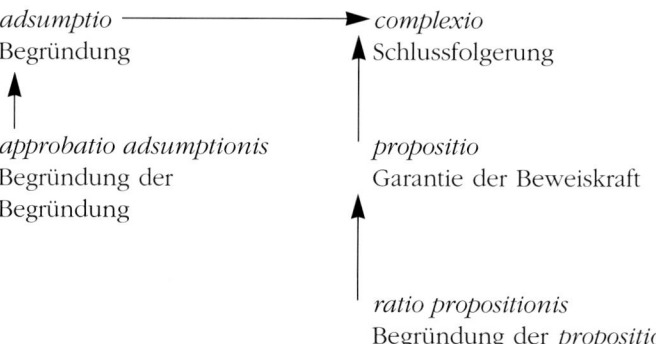

Ein Beispiel dazu: die Aussage Martin Luthers, An den christlichen Adel deutscher Nation, 67: „Es kann niemals ein Pfarrer eines Weibes ermangeln, nicht allein der Schwachheit, sondern vielmehr des Haushaltens halben. Soll er denn ein Weib halten – und der Papst lässt ihm das zu – doch nicht zur Ehe haben – was ist das anders, denn einen Mann und ein Weib beieinander allein lassen und doch verbieten, sie sollten nicht fallen, ebenso wie Stroh und Feuer zusammenlegen und verbieten, es soll weder rauchen noch brennen. Zum andern: daß der Papst solches nicht Macht hat zu gebieten, ebensowenig, wie er Macht hat, zu verbieten essen, trinken und den natürlichen Ausgang oder feist werden."

Dies in Ciceros Schema übertragen:

Schema 5

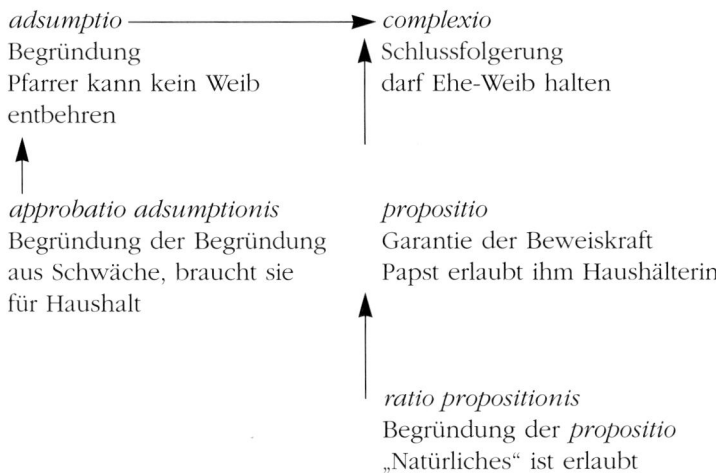

adsumptio ⟶ complexio
Begründung   Schlussfolgerung
Pfarrer kann kein Weib   darf Ehe-Weib halten
entbehren

approbatio adsumptionis   propositio
Begründung der Begründung   Garantie der Beweiskraft
aus Schwäche, braucht sie   Papst erlaubt ihm Haushälterin
für Haushalt

ratio propositionis
Begründung der propositio
„Natürliches" ist erlaubt

Das folgende Schema von Toulmin basiert sichtlich auf dem von Cicero:

Schema 6

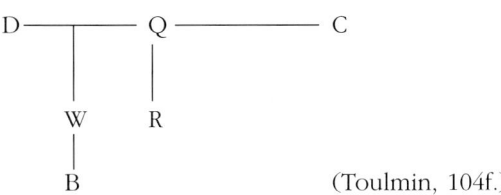

(Toulmin, 104f.)

Dieses Schema bildete den Ausgangspunkt für zahlreiche Theorien bis heute. Die Diskussion darüber läuft kontrovers, ist noch nicht abgeschlossen. Zur Illustration, wie das Schema funktioniert, hier eine Einsetzung von Sätzen ins Schema von Toulmin:

Toulmin geht ähnlich wie seine antiken Vorläufer von der juristischen Redepraxis aus (griech. „kategoría" hieß nicht nur „Aussage", sondern auch „Anklage"): eine Behauptung wird vorgetragen und dabei mit einem Geltungsanspruch versehen: C (für „conclusion"). Wird die Wahrheit von C bestritten, so ist der Geltungsanspruch zu verteidigen bzw. die Wahrheit von C zu begründen. Das geschieht mittels Hereinbringen neuer Daten (D) in die Debatte.

Erläuterungen zum Schema

Schema 7

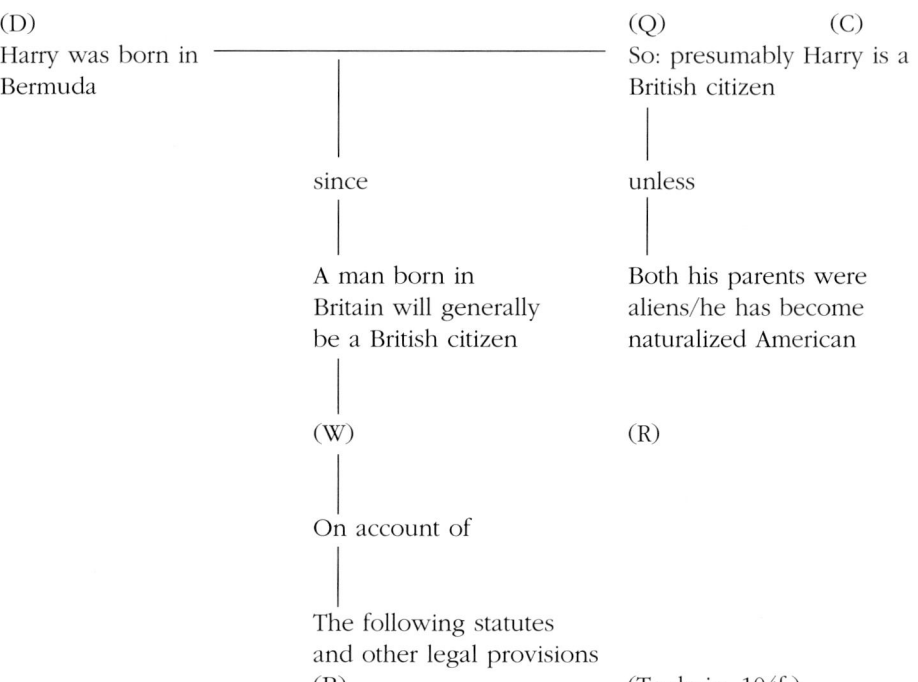

(D)
Harry was born in
Bermuda

(Q)   (C)
So: presumably Harry is a
British citizen

since

unless

A man born in
Britain will generally
be a British citizen

Both his parents were
aliens/he has become
naturalized American

(W)

(R)

On account of

The following statutes
and other legal provisions
(B)   (Toulmin, 104f.)

Diese Verteidigung kann von der gegnerischen Seite wiederum angefochten werden; dann ist der Denkschritt von D nach C, von
den Daten hin zur Konklusion zu legitimieren. Das funktioniert
nur unter Berufung auf kategorial andere Sätze als normale Aussagen – nämlich auf Schlussregeln W (für „warrant"), die dem Denkschritt zugrunde liegen. Gilt eine Schlussregel uneingeschränkt
(und um das festzustellen, braucht man Logik!), so folgt die
Konklusion notwendig. Dennoch kann es möglich sein, dass die
gegnerische Seite die Gültigkeit von W bezweifelt. Dann kann C
verteidigt werden, indem eine Ausnahmebedingung R (für „restriction") geltend gemacht wird; diesfalls schränkt ein Operator Q die
Schlussregel entsprechend ein. Oder es ist nötig, C mit weiteren
Aussagen B (für „backing") zu stützen. Diese Stützung ist abhängig
vom jeweiligen Argumentationsbereich und somit „feldabhängig".
Sie stellt auch weitere Bezüge zur Wirklichkeit her.

Auf die ausführlichen Diskussionen, vor allem auf die Kritik an
Toulmin kann hier nicht eingegangen werden. Für unsere Darstellung liegt der Wert von Toulmins Zugang darin, dass ein antikes

rhetorisches Schema aufgegriffen und weiterentwickelt wurde, und dass darin die Alltagsargumentation den Ausgangspunkt der Betrachtung bildet (und nicht die formale Logik). Das Toulmin-Schema seinerseits lieferte den Anstoß für andere Modelle, etwa von Ohlschläger.

Diese mehrgliedrigen Schemata verdeutlichen, dass Argumentationen oft nicht auf einfache Dreischritte beschränkt sind. Es bilden sich Ketten von Beweisgängen. Auf Kritik wird mit weiteren Stützungsversuchen reagiert. Als Kernkonzept in diesem Netzwerk hat das klassische Argumentationsschema jedoch Bestand.

3. Argumentation im rhetorischen Sinn

Welche Argumentation wirkt überzeugend? Schon im Abschnitt über „Topik" wurde ein ganzer Katalog von Möglichkeiten erwähnt. Die getroffene Auswahl ist ein kreativer, nicht programmierbarer Vorgang. Für eine rhetorisch ausgerichtete Argumentation stehen bedeutend mehr Varianten zur Verfügung (man kann logisch korrekt argumentieren – aber man muss es nicht) als für eine ausschließlich logisch „wasserdichte" (beispielsweise in der Wissenschaft). Für gewöhnlich reicht es bei ersterer schon aus, wenn der erschlossene Satz aus den vorausgesetzten Sätzen mit Plausibilität hervorgeht. (Anzumerken wäre, dass mit einem stark vergrößerten logischen Instrumentarium und mühsamem „in Form bringen" viel mehr Argumentationen zu logisch gültigen Schlüssen ausgebaut werden können, als das mit den eingeschränkten Mitteln der Syllogistik möglich ist. Es muss also nicht gleich hinter jeder Argumentation, die sich nicht in syllogistische Form pressen lässt, ein logischer Fehlschluss vermutet werden.) Der Einfachheit halber werden im Folgenden, also im Kontext rhetorischen Argumentierens, die Termini aus dem Kontext logischen Argumentierens ebenfalls verwendet – wie „Prämisse", „Konklusion" etc.

Um eine Übersicht über die Varianten zu erhalten, die im rhetorischen Kontext zur Verfügung stehen, soll nun ein aus der Antike stammendes und von Kienpointner (Alltagslogik, 246) weiterentwickeltes Modell leicht abgewandelt vorgestellt werden. An den Beispielen wird deutlich werden, dass manchmal eine syllogistische Form herausmodelliert werden kann, manchmal auch nicht. Die Aufgliederung ist hilfreich, denn sie ermöglicht einerseits bei der Argumentationsanalyse eine schnellere Einordnung und Überprüfung, andererseits macht sie den Auswahlvorgang bei der Suche nach konkreten Argumentationen einfacher.

Die Beispiele werden nach einer wichtigen sprachlichen Unterscheidung getrennt: Man differenziert zwischen faktischen und normativen Aussagen. Erste sind Tatsachenbehauptungen im engeren Sinn (als „Denkhilfe" vor den Beginn des Satzes zu setzen: „es ist der Fall, dass ..."). Sie sind prinzipiell objektiv überprüfbar.

Faktische Aussagen, Normative Aussage

Die normativen Aussagen enthalten hingegen Wertungen („es ist unmoralisch, ... zu tun", „es ist verboten/geboten/erlaubt, dass ...", „man sollte ..." etc.). Sie sind einer objektiven Überprüfung nicht in jenem Maße zugänglich wie die faktischen Aussagen. Die Aufgabe normativer Aussagen besteht darin, dem Gesprächspartner oder Adressaten etwas vorzuschreiben, zu verbieten, zu befehlen usw. oder etwas als moralisch gut/böse, gerechtfertigt/ungerechtfertigt usw. hinzustellen.

Begründung

Dies wird in Argumentationen oft dadurch zu begründen versucht, dass man sich auf Tatsachenaussagen beruft. Ein solches Vorgehen ist vom logischen Gesichtspunkt her höchst problematisch. Als Faustregel: Für eine normative Aussage wird mindestens eine weitere normative Aussage als Prämisse benötigt. Sonst handelt es sich um einen sogenannten naturalistischen Fehlschluss (vgl. hierzu die Liste der kausalen Fehlschlüsse am Ende von Abschnitt 3.2.3.)! Eine weitere Unterscheidung, nämlich die zwischen realen und fiktiven Argumentationen (sind wegen fehlenden Wissens/Prognosemängeln kritisierbar), lassen wir in diesem Kontext beiseite.

Einteilung

Die folgenden Schemata liegen Alltagsargumentationen zugrunde. Freilich müssen auch hier in der Regel die Aussagen erst in die Form eines Beweisganges gebracht werden, um zur Struktur zu gelangen. Folgende Typen werden unterschieden: Einordnungsschemata, Kausalschemata, Vergleichsschemata, Gegensatzschemata und Beispielsschemata. Es werden zahlreiche Beispiele vorgestellt. Manche werden „in Form gebracht" und analysiert, manche werden nur genannt, und die Analyse kann als Übungsbeispiel versucht werden.

3.1. Einordnungsschemata

Hier werden Zu- und Einordnungen als Ausgangspunkt für Argumentationen verwendet. Dies geschieht nach verschiedenen Kategorien, die aus den folgenden Unterabschnitten ersichtlich sind.

3.1.1. - aus der Definition

Die Auswahl der Prämissen wird so vorgenommen, dass ein Bezug zu einer Wortbedeutung, ja sogar Wortgeschichte bzw. zu einer Produktdefinition o. ä. hergestellt wird. Zunächst folgen Beispiele aus dem Bereich des faktischen Argumentierens, also ohne das Vorkommen von normativen Aussagen:

Beispiel 1:
Rhetorik wird definiert als die Wissenschaft, richtig zu erfinden, zu gliedern und mit sicherem Gedächtnis und würdigem Vortrag darzustellen.
<u>Frau NN erfindet richtig, gliedert, stellt mit sicherem Gedächtnis ... dar.</u>
Frau NN ist eine Rhetorikerin.

Schema:
Begriff x wird definiert durch die Eigenschaften y_1, y_2 etc.
<u>Gegenstand z hat die Eigenschaften y_1, y_2 etc.</u>
z ist ein x

Dieses Muster der Auswahl von Argumenten kann auch mit wertenden Absichten verbunden sein: So wurde, um Abwertung, Diskriminierung herbeizuführen, im Mittelalter etwa der lateinische Ausdruck *femina* (für „Frau") etymologisch völlig falsch aus *fe* („Glaube") und *minus* („weniger") abgeleitet. Damit sollte die angeblich besonders große Anfälligkeit von Frauen für Glaubensabweichung, Hexerei belegt werden (vgl. Hexenhammer I, 6, 231, weitere Beispiele ebd.: I, 4, 197).

Diskriminierung

Beispiel 2:
Bernhard von Clairvaux bezeichnete in seiner „Lobrede" auf die Templer das Töten der Übeltäter („malefactores" – gemeint: Heiden) nicht als „homicidia" (Menschenmord), sondern in einer Neuprägung als „malicidia" (Vernichtung des Bösen): „Sane cum occidit malefactorem, non homicidia, sed [...] malicidia [...] reputatur." (Bernhard von Clairvaux, Ad milites templi de laude novae militiae, Werke I, 276f.).
   Es liegt auf der Hand, dass diese terminologische Erfindung von der Absicht motiviert wurde, in der Folge das Töten von Heiden moralisch anders zu bewerten als das Töten von Nichtheiden. In der vollständigen Ausformulierung dieses Argumentationsganges würde man damit in den Bereich normativen Argumentierens geraten.

Beispiel 3:
Auch Luther nimmt eine Ableitung vom Namen her vor. Er kritisiert damit das Papsttum:

„Ferner: Wenn jede leibliche Gemeinde ihren Namen von ihrem Haupt her hat, wie wir sagen: „Die Stadt ist kurfürstlich, diese ist herzoglich, jene ist fränkisch", so sollte die ganze Christenheit mit Recht auch römisch, petrisch oder päpstlich heißen. Warum heißt sie dann Christenheit?" (Martin Luther, Von dem Papsttum zu Rom, 22)

Man kann sich in einer Argumentation aber auch in einer anderen Reihenfolge auf eine Definition beziehen. Hierzu das nächste Beispiel:

Beispiel 4:
Sich in besonderem Stand göttlicher Gnade zu befinden wird definiert durch die Eigenschaft, Wunder zu wirken.
<u>Ein Heiliger wirkt Wunder.</u>
Ein Heiliger befindet sich in besonderem Stand göttlicher Gnade.

Schema:
Begriff x wird definiert durch die Eigenschaft y.
<u>Gegenstand z ist ein x.</u>
z hat die Eigenschaft y.

Exkurs:
Definitionen –
Logik

Zwischenfrage: lassen sich diese Argumentationen auch als hypothetische Syllogismen darstellen? Die Antwort lautet: ja! Eine Definition ist eine Aussage, die aus zwei Unteraussagen besteht. Zwischen diesen besteht eine Implikationsbeziehung in beiden Richtungen:
– *wenn* p *dann* q <u>*und*</u> *wenn* q *dann* p.
Diese Beziehung schreibt man auch kürzer:
... *genau dann wenn* ...,

Äquivalenz

man nennt sie Äquivalenzbeziehung. Sie stellt sicher, dass man im Normalfall stets statt der ganzen Reihe von definierenden Eigenschaften gleich den kurzen Begriff verwenden kann, den man definiert hat. (Einstieg in die Materie bei: Savigny Eike von: Grundkurs im wissenschaftlichen Definieren, München 1970.) Wozu definiert man überhaupt? Oft wird ein neuer Begriff mit Hilfe bekannter Begriffe eingeführt. Es gibt auch Fälle, wo ein unklarer Begriff mit Hilfe klarer Begriffe erläutert wird. Schließlich gibt es einen ganz praktischen Grund: eine umständlich zu verwendende Reihe von Begriffen wird durch einen einzigen kürzeren ersetzt.

Beispiel 5:
x ist ein Mensch *genau dann, wenn* x ein Lebewesen ist, das die Anlage zum Lachen hat.

Hans hat die Anlage zum Lachen.
Hans ist ein Mensch.

Schema:
p *genau dann wenn* q
q
p

(Hypothetischer Syllogismus/*modus ponens* „rückwärts", ist möglich bei einem Äquivalenz-Satz in der Prämisse.)

    Es gilt übrigens auch im negativen Fall: Was per definitionem mit einer bestimmten Eigenschaft unvereinbar ist, wird auch jenem Gegenstand abgesprochen, der diese bestimmte Eigenschaft hat. – In den folgenden Beispielen wird der Ausdruck „definieren" in einer liberaleren Bedeutung verwendet als in der streng wissenschaftlichen. Man kann ihn lesen als „einen Gegenstand so beschreiben, dass er sich von ähnlichen Gegenständen deutlich abhebt".

Hypothetischer
Syllogismus

Beispiele, die normative Aussagen enthalten (vgl. Kienpointner, Alltagslogik, 251):

Beispiel 6:
Wenn Terrorismus als Angriff auf die Demokratie definiert wird, *dann* ist es moralisch gerechtfertigt, den Terrorismus negativ zu bewerten.
Terrorismus wird als Angriff auf die Demokratie definiert.
Es ist moralisch gerechtfertigt, den Terrorismus negativ zu bewerten.

Schema:
Wenn x auf bestimmte Weise y definiert wird, *dann* ist es moralisch gerechtfertigt, x mit Wert z zu bewerten.
x wird auf bestimmte Weise y definiert.
Es ist moralisch gerechtfertigt, x mit Wert z zu bewerten.

Beispiel 7:
Wenn Terrorismus als Angriff auf die Demokratie definiert wird, *dann* ist es geboten, den Terrorismus zu bekämpfen.
Terrorismus wird als Angriff auf die Demokratie definiert.
Es ist geboten, den Terrorismus zu bekämpfen.

Schema:
Wenn x auf bestimmte Weise y definiert wird, *dann* ist Handlung z geboten.

<u>x wird auf bestimmte Weise y definiert.</u>
Handlung z ist geboten.

Von einem anderen Standpunkt und Weltbild wurde – gleichsam spiegelbildlich – das Argument vorgebracht, dass „die Großmacht-politik der USA terroristisch ist" (ergänze: und ein Angriff auf die einzige gottgefällige Art des menschlichen Zusammenlebens), wo-raus sich nach obigen Denkmustern die mittlerweile bekannten Folgen ergaben!

Beispiel 8:
SPIEGEL-Interview mit Osama Bin Laden, Auszüge (DER SPIEGEL 35, 1998, 120): „Die von den Amerikanern durchgesetzten Sank-tionen gegen den Irak haben zum Tod von mehr als einer Million Kindern geführt. Wir glauben, dass die Amerikaner die größten Diebe und Terroristen der Welt sind. Unsere einzige Chance [...] besteht in der Anwendung ähnlicher Methoden [...]."

In Form gebracht:
Wenn die Amerikaner als die größten Diebe und Terroristen der Welt definiert werden, *dann* ist es geboten, die Methoden der Amerikaner zu imitieren.
<u>Die Amerikaner werden als die größten Diebe und Terroristen der Welt definiert.</u>
Es ist geboten, die Methoden der Amerikaner zu imitieren.

Werthaltungen – Einschränkungen

Bei dem Aufstellen von Sätzen wie „x wird durch y definiert" spielen natürlich auch wieder Werthaltungen herein. Ein schönes Beispiel haben wir vor uns, wenn etwa mit der Forderung nach Gleichberechtigung folgende Begriffscharakterisierung verbunden ist: der „Anspruch auf gleiche Rechte und Pflichten, Achtung und Wahrung der persönlichen Würde" – verbunden mit der ideologi-schen Einschränkung: „für alle werktätigen Menschen und die Volksmassen...'!

Ideologiegehalt

In Diskussionen wird häufig eine Definition als „ideologisch" bezeichnet und mit einer „korrekten" Definition „korrigiert". Diese kann dann ihrerseits wieder durchaus subjektiv oder ideologisch sein. Die Argumentationen, in denen solche Definitionen vorkom-men, weisen häufig einen hohen Ideologiegehalt auf. Diesen gilt es zu erkennen – manchmal ist es ein ganzes Weltbild, das unaus-gesprochen dahintersteht.

Eine Definition ist nicht für alle gleich verbindlich, sie muss prä-zisiert und kritisch gesehen werden, vor allem wenn Handlungen daraus resultieren sollen.

Ein weiteres Moment kommt in Diskussionen herein: Es ist darauf zu achten: wer wie was definiert. Auch bestimmte Gruppen- oder Einzelinteressen können der unausgesprochene Grund sein, einen Begriff auf eine bestimmte Art und Weise zu verwenden oder einzuführen.

Wie spricht man derartige Fragen an? Man darf nicht in den Fehler verfallen, sogleich in endlose Grundsatzdiskussionen über eine letztgültige Begriffsdefinition z.B. von „Gerechtigkeit" einzutreten. Zum Ziel führt in der Praxis eher die hartnäckig gestellte Frage, was hier und jetzt, in der aktuellen Diskussion, konkret unter „gerechtem Handeln" zu verstehen ist.

Falle beim Kritisieren

Beispiel 9:
SPIEGEL-Gespräch mit dem Philosophen Peter Singer (DER SPIEGEL 48, 2001, 238). Singer: „Moralisch wichtig ist doch nicht, ob ein Embryo menschliches Leben ist, sondern einzig die Frage, welche Fähigkeiten und Eigenschaften er hat. Denn auf diese gründet sich sein moralischer Status."

Spiegel: „Ein früher Embryo hat aber kaum höhere Fähigkeiten als ein Bakterium, oder sagen wir, eine Kartoffelpflanze. Also steht er mit ihnen auf einer moralischen Stufe?"

Daraus lässt sich schließen:
Wenn die moralisch relevanten Eigenschaften eines Embryos so definiert werden, dass ein Embryo auf der selben Fähigkeitstufe wie eine Kartoffelpflanze steht, *dann* ist es erlaubt, einen Embryo zu töten.
<u>Die moralisch relevanten Eigenschaften eines Embryos werden so definiert, dass ein Embryo auf der selben Fähigkeitstufe wie eine Kartoffelpflanze steht.</u>
Es ist erlaubt, einen Embryo zu töten.

Schema: siehe bei Beispiel 7, nur mit „erlaubt" statt „geboten".

In der Werbung wird ein Produkt definiert (im liberalen Sinn des Wortes), d. h. mit positiv bewerteten Eigenschaften beschrieben, um eine bestimmte Käuferschicht zum Kauf zu bewegen:

Werbung

Beispiel 10:
„Camelia gibt Frauen Sicherheit und Selbstvertrauen"

Ergänzt und in Form gebracht:

Wenn Camelia definiert ist durch Sicherheit und weibliches Selbstvertrauen *und* diese Eigenschaften von Frauen positiv bewertet werden, *dann* soll Camelia von Frauen gekauft werden.
<u>Camelia ist definiert durch Sicherheit und weibliches Selbstvertrauen, *und* diese Eigenschaften werden von Frauen positiv bewertet.</u>
Camelia soll von Frauen gekauft werden.

Schema:
Wenn Produkt x durch die Eigenschaften y_1, y_2 definiert ist *und* diese Eigenschaften von Zielgruppe z positiv bewertet werden, *dann* soll x von z gekauft werden.
<u>x ist durch die Eigenschaften y_1, y_2 definiert.</u>
x soll von z gekauft werden.

Beispiel 11:
„Clerasil, weil reine Haut so wichtig ist"

Beispiel 12:
„Citroën – Intelligenz auf Rädern"

3.1.2. - aus Gattung-Art (genus-species)

Hier wird die Auswahl der Prämissen so vorgenommen, dass ein Bezug zu einer Gattungszugehörigkeit, einem Gegenstandstypus, einer begrifflichen Ordnungshierarchie o. ä. hergestellt wird. „Gattung" (*genus*) ist stets der Oberbegriff zu „Art" (*species*), beispielsweise umfasst die Gattung Säugetier die Arten Hund, Katze, Mensch u. v. a. Eine Stufe höher umfasst die Gattung Tier die Arten Säugetier, Reptilien etc.

Zunächst wieder Beispiele aus dem Bereich des faktischen Argumentierens:

Beispiel 1:
Wenn ein Hund ein Tier ist, *dann* ist ein Hund ein Lebewesen.
<u>Ein Hund ist ein Tier.</u>
Ein Hund ist ein Lebewesen.
(Konditionaler Syllogismus, *modus ponens*)

Das Schema, das im jetzigen Kontext relevant ist, ist nicht das logische Schema (wiewohl es stets erfreulich ist, wenn die logische

Gültigkeit eines Beweisganges sichtbar wird, wie soeben geschehen), sondern das rhetorische Schema. Das sieht für Beispiel 1 so aus:

Wenn x der Art y angehört, *dann* gehört x der Gattung z an.
<u>x gehört der Art y an.</u>
x gehört der Gattung z an.

In besonderen Fällen funktioniert auch die Verneinung, dazu:

Beispiel 2:
„Wenn Reptilien keine Säugetiere sind, ist das Krokodil kein Säugetier."

In Form gebracht:
Wenn Reptilien *nicht* Säugetiere sind, *dann* sind Krokodile *nicht* Säugetiere.
<u>Reptilien sind *nicht* Säugetiere.</u>
Krokodile sind *nicht* Säugetiere.

Schema:
Wenn Art x *nicht* der Gattung *y* angehört, *dann* gehört Art z *nicht* der Gattung y an.
<u>Art x gehört *nicht* der Gattung *y* an.</u>
Art z gehört *nicht* der Gattung y an.

Beispiel 3:
„Wenn es keine Tugend ist, kann es auch keine Gerechtigkeit sein." (Quintilian, Institutio oratoria X, 10, 56).

In Form gebracht:
Wenn ein bestimmtes Verhalten *nicht* tugendhaft ist, *dann* ist es *nicht* gerecht.
<u>Ein bestimmtes Verhalten ist *nicht* tugendhaft.</u>
Ein bestimmtes Verhalten ist *nicht* gerecht.

In der hierarchisch umgekehrten Richtung („wenn nicht der Art ... angehört, dann nicht der Gattung ... angehört") funktioniert die Verneinung aber nicht!

Die weiteren Beispiele enthalten normative Aussagen:

Beispiel 4:
Alle wahren Gläubigen müssen einen Heiligen Krieg führen.
<u>N ist ein wahrer Gläubiger.</u>
N muss einen Heiligen Krieg führen.

Schema:
Alle Individuen, die einer Art y angehören, müssen Handlung z durchführen.

x gehört der Art y an.

x muss Handlung z durchführen.

Was hier anhand von einem Gebots-Satz („… muss …") gezeigt wurde, kann ähnlich auch mit einem Satz, der eine moralische Wertung ausdrückt, gezeigt werden. Vergleiche die Beispiele 6 und 7 aus dem vorangegangenen Abschnitt 3.1.1.

Beispiel 5:
Auszüge aus einem Interview mit Osama Bin Laden (DER SPIEGEL 35, 1998, 120). Spiegel: „Sie […] kämpfen nun an der vordersten Front […]".

Bin Laden: „Gott befiehlt uns den Heiligen Kampf […]. Wir glauben, dass dies ein Dienst an Gott ist […]".

Dieses Muster erscheint im übrigen in der Grundform schon bei den mittelalterlichen Kreuzzügen (vergleiche Beispiel 2 im Abschnitt 3.1.1. von Bernhard von Clairvaux!).

Werbung   Die Werbung nutzt die Schemata, in denen Gegenstände in Werthierarchien eingeordnet werden, um daraus zu entsprechendem Kauf-Verhalten zu bewegen:

Beispiel 6:
„Alete – damit's ein Prachtkind wird"

In Form gebracht:
Wenn Alete dafür sorgt, dass ein Kleinkind sich prächtiger entwickelt als Kinder, die nicht Alete bekommen, *dann* soll Alete gekauft werden.

Alete sorgt dafür, dass sich ein Kleinkind prächtiger entwickelt …

Alete soll gekauft werden.

Beispiel 7:
„Atika. Es war schon immer etwas teurer, einen besonderen Geschmack zu haben."

3.1.3. - aus Teil-Ganzes

Hier wird die Auswahl der Prämissen so vorgenommen, dass ein Bezug zu einer Teil-Ganzes-Beziehung hergestellt wird. Was für das Ganze gilt, gilt auch für die Teile und umgekehrt. Zunächst wieder Beispiele aus dem Bereich des faktischen Argumentierens:

Beispiel 1:
Wenn Gott überall ist, *dann* ist Gott auch hier.
<u>Gott ist überall.</u>
Gott ist auch hier.

Schema:
Wenn x an der Gesamtheit y aller Orte ist, *dann* ist x auch am Ort z.
<u>x ist an der Gesamtheit y aller Orte.</u>
x ist auch am Ort z.

Beispiel 2:
„Wem im Testament alles Geld vererbt wird, der erhält auch das Sparbuch."

In Form gebracht:
Wenn das ganze Geld x die Eigenschaft y hat, an eine bestimmte Person vererbt zu werden, *dann* hat auch das Sparbuch die Eigenschaft y.
<u>Das ganze Geld x hat die Eigenschaft y, an eine bestimmte Person vererbt zu werden.</u>
Auch das Sparbuch hat die Eigenschaft, an die eine bestimmte Person vererbt zu werden.

Schema:
Wenn das Ganze x die Eigenschaft y hat, *dann* hat auch ein Teil von x die Eigenschaft y.
<u>Das Ganze x hat die Eigenschaft y.</u>
Der Teil von x hat die Eigenschaft y.

Beispiel 3:
„Wenn ein Auto hochwertig ist, müssen es auch seine Teile sein."
  An den Beispielen zeigt sich, dass diese Schlüsse nur Plausibilität besitzen, aber nicht alle logisch gültig sind. Einfache Gegenbeispiele lassen sich konstruieren: auch wenn ein Auto hochwertig ist (gemessen an seinem hohen Preis), kann es sehr wohl sein, dass nicht nur hochwertige Teile verarbeitet worden sind.

Einschränkung

Beispiel 4:
Wenn die Fußballmannschaft x Meister geworden ist, *dann* ist jedes Mitglied von x ein meisterlicher Fußballer.
<u>Person y ist Mitglied der Mannschaft x.</u>
Person y ist ein meisterlicher Fußballer.

Hier ist der Grenzbereich zu normativen Beispielen erreicht. Die folgenden Beispiele gehören eindeutig schon in den normativen Bereich:

Beispiel 5:
„Alle unterstützen das Volksbegehren, drum gehe ich auch hin...“

In Form gebracht:
Wenn alle meine Mitbürger das Volksbegehren unterstützen, *dann* soll ich es auch unterstützen.
<u>Alle meine Mitbürger unterstützen das Volksbegehren.</u>
Ich soll das Volksbegehren auch unterstützen.

Schema:
Wenn Individuum x der Gesamtheit y angehört *und* die Mehrheit von y die Handlung z durchführt, *dann* ist es geboten, dass auch Individuum x die Handlung z durchführt.
<u>Individuum x gehört der Gesamtheit y an, *und* die Mehrheit von y führt die Handlung z durch.</u>
Es ist geboten, dass auch Individuum x die Handlung z durchführt.

argumentum ad populum Die Idee hinter einem solchen Muster – auch *argumentum ad populum* genannt – ist, dass eine faktische oder normative Einschätzung, die man für ein Kollektiv behauptet, auch auf die Mitglieder dieses Kollektivs übertragen wird (vgl. Kienpointner, Alltagslogik, 275). Wie plausibel solche Argumentationen wirken – auf logische Gültigkeit können sie sich selten stützen – hängt auch von den Werthaltungen oder Erfahrungen des Publikums ab, dem ein solcher Gedankengang vorgestellt wird.

Beispiel 6:
„Wie kann man das jetzt noch anziehen, wo so was niemand mehr trägt!“

In Form gebracht:
Vergleiche die Form von Beispiel 5, nur dass hier aus dem Verhalten der Mehrheit (die eine bestimmte Handlung unterlässt) nicht das Gebot gefolgt wird, eine Handlung zu tun, sondern vielmehr, eine Handlung zu unterlassen.

Beispiel 7:
„Die Volkswirtschaft braucht eine schnelle Bahnverbindung von A nach B, das von der Trasse geteilte Dorf C hat das hinzunehmen“.

Dahinter steht der Gedankengang: Das Wohl des gesellschaftlichen Ganzen ist für die Beurteilung eines Vorhabens wichtiger als das Wohl von Teilen der Gesellschaft. Der Übergang zu bedenklichen Forderungen, resultierend aus Ideologie, kann schnell geschehen:

Ideologie

Beispiel 8:
„Du bist nichts, Dein Volk ist alles!"

Dieser Satz ist aus der nationalsozialistischen Ideologie bekannt. Auf die Teile, sprich Mitglieder des „Volksganzen", wird durch die bloße Tatsache der Zugehörigkeit moralischer Druck ausgeübt. Wenn die propagandistisch griffige Formulierung analysiert wird, kommt der Unsinn zu Tage: Ein Ganzes, das aus lauter summiertem Nichts besteht, soll nicht etwa „nichts" sein, sondern „alles"!

Eine weitere Gefahr, argumentativ ins Abseits zu geraten, besteht darin, aus der Gruppenzugehörigkeit von Menschen gewisse individuelle Charaktereigenschaften abzuleiten. In bestimmten Vereinigungen, deren Mitglieder bestimmte stereotype Meinungen z. B. über Ausländer, Asylanten etc. teilen, werden entsprechende Aussagen intern plausibel wirken, aber außerhalb jener Gruppen fällt das Groteske von Sätzen wie „Alle Ausländer/Juden sind .../haben ..." ziemlich rasch auf.

Falsche Ableitungen

Auch die Werbung greift auf dieses Denkmuster zurück: Positive Urteile über Teile werden übertragen auf das Ganze bzw. von dem zuvor aufgebauten guten Image einer Produktionsstätte oder einer Marke soll auch das einzelne Produkt profitieren:

Werbung

Beispiel 1:
„Chivas Regal. Der zwölf Jahre alte Whisky aus der ältesten Distillery Schottlands"

Beispiel 2:
„Alfa Romeo – Die schönste Form der Technik"

Beispiel 3:
„Nissan – Ein Name für Automobilqualität"

Eine Meinung, die dieses Denkmuster ablehnt, wird im Hexenhammer vertreten:

Beispiel 4:
Hexenhammer (I, 2, 17): „Bezüglich der anderen Argumente, mit denen bewiesen werden soll, dass schadenszauberische Wir-

kungen ohne das Werk der Dämonen durch alte Weiber ausgeübt werden können, muss man sagen, dass von einem Teil auf das Ganze zu schließen, der Vernunft widerspricht."

3.2. Kausalschemata

Hier werden Begründungszusammenhänge als Ausgangspunkt für Argumentationen verwendet (*argumentum a causis*). Dies geschieht nach verschiedenen Kategorien, die aus den folgenden Unterabschnitten ersichtlich sind: Ursache-Wirkung, Grund-Folge und Mittel-Zweck. Die auf Kausalität in einem weiten Sinn bezogenen Denkmuster bilden die wohl häufigste Argumentationsform. Sie spielen sowohl im Alltag als auch in wissenschaftlichen Diskussionen eine wichtige Rolle. Die Varianten im Einzelnen:

3.2.1. - aus Ursache-Wirkung

Die Auswahl der Prämissen wird so vorgenommen, dass ein Bezug zu einer Ursache hergestellt wird. Im Alltagsverständnis heißt das zumindest so viel, dass die Wirkung zeitlich nach dem als Ursache hingestellten Sachverhalt stattfindet, dass die Wirkung regelmäßig auftritt, und dass die Ursache-Wirkungsbeziehung unter möglichst ähnlichen bzw. gleichbleibenden umgebenden Bedingungen – *ceteris paribus* – beobachtet wird.

Unser obiges Regenbeispiel:

Beispiel 1:
Wenn es regnet, *dann* ist die Strasse nass.
<u>Es regnet.</u>
Die Strasse ist nass.

Schema:
Wenn p *dann* q (kausal)
<u>p</u>
q

Beispiel 2:
Hexenhammer (I, 5, 202): „Es ist unmöglich, eine Wirkung (Schaden) ohne ihre Ursache herbeizuführen. Aber die Werke der Zauberer sind so beschaffen, dass sie nicht ohne das Werk der Dämonen geschehen können."

D. h.: der von den Zauberern verursachte Schaden geht auf zwei Ursachen zurück, Menschenwerk und das Werk der Dämonen. Diese Mitwirkung von Dämonen (Teufelspakt) ist zentral für die Einstufung der Zauberei als kriminelles Delikt.

Beispiel 3:
„Der Baumeister ist gut, also ist das Haus gut."

In Form gebracht und verallgemeinert:
Wenn Person x einen Gegenstand y herstellt, *dann* ist y qualitativ gut.
<u>x stellt y her.</u>
y ist qualitativ gut.

Derartige Argumentationen kommen auch in historisch orientierten Aussagen vor, stark komprimiert etwa als:

Beispiel 4:
„Das Volk hungerte. Der Adel prasste. Das Volk rebellierte. Der König war unfähig – ergo: Revolution."

Auch in der Umkehrung kommt kausal argumentierendes Denken vor:

Beispiel 5:
„Es gab in dieser Gegend keine Tonerde – also auch keine Ziegelhäuser."

In Form gebracht:
Wenn in einer Gegend x Ziegelhäuser stehen, *dann* gab es in der Gegend x Tonerde.
<u>*Es ist nicht der Fall, dass* es in der Gegend x Tonerde gab.</u>
Es ist nicht der Fall, dass in der Gegend x Ziegelhäuser stehen.

Aus dem Vorhandensein von Wirkungen lässt sich gelegentlich – bei klarem Überblick über eine ganz bestimmte Anzahl von möglichen Ursachen – auf das Vorliegen der entsprechenden Ursachen rückschließen:

Beispiel 6:
„Die Frau ist schwanger..."

In Form gebracht und verallgemeinert:
Wenn die Wirkung y vorliegt, *dann* ist dem die entsprechende Ursache x vorangegangen.
<u>Die Wirkung y liegt vor.</u>
y ist die entsprechende Ursache x vorangegangen.

Wer die Kausalschemata vor dem Hintergrund des Kapitels über konditionale Syllogismen betrachtet, wird sehen: in logischer Hinsicht sind es allesamt *modus ponens*-Schemata. Deshalb wäre Folgendes ein Fehlschluss:
Wenn die Wirkung y *nicht* vorliegt, *dann* ist dem die entsprechende Ursache x *nicht* vorangegangen.
<u>Die Wirkung y liegt *nicht*</u> vor.
y ist die entsprechende Ursache x *nicht* vorangegangen.

Auf das Beispiel 6 bezogen: aus Nicht-Schwangerschaft lässt sich wenig ableiten ...

Unsicherheiten

Die Kausalbeziehungen, die menschlichen Handlungen zu Grunde liegen, lassen sich oft nur vermuten. Aus dem Alltags- bzw. Kontextwissen werden Motive erschlossen, sind dementsprechend unsicher, ungenau. Zudem kann eine Ursache mehrere Wirkungen, bzw. eine Wirkung mehrere Ursachen haben, diese aber treten nicht immer ins Blickfeld. Erklärungsversuche für menschliches Handeln, die „auf naturhaften oder ethisch normativen Komponenten" (Ottmers, Rhetorik, 95) basieren, sind also besonders

Überprüfung

kritisch zu prüfen. Häufig geht es in ihnen im Hintergrund darum, die Haltung, Anschauung des Erklärenden zu bekräftigen bzw. die anderer zu widerlegen!

3.2.2. - aus Grund-Folge

Die Auswahl der Prämissen wird so vorgenommen, dass ein Bezug zwischen Absichten für menschliches Handeln, dem Handeln selber und seinen Folgen hergestellt wird. Die Grenze zu Mittel-Zweck-Argumentationen ist fließend.

Beispiel 1:
Auszüge aus einem Interview mit Osama Bin Laden (DER SPIEGEL 35, 1998, 120). Osama Bin Laden: „Unsere einzige Chance, diese Angriffe abzuwehren, besteht in der Anwendung ähnlicher Methoden [...]."

In Form gebracht:
Wenn wir uns gegen diese Angriffe wehren, *dann* werden wir ähnliche Methoden anwenden.
<u>Wir wehren uns gegen diese Angriffe.</u>
Wir wenden ähnliche Methoden an.

Schema:
Wenn eine Person x ein bestimmtes Ziel y hat, *dann* vollbringt x bestimmte Handlungen z.
<u>x hat das Ziel y.</u>
x vollbringt bestimmte Handlungen z.

Als *Grund* für das Vollbringen der Handlung z wird also ein Motiv angeführt: ein bestimmtes Ziel steht der handelnden Person vor Augen. Das Ziel kann nur mit bestimmten Mitteln erreicht werden – dass diese Mittel nun auch eingesetzt werden, ist die *Folge*.

Beispiel 2:
Auszüge aus einem Interview mit Osama Bin Laden (DER SPIEGEL 35, 1998, 120). Osama Bin Laden: „Und die Amerikaner werden das Land verlassen, wenn unsere Jugend ihnen die hölzernen Kisten und Särge mit den Leichnamen amerikanischer Soldaten und Zivilisten zurückschickt."

In Form gebracht:
Wenn die afghanische Jugend den Amerikanern die [...] Särge [...] zurückschickt, *dann* werden die Amerikaner das Land verlassen.
<u>Die afghanische Jugend schickt den Amerikanern die [...] Särge [...] zurück.</u>
Die Amerikaner werden das Land verlassen.

Schema:
Wenn Person x die Handlung x' setzt, *dann* setzt Person y die Handlung y'.
<u>Person x setzt die Handlung x'.</u>
Person y setzt die Handlung y'.

Als *Grund* für das Vollbringen der Handlung x' wird angeführt, dass sie jemanden anderen (y) zu einer Handlung y' bewegen soll. Jene fungiert in diesem Kontext als *Folge*. (Vergleiche weiter unten den Abschnitt 3.4.4. Dort wird auf die manipulative Taktik hingewiesen, eine Grund-Folge-Beziehung so darzustellen, als ob es nur einen einzigen Weg zu einem bestimmten Ziel gäbe. In den Kontext von Beispiel 2 hierher übertragen: Wenn es ein hohes Ziel ist, in Afghanistan keine Amerikaner zu haben, dann hätte das am einfachsten dadurch vermieden werden können, dass Al Kaida sein Quartier nicht in Afghanistan aufschlägt oder aber nicht kriegerische Akte gegen Amerika von dort setzt...).

Beispiel 3:
Auszüge aus einem Interview mit Osama Bin Laden (DER SPIEGEL 35, 1998, 120). Osama Bin Laden: „Gelobt sei Gott. Es ist schwer, mein Handeln zu begreifen, wenn man nicht den Islam versteht. Gott befiehlt uns den Heiligen Kampf [...]."

Die Motive sollen hier in einen rationalen Kontext eingekleidet werden. (Dass genau jener Anspruch mit dem Nachsatz über die Befehle Gottes zum Kampf wieder zunichte gemacht wird, ist ein anderes Problem.) Für rationales Handeln gibt es ein Erklärungs-Modell, mit dem argumentiert werden kann:

Wenn eine Person x eine bestimmte Handlung y ausführt, *dann* hat x für y ein bestimmtes Motiv z.
<u>x führt y aus.</u>
x hat für Handlung y ein bestimmtes Motiv z.

Das Wegfallen eines Motivs hingegen ist auch guter Grund, die Folgehandlung zu unterlassen. In enthymematischer Form sieht ein derart gemachter Argumentationsgang dann so aus:

Beispiel 4:
Person x will Kanzler werden und die Kandidatur mit einer Rede auf dem Parteitag ankündigen.
<u>Der Parteivorstand hat mittlerweile einen anderen Kandidaten gekürt.</u>
x redet nicht auf dem Parteitag.

3.2.3. - aus Mittel-Zweck

Die Auswahl der Prämissen wird so vorgenommen, dass ein Bezug zwischen Zielen für menschliches Handeln und den für das Erreichen dieser Ziele für notwendig erachteten Mitteln hergestellt wird. Die Grenze zwischen Formulierungen, die faktisch bzw. normativ sind, ist in diesem Kontext nicht hart; sie wird aus Gründen der Verdeutlichung mit einer gewissen Willkürlichkeit bei den Beispielen gezogen. Zunächst faktische Argumentationen:

Beispiel 1:
Auszüge aus einem Interview mit Osama Bin Laden (DER SPIEGEL 35, 1998, 120). Frage: „Sie haben ein religiöses Gutachten, eine Fatwa, erlassen, die alle Muslime aufruft, Amerikaner zu töten."

Osama Bin Laden: „Allah hat uns aufgegeben, islamischen Boden von allen Ungläubigen zu säubern."

Schema:
Wenn eine Person x ein bestimmtes Ziel y hat *und* Handlung z ein notwendiges Mittel ist, um y zu erreichen, *dann* vollbringt x die Handlung z.
x hat das Ziel y *und* z ist ein notwendiges Mittel um y zu erreichen.
x vollbringt die bestimmte Handlung z.

Beispiel 2:
Wenn Person x von seinen unerträglichen Schmerzen befreit werden will *und* das Einnehmen des nebenwirkungsreichen Medikamentes y den x von seinen Schmerzen befreit, *dann* nimmt x das Medikament y.
x will von seinen ... Schmerzen befreit werden, *und* das Einnehmen von y befreit den x von seinen Schmerzen.
Person x nimmt Medikament y.

Der Umkehrschluss: „Der Weg ist das Ziel" ist möglich, doch häufig paradox.
Argumentationen, die normative Aussagen enthalten:

Beispiel 3:
Wenn die Videoüberwachung von Plätzen die Kriminalität senkt *und* die Senkung der Kriminalität wünschenswert ist, *dann* ist die Videoüberwachung von Plätzen wünschenswert.
Die Videoüberwachung von Plätzen senkt die Kriminalität *und* die Senkung... ist wünschenswert.
Die Videoüberwachung von Plätzen ist wünschenswert.

Schema:
Wenn Handlung x zum Ziel y führt *und* y positiv zu bewerten ist, *dann* ist x positiv zu bewerten.
x führt zu y *und* y ist positiv zu bewerten.
x ist positiv zu bewerten.

In einem weiteren Argumentationsschritt kann nun für das Durchführen der positiv bewerteten Vorgangsweise plädiert werden –

Denkmuster

und analog kann so natürlich auch eine negative Bewertung von einer Zieleinschätzung auf eine Mitteleinschätzung übertragen werden, mit dem nächsten Schritt, für das Unterlassen der Vorgangsweise zu plädieren. Das Denkmuster ist sehr dehnbar, es toleriert immer weitergehende Anwendungen. Man beachte die Gefahr, die von so einer Salamitaktik ausgehen kann – plötzlich landet man nach mehreren plausibel scheinenden Schritten bei einer Konsequenz, die nicht mehr so selbstverständlich ist:

Beispiel 4:
In Fortsetzung von Beispiel 3: „ ... deswegen dürfen auch die Gesichter der Passanten gespeichert werden...“
Hierher gehören auch die aristotelischen Topoi (Aristoteles, Topik 114b, 23f., vgl. Kienpointner, Alltagslogik, 343ff.):
„Wessen Ziel gut ist, ist selbst auch gut.“ (Vgl. Beispiel 1 von 3.2.3.)
„Wessen Hervorbringung gut ist, ist selbst gut.“ (Vgl. die Umkehrung von Beispiel 3 von 3.2.1.)
„Wessen Zerstörung schlecht ist, ist selbst gut.“
„Wessen Hervorbringung schlecht ist, ist selbst schlecht.“
„Wessen Zerstörung gut ist, ist selbst schlecht.“
„Glückseligkeit ist gut, also ist die Tugend gut.“

Missbrauch

Bei diesen Argumentationsmustern werden die Grundannahmen selten vollständig angeführt. So können sich weltanschaulich fixierte, ideologische Positionen gut verbergen. Dabei sind die Ziele wichtiger als die Mittel, mit denen sie erreicht werden sollen. Deswegen können u. U. moralisch, ethisch etc. fragwürdige Mittel eingesetzt, bzw. diese verteidigt werden.

Fehlschlüsse

Beispiel 4:
„Mir ist eine schwarze Katze über den Weg gelaufen, und prompt habe ich mir den Fuß gebrochen.“

Kausale Fehlschlüsse

Wenn diese Aussage in der Absicht geäußert wurde, einen „Beweis“ für die unheilbringende „Wirkung“ von schwarzen Katzen zu liefern, stellt sie gleich ein hübsches Exemplar eines kausalen Fehlschlusses dar, nämlich:

1. post hoc ergo propter hoc

(„nach diesem (Ereignis), folglich aufgrund dieses (Ereignisses)“)

Kausalität wird nur daraus konstruiert, dass zwei Ereignisse nacheinander stattfanden. Ein zufälliges Zusammentreffen wird irrtümlich als Ergebnis eines Kausalzusammenhanges ausgegeben.

2. Fehlschluss der gemeinsamen Ursache

Zwischen zwei Ereignissen wird ein Kausalzusammenhang gesehen, obwohl keines dieser Ereignisse die Ursache des anderen ist; stattdessen können beide Ereignisse Wirkungen eines dritten – außer Betracht gebliebenen Ereignisses – sein.

3. Verwechslung von Ursache und Wirkung

Zwischen zwei Ereignissen wird ein Kausalzusammenhang hergestellt, wobei aber die Ursache mit der Wirkung verwechselt wird.

4. Naturalistischer Fehlschluss

Die Vermischung von Fakten mit Bewertungen (vgl. den Hinweis darauf in der Einleitung zum Kapitel über Argumentation im rhetorischen Sinn). Dieses Muster entsteht, wenn aus einer Basis von ausschließlich faktischen Informationen eine normative Aussage abgeleitet wird. „Du sollst die Umwelt schonen, denn sonst geht die Menschheit zugrunde!" (Ergänze zu einem korrekten Schluss, indem eine normative Prämisse eingeführt wird: „Die Menschheit soll nicht zugrunde gehen"). Eine andere Variante etwa liegt im moralisch unterlegten Verweis auf die Natürlichkeit eines Sachverhaltes oder eines Verfahrens. Weil Männer und Frauen „von Natur aus da sind", wird Heterosexualität als „normale Lebensform" gefolgt (soweit noch korrekt: Faktum folgt aus Faktum), diese dann als moralisch positiv bewertet (hier passiert der Fehlschluss) und eine homosexuelle Lebensform als negativ abgelehnt. Was dabei als „natürlich" bzw. positiv gilt und umgekehrt, bleibt jeweils genau zu fragen, d. h. die dahinter steckenden, verborgenen Werturteile sind ans Licht zu heben. Das Bewusstsein dafür war schon bei Michel de Montaigne vorhanden:

Weg zum
Fehlschluss

Werturteile

Beispiel 5:
Montaigne, Essais 23, 64: „Gewiss stellt die Züchtigkeit eine schöne Tugend dar [...] ihr Daseinsrecht aber aus der Natur herzuleiten und ihr Kraft dieses Beweisgrundes Geltung zu verschaffen, fällt [...] schwer."

3.3. Vergleichsschemata

Hier werden Vergleiche als Ausgangspunkt für Argumentationen herangezogen. Dies geschieht nach verschiedenen Kategorien, die aus den folgenden Unterabschnitten ersichtlich sind: Gleichheit oder Ähnlichkeit, Verschiedenheit oder geringe Ähnlichkeit und Mehr-Minder. Die Varianten im Einzelnen:

3.3.1. - aus Gleichheit oder Ähnlichkeit

Die Auswahl der Prämissen wird so vorgenommen, dass Größen (Quantitäten) bzw. Handlungen oder Eigenschaften (Qualitäten), die gleich oder einander sehr ähnlich sind, in Beziehung zueinander gesetzt werden. Dann wird auf eine Gleichheit oder große Ähnlichkeit in einer weiteren Hinsicht geschlossen (*argumentum per analogiam*).

Beispiel 1:
Fragen aus einem Gespräch mit dem Philosophen Peter Singer (DER SPIEGEL 48, 2001, 238). Spiegel: „Ein früher Embryo hat aber kaum höhere Fähigkeiten als ein Bakterium, oder sagen wir, eine Kartoffelpflanze. Also steht er mit ihnen auf einer moralischen Stufe?" [...] „Wenn Sie ein frisch geborenes Baby ethisch gleichsetzen mit Tieren, bedeutet das, dass Babys zu essen moralisch gleichzusetzen wäre mit dem Verzehr eines Rindersteaks?"

Schema:
Wenn Gegenstand x hinsichtlich Eigenschaft y die Stufe z aufzuweisen hat *und* Eigenschaft y ein Kriterium für die moralische Einstufung von x ist, *dann* ist x moralisch ebenso hoch einzustufen wie ein beliebiger Gegenstand x´, welcher hinsichtlich Eigenschaft y die Stufe z aufweist.
<u>Gegenstand x hat hinsichtlich Eigenschaft y die Stufe z aufzuweisen *und* y ist ein Kriterium für...</u>
x ist moralisch ebenso hoch einzustufen wie ein x´, welcher hinsichtlich y die Stufe z aufweist.

Zu fragen ist also jeweils nach der Menge, Größe der in Bezug gesetzten Eigenschaften. Und: Sind die Dinge wirklich vergleichbar?

Vergleichbarkeit

Beispiele für enthymematische Argumentationen, die normative Aussagen enthalten und leicht zu ganzen Beweisgängen ergänzt werden können:

Beispiel 2:
„Wenn Männer und Frauen gleiche Arbeit leisten, dann müssen sie gleichen Lohn erhalten."

Schema:
Wenn x und y hinsichtlich einer faktischen Eigenschaft z gleich/ähnlich sind, *dann* sind sie im Normalfall auch moralisch gleich/ähnlich zu bewerten/behandeln (Kienpointner, Alltagslogik, 286).

Der „Gerechtigkeitstopos" oder die „Gerechtigkeitsregel" ist die bekannteste normative Ableitung. Von gleichen oder sehr ähnlichen Dingen wird auf gleiche oder ähnliche Behandlung oder Bewertung geschlossen. Doch auch hier ist die logische Gültigkeit nicht garantiert, Fehlschlüsse können vorkommen, die einzelne Überprüfung von Argumentationen macht sich bezahlt:

Gerechtigkeitsregel

Fehlschluss

Beispiel 3:
„Weil alle Menschen von Natur aus gleich sind, muss überall Demokratie herrschen."

Frage, in welchen Hinsichten alle Menschen „von Natur aus gleich sind"? Ist die Ähnlichkeit bzw. Gleichheit überhaupt relevant für den zu zeigenden Punkt? Je mehr Relevanz, desto stärker ist das Analogieargument. Gibt es andere als die argumentativ jeweils relevanten Eigenschaften, die außer Betracht bleiben, aber das Bild verändern würden? Die Überzeugungskraft nimmt ab, wenn die Zahl der relevanten Unähnlichkeiten zunimmt. All diese Fragen lassen sich nicht durch bloße logische bzw. rhetorische Überlegungen beantworten – dafür braucht es Tatsachenwissen aus dem jeweiligen Kontext.

Relevanz und Wirkung

3.3.2 - aus Verschiedenheit

Die Auswahl der Prämissen wird so vorgenommen, dass Größen (Quantitäten) bzw. Handlungen oder Eigenschaften (Qualitäten), die ungleich oder einander sehr wenig ähnlich sind, in Beziehung zueinander gesetzt werden. Dann wird auf eine Ungleichheit oder geringe Ähnlichkeit in einer weiteren Hinsicht geschlossen.

Beispiel 1:
Der rote Pullover ist aus Kaschmir, der gelbe aus Baumwolle.

Die Qualität von Kaschmir ist höher als die Qualität von Baumwolle.
Der rote Pullover ist edler als der gelbe Pullover.

Schema:
Wenn x und y hinsichtlich einer faktischen Eigenschaft z ungleich/unähnlich sind *und* diese Eigenschaft z ein Kriterium für Eigenschaft z´ ist, *dann* sind x und y auch hinsichtlich z´ ungleich/unähnlich.

Eine normative Argumentation:

Beispiel 2:
SPIEGEL-Gespräch mit dem Philosophen Peter Singer (DER SPIEGEL 48, 2001, 242).
Singer: „Wenn Menschen auf einem so niedrigen intellektuellen Entwicklungsstand sind, dass sie ihrer selbst nicht bewusst sind, dann sind wir nicht verpflichtet, sie am Leben zu erhalten.“

In Form gebracht:
Wenn ein Mensch x hinsichtlich des Bewusstseins seiner selbst sehr weit unter dem normalen Standard erwachsener Personen ausgestattet ist *und* dieser Standard ein Kriterium für die Verpflichtung ist, das Leben von x zu erhalten, *dann* ist niemand verpflichtet, x am Leben zu erhalten.

Schema:
Wenn Mensch x hinsichtlich Standard y einen sehr niedrigen Wert hat *und* dieser y ein Kriterium für die moralische Verpflichtung z ist (die gegenüber Menschen mit hohem y-Wert besteht), *dann* besteht Verpflichtung z nicht gegenüber x.

3.3.3. - aus dem Mehr oder Minder

Wie dieser Name schon andeutet, wird hier die Auswahl der Prämissen so vorgenommen, dass zwei Quantitäten oder Qualitäten in ihrer verschiedenen Größenordnung einander gegenübergestellt werden. Dann wird auf eine „erst recht" in einer weiteren Hinsicht bestehende verschiedene Größenordnung geschlossen.

Die Denkmuster werden vorgestellt, unbenommen einer statistischen Analyse ihres Wahrheitsgrades. Etwa: „Wenn sogar der minder wahrscheinliche Fall eintritt, dann wird der wahrscheinlichere Fall erst recht eintreten." – „Wenn sogar der wahrscheinlichere Fall nicht eintritt, dann wird der minder wahrscheinliche Fall erst recht nicht eintreten." Das lässt sich erweitern und kommt in der Alltagsargumentation vor:

Beispiel 1:
„Wenn schon das eine Armeecorps die Festung erobern kann, jetzt aber auch noch Bomber eingreifen, um wie viel leichter muss die Festung erobert werden."

Beispiel 2:
Hexenhammer (I, 14, 314): „Die Fälscher des Geldes nämlich werden sofort dem Tod übergeben, um wie viel mehr die Fälscher des Glaubens!"
    Der umgekehrte Fall von Beispiel 1 (vgl. Kienpointner, Argumentieren, 112):

Beispiel 3:
„Der berühmte General hat die Festung nicht erobern können, sein Nachfolger ist viel dümmer, um wie viel weniger leicht wird die Festung erobert werden..."

    Eine genauere Unterscheidung dieser Muster ist möglich in *a maiore-* und *a minore*-Schemata:

3.3.3.1. - Kleineres aus Größerem (*a maiore*)

In den Prämissen wird ein Sachverhalt behauptet, der in einer größeren Größenordnung angesiedelt ist. Dann wird darauf geschlossen, dass auch in einer kleineren Größenordnung der Sachverhalt zu beobachten ist.

Beispiel 1:
Hexenhammer, (I, 9, 266): „Die Dämonen können größere Dinge, wie Menschen töten oder örtlich fortbewegen [...]. Daher können sie auch die Glieder des Mannes wahrhaft und wirklich entfernen."
    (Dieser Argumentationsgang ließe sich auch als ein Beispiel für eine Teil-Ganzes-Argumentation hernehmen, vgl. oben Abschnitt 3.1.3.)

Beispiel 2:
„Wenn die Experten das nicht erklären können, wie soll das ein Laie erklären können?"

Beispiel 3:
„Wenn man einen Erwachsenen, der sich wehren kann, nicht töten darf, wie viel weniger einen schutzlosen Embryo."

3.3.3.2. - Größeres aus Kleinerem (*a minore*)

In den Prämissen wird ein Sachverhalt behauptet, der in einer kleineren Größenordnung angesiedelt ist. Dann wird darauf geschlossen, dass auch in einer größeren Größenordnung der Sachverhalt zu beobachten ist.

Beispiel 1:
„Wenn in Demokratien Menschenrechte verletzt werden, dann erst recht in Diktaturen."

Beispiel 2:
„Wenn das jeder Studierende erkennt, wird es wohl auch ein Professor erkennen können."

Beispiel 3:
Martin Luther, An den christlichen Adel deutscher Nation, 23: „Hat Gott da durch eine Eselin geredet gegen einen Propheten, warum sollte er nicht erst recht reden können durch einen frommen Menschen gegen den Papst?"

Beispiel 4:
Montaigne, Essais 23, 61 über Knabenerziehung: „Die Eltern pflegen zu sagen: Er betrügt ja nur mit Nadeln. Es auch mit Talern zu tun, wird er sich hüten." Ich aber finde die umgekehrte Schlussfolgerung viel richtiger: „Warum sollte er nicht mit Talern betrügen, wenn er schon mit Nadeln betrügt?""

3.4. Gegensatzschemata

Die Auswahl der Prämissen wird so vorgenommen, dass Gegensätze postuliert werden. Daraus ergeben sich dann verschiedene Konklusionen – Widersprüche werden erkannt oder Gründe für die Wahl einer bestimmten Alternative offenbar usw. Es wird unterschieden in Schemata aus folgenden Arten von Gegensätzen: aus direkten Gegensätzen, aus relativen Gegensätzen, aus alternativen Gegensätzen und schließlich aus unvereinbaren Gegensätzen.

3.4.1. - aus direkten Gegensätzen

Hier wird die Auswahl der Prämissen so vorgenommen, dass zwei einander ausschließende Sachverhalte behauptet werden. Dann wird mit Hilfe von Zusatzinformationen auf das Bestehen eines der beiden Sachverhalte geschlossen.

Beispiel 1:
Sokrates hat eine Stupsnase oder eine Hakennase.
<u>Sokrates hat keine Hakennase.</u>
Sokrates hat eine Stupsnase.

Es gilt eine Ausnahme für manche religiöse oder ideologische Aussagen: Ein Engel kann einen Körper haben – und keinen! Gott kann allgütig sein – und dennoch das Böse zulassen:

Beispiel 2:
Der Hexenhammer (I, 13, 304) reagiert auf das Theodizee-Problem (die Frage nach der Rechtfertigung des Bösen in der Welt): Wenn Gott das Böse zulässt, ist er dann nicht auch böse? Nein – „Weil [...] Gott weder das Böse wollen kann, noch, dass es geschieht, oder, dass es nicht geschieht, sondern zulassen will, dass das Böse geschehen kann, und zwar wegen der Vervollkommnung des Universums."

    Wenn eine Sache oder Person x absolut positiv zu bewerten ist, „kann" sie nicht zur gleichen Zeit negativ bewertet werden. Der Einsatz dieser Ausnahmen in Ideologien oder Religionen (insbesondere, wenn Fanatiker argumentieren) resultiert aus dem jeweiligen sozio-kulturellen Hintergrund heraus. In diesem gelten diese Schemata plausibel und zwingend, was eine rationale Diskussion erschwert, wenn nicht unmöglich macht. (Hierzu Schleichert, Wie man mit Fundamentalisten diskutiert...).

Theodizee-Problem

Ideologien – Religionen

3.4.2. - aus relativen Gegensätzen

Der in den Prämissen behauptete Gegensatz ist nicht mehr ein Widerspruch im engeren Sinn, sondern wird hergestellt durch konträre Begriffe („heiß" – „kalt"), durch Komparative gegensätzlicher Adjektive („schneller" – langsamer"), durch Verben, die ein Tauschverhältnis bezeichnen („geben" – „nehmen"), durch Verwandtschaftsbezeichnung („Vater" – „Sohn") u. a. Der Gegensatz liegt nicht immer ganz offen da, er ist aus dem Kontext herauszulesen. „Die möglichen Widersprüchlichkeiten ergeben sich nicht

aus sich selbst heraus, sondern durch die vergleichende Inbezug-
setzung verschiedener Größen" (Ottmers, Rhetorik, 102).

Beispiel 1:
„Berlin ist größer als München" – Also kann nicht sein: „München
ist größer als Berlin!"

Beispiel 2:
„Der Kaffee ist jetzt siedend heiß" – Also kann nicht sein: „Dersel-
be Kaffee ist jetzt eiskalt."

Allgemeines Denken dahinter:
Wenn ein Gegenstand x hier und jetzt eine Eigenschaft y hat, für
die gilt: y schließt das gleichzeitige Vorkommen einer relativ ent-
gegengesetzten Eigenschaft z aus, *dann* ist es nicht der Fall, dass
x hier und jetzt auch die Eigenschaft z hat.

An dieser Stelle wird auch eine Besonderheit der natürlichen
Sprache berührt: sie hält für etliche Merkmale ganze Skalen von
Ausdrücken bereit. Deshalb sind bei Gegensatz-Schemata Fälle
von positiven Zuschreibungen, wie in Beispielen 1 und 2, anders
zu behandeln als Fälle von negierten Zuschreibungen. Da kann es
sehr wohl sein, dass ein Negationssatz sich vereinbaren lässt mit
weiteren gegensätzlichen Zuschreibungen, etwa:

Beispiel 3:
„Der Kaffee ist jetzt *nicht* mehr siedend heiß – *und* er ist noch gut
heiß/lauwarm/fast kalt..."

Beispiel 4:
„Der Kaffee ist jetzt siedend heiß – *und* er ist *nicht* gut heiß/*nicht*
lauwarm/*nicht* fast kalt / ..."

Werbung   Die Werbung verwendet das Denkmuster der relativen Gegensätze
häufig, arbeitet dabei mit rhetorischen Paradoxien:

Beispiel 5:
„Sicher gehen – Opel fahren!"

Beispiel 6:
Montaigne, Essais 32, 116, ironisiert: „Die unter Führung Don Juans
von Österreich vor einigen Monaten gegen die Türken gewonnene
Seeschlacht war großartig; aber Gott hat es gefallen, ehedem genauso großartige auf unsere Kosten stattfinden zu lassen."

3.4.3. - aus alternativen Gegensätzen

In den Prämissen werden gegensätzliche, aber einander nicht ausschließende Möglichkeiten genannt. Die Argumentation zielt darauf ab, eine dieser Möglichkeiten als die richtige herauszufiltern (vgl. Kienpointner, Argumentieren, 123).

Beispiel 1:
„Wir haben in dieser Situation die Möglichkeit, das Boot zu reparieren, ins Rettungsboot zu gehen, auf fremde Hilfe zu warten, auf Gott zu vertrauen. Alles sind reale Möglichkeiten. Da wir es leicht schaffen, die Reparatur vorzunehmen und alles andere viel unsicherer wäre..."

Schema:
In der gegebenen Situation bestehen die verschiedenen Handlungsmöglichkeiten a, b, c, d und e.
<u>Die Möglichkeit a ist viel sicherer als jede der anderen Möglichkeiten.</u>
Möglichkeit a soll in die Tat umgesetzt werden.

3.4.4. - aus unvereinbaren Gegensätzen

In den Prämissen werden gegensätzliche, miteinander inkompatible Möglichkeiten genannt. Dass gerade sie ausgewählt werden, ist durch keinerlei Zusammenhang der genannten Möglichkeiten begründet. In der Alltagsargumentation spielt dieses Denkmuster nur eine untergeordnete Rolle (Ottmers, Rhetorik, 104).

   In diesen Bereich gehört auch das Dilemma: Jemand befindet sich in einem Dilemma, wenn er zwischen zwei gleichermaßen unangenehmen (bzw. auch: angenehmen) Dingen wählen muss oder soll. In der Darstellung bildet die Konklusion noch nicht die Entscheidung, sondern gibt nur die Alternativen auf der Ebene der Folgen von etwaigen Entscheidungen wieder. — Dilemma

Beispiel 1:
Entweder die Regierung nimmt neue Staatsschulden auf *oder* die Arbeitslosigkeit steigt.
<u>*Wenn* die Regierung neue Staatsschulden aufnimmt, *dann* bekommt sie Probleme in der EU, *und wenn* die Arbeitslosigkeit steigt, *dann* hat die Regierung nur geringe Wiederwahlchancen.</u>
Entweder Probleme in der EU *oder* geringe Wiederwahlchancen.

Schema:

Entweder p *oder* q.
Wenn p *dann* r *und wenn* q *dann* s.
Entweder r *oder* s.

Manchmal wird eine Entscheidungssituation derartig „reduziert" vorgebracht, als existierten überhaupt nur zwei Möglichkeiten, davon eine völlig inakzeptable, worauf nur die andere übrig bleibt. Das Gegenüber soll durch ein solches Dilemma zu einer bestimmten Entscheidung genötigt werden:

Beispiel 2:
„Entweder Sie akzeptieren die Einschränkung der Grundrechte oder Sie gehen am Terrorismus zu Grunde!"

Beispiel 3:
„Wer nicht für mich ist, ist gegen mich!"

Die anderen akzeptablen Gesichtspunkte werden verschwiegen und müssen darum in der Gegenargumentation vorgebracht werden. „Echte" Dilemmata treten – erfreulicherweise – nur selten auf.

3.5. Beispielsschemata

Hierbei werden in einer Argumentation als Prämissen lediglich Beispiele angeführt. Oft fehlt ein „plausibilitätsstiftender Übergang vom Argument zur Konklusion". Plausibilität muss darum mit Beispielen aufgebaut werden, die fälschlich oft als eigene Argumentationsschritte gelten. Beispielsargumentation erscheint häufig in ausgesprochen rhetorisch geprägten Redesituationen.

Es ist kein eigenständiges Argumentationsverfahren, sondern dient lediglich dazu, „Argumentationen (nachträglich) noch zu erhärten oder zu bekräftigen oder die vorgebrachten Argumente anschaulich zu machen" (Ottmers, Rhetorik, 109).

Unterschieden wird in: induktive Beispiele, illustrative Beispiele und Argumente aus Autorität.

3.5.1. - aus induktivem Beispiel

Induktive Beispielsargumentation führt von Einzelbeispielen zur Verallgemeinerung der These.

Beispiel 1:
Ein Glas Burgunder am Tag ist gesund.
Ein Glas Cabernet-Sauvignon am Tag ist gesund.
<u>Ein Glas Blaufränkischer am Tag ist gesund.</u>
Ein Glas Rotwein am Tag ist gesund.

Schema:
Wenn Gegenstand x_1 die Eigenschaft y aufweist *und* x_2 die Eigenschaft y aufweist *und* x_3 die Eigenschaft y aufweist, *dann* weist x_n die Eigenschaft y auf.
Gegenstand x_1 weist die Eigenschaft y auf.
Gegenstand x_2 weist die Eigenschaft y auf.
<u>Gegenstand x_3 weist die Eigenschaft y auf.</u>
Gegenstand x_n weist die Eigenschaft y auf.

Eine Beziehung der logischen Folge wird bei „echten" induktiven Argumentationen (also solchen, wo nicht alle möglichen Fälle schon aufzählbar sind) nie zu erreichen sein. Was im Hörer oder in der Leserin das Gefühl von Plausibilität für die Verallgemeinerung weckt, ist die Aufzählung von repräsentativ erscheinenden Stichproben. Genau hier greift auch die Kritikmöglichkeit an: die aufgezählten Beispiele seien zu wenige oder nicht repräsentativ, es gäbe etliche ebenfalls repräsentative Gegenbeispiele etc.

Kritikmöglichkeit

Auch in normativen Kontexten wird mit induktiver Beispielsargumentation gearbeitet, zum Beispiel so:

Beispiel 2:
Ein Glas Burgunder am Tag zu trinken ist gesundheitlich geboten.
Ein Glas Cabernet-Sauvignon am Tag zu trinken ist gesundheitlich geboten.
<u>Ein Glas Blaufränkischen am Tag zu trinken ist gesundheitlich geboten.</u>
Ein Glas Rotwein am Tag zu trinken ist gesundheitlich geboten.

Schema:
Wenn Verhaltensweise x_1 in Hinsicht auf y geboten ist *und* x_2 in Hinsicht auf y geboten ist *und* x_3 in Hinsicht auf y geboten ist, *dann* ist auch Verhaltensweise x_n in Hinsicht auf y geboten.

Weiter analog zu Schema von Beispiel 1.

Dieses Muster gilt auch, wenn nicht für ein Gebot plädiert wird, sondern für ein Verbot – wieder in den beiden Schritten wie bei den vorangegangenen Beispielen:

Beispiel 3:
Zigaretten zu rauchen ist ungesund.
Zigarren zu rauchen ist ungesund.
<u>Pfeife zu rauchen ist ungesund.</u>
Tabakkonsum ist ungesund.

Schema:
Wie Schema von Beispiel 1, nur dass die Sätze nach dem Muster aufgebaut sind: Gegenstand x weist Eigenschaft y *nicht* auf.

Beispiel 4:
Mehr als 10 Zigaretten täglich zu rauchen ist hinsichtlich einer guten Gesundheit verboten.
Mehr als 3 Zigarren wöchentlich zu rauchen ist hinsichtlich einer guten Gesundheit verboten.
<u>Mehr als 5 Pfeifen wöchentlich zu rauchen ist...</u>
Übermäßiger Tabakkonsum ist hinsichtlich einer guten Gesundheit verboten.

Schema:
Wie Schema von Beispiel 2, nur dass die Sätze nach dem Muster aufgebaut sind: Verhaltensweise x ist in Hinsicht auf y verboten.

Verallgemeinerung   Die Argumente, die induktiv Beispiele aufzählen, werden gerade im Alltag häufig eingesetzt. Sehr rasch ist man etwa mit einer Verallgemeinerung bei der Hand, wenn die induktive Informationsbasis aus nur zwei gastronomischen Erfahrungen besteht:

Beispiel 5:
Wir waren letztes Jahr dort essen, und es war miserabel.
<u>Die Maiers waren letzte Woche dort, und es war nicht besser.</u>
Dort gibt es nur schlechtes Essen.

Ein oder zwei Beispiele genügen schon für eine derartige Generalisierung. Eigene Erfahrung und eigenes Urteil oder parallele Meinungen von guten Freunden, engen Bekannten wirken plausibel. Was dem widerspricht, selbst wenn es statistisch abgesichert ist, findet schwerer Glauben. Die Menge der Beispiele und die Statistik spielen also weniger eine Rolle als Qualität und Plausibilität im **Einzelfälle**   Einzelfall. Alltagssprachlich verkürzt spricht man von der „Stichhaltigkeit" der Beispiele" (Ottmers, Rhetorik, 83).

3.5.2. - aus illustrativem Beispiel

Diese Argumentationsform dient zur weiteren Stützung von Thesen, die in Beweisgängen als Prämissen formuliert werden. Die Funktion ist es, durch Anschaulichkeit zu ersetzen, was eigentlich ein gesonderter Beweisgang leisten müsste. Illustrativ eingesetzte Beispiele sind gut geeignet, um ein Enthymem schneller durchschaubar zu machen.

Beispiel 1:
Hexenhammer (I, 6, 235): „[...] Troja wurde wegen [...] Helena zerstört [...], viele tausend Griechen wurden getötet.
Das Reich der Juden erlitt [...] wegen der furchtbaren Königin Jezabel [...] viele Übel und Zerstörungen.
Das Reich der Römer hatte viel Schlimmes auszustehen wegen Kleopatra.
Fast alle Reiche der Welt wurden durch die Frauen zerstört.
Daher ist es kein Wunder, wenn die Welt (auch) jetzt unter der Boshaftigkeit der Frauen leidet."

In Form gebracht:
Fast alle Reiche der Welt wurden durch Frauen zerstört. (These)
Troja wurde wegen Helena zerstört. (Erstes illustrierendes Beispiel für die These)
Das Reich der Juden wurde wegen Jezabel zerstört. (Zweites illustrierendes Beispiel)
Das Reich der Römer wurde wegen Kleopatra geschädigt. (Drittes illustrierendes Beispiel)
Auch heute leidet die Welt unter der Boshaftigkeit der Frauen.

Schema:
Für einen Großteil der Gegenstände der Art x gilt: sie haben Eigenschaft y. (These)
z_1 ist ein x und z_1 hat die Eigenschaft y. (Illustr. 1 für These)
z_2 ist ein x und z_2 hat die Eigenschaft y. (Illustr. 2 für These)
z_3 ist ein x und z_3 hat die Eigenschaft y. (Illustr. 3 für These)
Wenn für einen Großteil der Gegenstände der Art x gilt, dass sie Eigenschaft y haben, *dann* hat auch Gegenstand z_k der Art x die Eigenschaft y.
Gegenstand z_k ist ein x und z_k hat die Eigenschaft y.

Beispiel 2:
Montaigne, Essais 23, 60 belegt die Richtigkeit der Redensart. „Der Gewinn des einen ist der Schaden des anderen" mit den Beispielen:
    „Der Kaufmann kann nur durch Verschwendungssucht der Ju-

gend gute Geschäfte machen, der Bauer nur durch Getreideteue-
rung, der Architekt nur durch den Einsturz seiner Häuser, [...] An-
sehen und Amt der Diener Gottes verdanken sich unseren Lastern
und unserm Tod [...].
Ergebnis und Erkenntnis – siehe oben!
Ein Argumentationsmittel, das so viel Spielraum für willkürliche
Auswahl der Beispiele und Lenkung der Aufmerksamkeit des Publikums auf bestimmte „passende" Aspekte lässt, ist auch gut geeignet für normative Argumentationen:

Beispiel 3:
Der Hexenhammer (I, 6, 238) suchte u. a. mit dem Schema von
Beispiel 1 zu zeigen, dass Hexerei frauenspezifisch sei: „Daher ist
es auch folgerichtig, die Ketzerei nicht als die der Zauberer, sondern als die der Hexen zu bezeichnen [...]". Darum sei auch besonders gegen Hexen vorzugehen. (Diese Konklusion erfolgt in
Teil III des Hexenhammers „Über die Arten der Ausrottung").

3.5.3. - aus Autorität

Argumente-
sammlung

Statt einer manchmal zu langen oder nicht verfügbaren inhaltlichen Argumentesammlung wird auf eine (anerkannte) Autorität
verwiesen. In einer komplexer werdenden Welt fehlen oft eigene
Kenntnisse zu einzelnen Diskussionspunkten, auch dann ist der
Verweis auf eine Expertenmeinung Mittel der Wahl. (Gewöhnlich
wird Experten- gegenüber Laienwissen höher bewertet). Ein solches Argument sichert die eigene Position durch eine „höhere Autorität" ab.

Beispiel 1:
A. sammelt alte Motorräder und restauriert sie.
<u>A. sagt, dass das ein wertvolles Motorrad ist.</u>
Das Motorrad ist wertvoll.

Bei einer genaueren Analyse ist die erste Prämisse als illustrative Beispielsargumentation für die unausgesprochen gebliebene
These zu deuten: „A. ist eine verlässliche Autorität bezüglich alter
Motorräder". Aber um genau diese These geht es in Autoritätsar-
gumenten.

Schema:
Person x ist eine verlässliche Autorität bezüglich Fachgebiet y.
<u>x behauptet, dass Sachverhalt z aus dem Fachgebiet y der Fall ist.</u>

Sachverhalt z aus dem Fachgebiet y ist der Fall.

Wenn es um das Geltendmachen von Normen geht, werden besonders gerne Autoritäten angezogen:

Beispiel 2:
Der Papst sagt, dass die Verwendung von menschlichen Embryonen für Experimente zu Forschungszwecken moralisch verboten ist.
Die Verwendung von Embryonen für Experimente zu Forschungszwecken ist verboten.

Dahinter steht folgendes Denkmuster:
Was die Autorität x über den Sachverhalt y sagt, ist wahr. (unausgesprochene Prämisse)
x sagt, dass y moralisch geboten/verboten/erlaubt ist.   (ausgesprochene Prämisse)
y ist moralisch geboten/verboten/erlaubt.
Für diesen Zusammenhang ist es nicht wichtig, wie die als Autorität genannte Person argumentiert, sondern dass sie diese Rolle spielt.   Kritik
Entsprechend bieten sich für eine Kritik auch Angriffsflächen: Ist die genannte Person wirklich eine Autorität auf dem genannten Gebiet? Akzeptiere auch ich diese Autorität? Wenn nicht automatisch die Antwort „ja" ist, dann wird es tatsächlich interessant, wie für den diskutierten Standpunkt inhaltlich argumentiert wird.

Beispiel 3:
Auszüge aus einem Interview mit Osama Bin Laden (DER SPIEGEL 35, 1998, 120). Osama Bin Laden: „Gott befiehlt uns den Heiligen Kampf [...]. Wir glauben, dass dies ein Dienst an Gott ist [...]."

In Form gebracht:
Was Gott über den Heiligen Kampf sagt, ist wahr.
Gott sagt, dass der Heilige Kampf jetzt moralisch geboten ist.
Der Heilige Kampf ist jetzt moralisch geboten.
Hier kommt zum Problem der nicht für alle gleich anerkennenswerten Autorität noch das Problem, wie man die Meinung der Autorität zuverlässig erfahren kann. Das ist im folgenden Beispiel wenigstens theoretisch nicht so schwierig – die eigene Person (Lebensleistung, Kompetenz, Erfahrung) wird als Autorität eingebracht:

Beispiel 4:
„Ich mache das seit dreißig Jahren mit großem und anerkanntem Erfolg. Ich weiß, wie das geht. Von dir brauche ich mir nichts sa-

gen zu lassen."

Die argumentative Berufung auf eine Autorität bietet keinerlei logische Sicherheit, im Gegenteil: Vorsicht bei der Überprüfung jedes Argumentes ist angebracht. Das klassische *argumentum ab auctoritate* gilt als beliebter Vorzeigekandidat für Fehlschlüsse!

argumentum ab auctoritate

Kritik kann sich an folgenden Fragen orientieren:
– Ist die Autorität richtig zitiert worden?
– Ist die Meinung der Autorität richtig interpretiert worden?
– Ist die genannte Person eine allgemein anerkannte oder wenigstens für mich anerkennenswerte Autorität auf genau dem angesprochenen Gebiet? (Nicht selten tragen Autoritäten eines Fachgebietes selber dazu bei, mit falschen Meinungen wiedergegeben zu werden – wenn sie sich in Fachgebieten zu Wort melden, die nicht ihre eigenen sind).

So ist etwa zu fragen, ob der Papst – unbestrittener Weise – eine Autorität in Fragen des römisch-katholischen Glaubens – auch eine Autorität in Fragen der Gentechnik ist. Gleiches gilt für die selbsternannte Autorität aus der Lebenserfahrung: sehr leicht wird sie auch für Bereiche beansprucht, die nicht Teil des Erfahrungsschatzes sind.

Argumentationen aus Autorität werden auch für ideologische Zwecke eingesetzt. Eine besonders beliebte Quelle von Autorität war/ist die Bibel:

Beispiel 5:
Hexenhammer (I, 6, 230): „Die Frauen scheinen, was den Verstand betrifft [...] von anderer Art zu sein als die Männer, worauf Autoritäten [...] und verschiedene Beispiele in der Schrift hindeuten".

Auch die Werbung nützt dieses Schema:

Beispiel 6:
„Katzen würden Whiskas kaufen."

Die Experten, in diesem Fall also die Katzen, wissen, was gut schmeckt! Hier liegt nicht nur ein schönes Autoritätsargument, sondern überhaupt durch Alliteration etc. ein gutes rhetorisches Muster vor.

3.6. Zusammenfassung: Argumentation und Kritik

3.6.1. Fehlerquellen

Martin Luther, Von dem Papsttum zu Rom, 37: „Hast du deine Logik nicht besser gelernt? Du beweist die Obersätze, die jedermann anficht, und folgerst, was du willst."

Es wurde bereits mehrmals bei den einzelnen Mustern darauf hingewiesen, wo Fehlerquellen liegen. Häufig wirken Argumentationen überzeugend (rhetorischer Erfolg), obwohl sie logisch gesehen nicht gültig sind. Eine Überprüfung kann also einerseits nach den bereits bei den einzelnen Schemata angegebenen Kriterien erfolgen, andererseits in logischer Hinsicht (Vermeiden bzw. Aufdecken von Fehlschlüssen). Die wichtigsten Punkte werden im Folgenden nochmals kurz zusammengefasst: Überprüfung

3.6.2. Überprüfung

Eine Überprüfung der Argumentation erfolgt stufenweise. Zunächst ist einmal zu fragen:

- Liegt überhaupt eine Argumentation vor – oder nur eine Aussage?
- Kann eine vorliegende Aussage noch ergänzt werden zu einer Argumentation? Wenn ja:
- Welche Teile fehlen – erste Prämisse und/oder zweite Prämisse oder die Konklusion? Dieses Aufspüren ist kein mechanischer Vorgang, sondern erfordert auch Phantasie und guten Willen beim Nachvollziehen des impliziten Gedankenweges.
- Fehlen die Teile absichtlich?
- Aus welchen Gründen fehlen sie: Verkürzung, Verbergen?
- Wie ist die Aussage zu ergänzen, damit eine Argumentation entsteht? Bei der Rekonstruktion ist Vorsicht anzuwenden, um im Sinne des Argumentierenden – und nicht nach eigener Auffassung – die Teile zu ergänzen.

Liegt tatsächlich eine Argumentation vor, dann kann gefragt werden:
- Ist der Aufbau des Argumentationsganges klar und übersichtlich?
- Welche Aussagen sind die Prämissen, welche ist die Konklusion, welche sind ggf. zusätzliche Stützargumente?
- Wirkt die Argumentation plausibel? Sind Begründungen und Stützargumente relevant für die Konklusion, „stützen" sie tatsächlich?

– Fehlen eventuell noch Begründungen oder Stützargumente? Welche ließen sich noch anführen?
– Sind die eventuell fehlenden Begründungen oder Stützargumente womöglich mit Absicht nicht explizit gemacht worden, und warum nicht – weil etwa umstritten?
– In welches Schema lässt sich die Argumentation einpassen?

Glaubwürdigkeitskriterien:
– Liegen Fehler beim Schließen vor – zum Beispiel ungültige Syllogismen?
– Sind die vorgetragenen Argumente frei von Widersprüchen?
– Wirken die vorgetragenen Argumente glaubwürdig?
– Wenn ja, tun sie das nur per Autorität, weil sie allgemeiner Überzeugung entsprechen?
– Welche Wissensquelle liegt vor?
– Bei Beispielsargumentation: Ist das Beispiel brauchbar, die Autorität kompetent? Passen die Beispiele? Lassen sie sich verallgemeinern?

Weitere Fragen:
– Werden „notwendige" mit „nicht notwendigen" Zusammenhängen vermischt oder falsch ausgegeben?
– Wie ist es mit dem Kontext: Gibt es eine Beobachtung/Empirie irgendwelcher Art, die in Konflikt/Widerspruch zu einer der gemachten Aussagen steht?
– Gibt es Aussagen „*a persona*", die ihrerseits aus der Person des Aussagenden zu erklären sind: Eigeninteresse, genaue – ungenaue Beobachtung, Aussagewert?
– Liegen sprachliche Mehrdeutigkeiten vor – kommt ein Plausibilitätseffekt oder aber auch ein -problem vielleicht bloß von ungenauer Ausdrucksweise her?
– Liegen Werturteile vor?

Häufig prallen in einer Diskussion unbemerkt unterschiedliche Wertvorstellungen aufeinander. Bei Werturteilen geht es um sogenannte *normative* Sachverhalte, also wie die Welt sein und wie der Mensch handeln *sollte*. Diese Standpunkte werden immer wieder unter Verweis auf bestimmte *nicht-normative* Sachverhalte, also wie die Welt *ist* und wie der Mensch *tatsächlich* handelt, begründet. Dabei geschieht dann ein „naturalistischer Fehlschluss" (siehe oben).

3.6.3. Gegenargumentation

Die Gegenargumentation wurde in den Redetheorien immer in der schwächeren Position gesehen, weil sie im wesentlichen reaktiv war: Der Ankläger bzw. die Partei, die zuerst am Wort war, konnte Argumentationsgang und passende Argumente vorplanen, auch schon potentielle Gegenargumente bedenken (was auch heute als Vorbereitung für wichtige Diskussionen geschieht – etwa beim Präsidentenwahlkampf Bush – Gore). Der Opponent wusste nicht genau, welche Punkte vorgebracht würden – und konnte sich deshalb nicht so präzise vorbereiten, wirkte darum auch unsicherer. Zudem musste er auf die vorgebrachten Argumente in der laufenden Auseinandersetzung eingehen, was Kompetenz wie Schnelligkeit erforderte. Die – treffsichere – antike Meinung dazu: während für eine Anklage auch ein mittelmäßiger Redner genügt, muss ein „guter Verteidiger immer ein Meister der Beredsamkeit sein" (Quintilian, Institutio oratoria V, 13, 4).

Als Strategie gibt es die Möglichkeit:
Zu sehen, welche Topoi die andere Seite wie nutzt. Da diese ja immer mehrere Seiten bzw. Aspekte bieten, lassen sich aus diesen eigene Argumente finden.

Beispiel:
„Clinton ist ein guter Präsident, denn Clinton hat gute Wirtschaftspolitik gemacht"
gegen: „Clinton ist ein Lügner, Clinton ist unmoralisch".

Das angeführte Gegenargument ist ein sogenanntes *„argumentum ad hominem"*. Es wird nicht auf der Sachebene platziert, sondern auf der persönlichen Ebene.

argumentum ad hominem

Eine weitere Möglichkeit ist die rasche Überprüfung der vorgebrachten Argumente auf Widerspruchsfreiheit sowie des Argumentationsweges auf Plausibilität bzw. Einpassung in ein logisch gültiges Schema, wie oben im Detail dargelegt.

Darüber hinaus hat man die Möglichkeit, „eristische", also unsaubere, Mittel einzusetzen bzw. diese beim Gegner aufzudecken. Analysen erweisen, dass gerade in politischen Kontexten von diesen Techniken sehr häufig Gebrauch gemacht wird. (Zur „Eristik" wird ebenfalls noch ein eigener Band erscheinen).

Beispiel:

SPIEGEL-Interview (4, 1998, 31), mit Innenminister Otto Schily über Telefonüberwachung, von der Journalisten nicht mehr ausgenommen werden.

Schily: „[...] Journalismus ist, das wissen Sie, keine geschützte Berufsbezeichnung. Jeder kann sich Journalist nennen. Wenn Sie aber die Meinung teilen, dass wir keine Refugien für die Organisierte Kriminalität zulassen sollen, dann darf die Berufsbezeichnung Journalist nicht ausreichen, um sich staatlicher Überwachung zu entziehen. Sonst kann jeder Mafioso einfach sagen: Ab sofort nenne ich mich Journalist."

Was zunächst einmal zutage tritt: Schily muss sich rechtfertigen. Er anerkennt damit das Prinzip, dass für Entscheidungen Argumente zu liefern sind. Der Innenminister steht dabei wohl unter höherem argumentativen Zwang, da er die ausgeweitete Telefonüberwachung gerade in einem Interview mit Mitgliedern der betroffenen Berufsgruppe verteidigen muss. Zudem spielt – im mitschwingenden Hintergrund – die Rolle von Innen- bzw. Verteidigungsminister in der SPIEGEL-Affäre herein.

Nach all dem oben Gesagten lassen sich diese Aussagen syllogistisch formalisieren (wir werden das hierfür im folgenden „Arbeitsbuch" tun). Doch soll hier zum Schluss nicht eine Arbeitsaufgabe, sondern eine Pointe stehen. Wären die SPIEGEL-Journalisten argumentativ clever genug gewesen, dann hätten sie à la Schily aus den Prämissen:

Journalismus ist keine geschützte Berufsbezeichnung.

Jeder kann sich Journalist nennen.

Wir sollen keine Refugien für die Organisierte Kriminalität zulassen.

die Conclusio ziehen können (implizit auch Schilys Meinung?):

Der Journalismus bietet Refugien für die Organisierte Kriminalität! Wenn dann auch noch der Umkehrschluss von: *„jeder Mafioso kann sich einfach Journalist nennen"* gilt...

Fängt man an, so „eristisch" wie Schily zu argumentieren, wird schnell deutlich, wo eine derartige Auseinandersetzung enden wird. Ein Teil des gegenwärtigen Verdrusses der Bevölkerung erwächst wohl auch aus derartigen Techniken der Politiker. Weil, wie gesagt, jeder Mensch im allgemeinen zulässige von unzulässigen Argumenten unterscheiden kann, freilich erst Anleitungen für die exakte Begründung braucht, werden solche Ausweichstrategien durchaus erkannt.

Wenn die Deutsche Telekom rote Zahlen schreibt, dann verschleiert dies auch kein Euphemismus wie: „negativer Ertragsüberschuss".

VI. Schlussbemerkung

In der Vorrede zu seiner „Institutio oratoria" (I, 27) verlangte Quintilian ein gewisses Maß an Begabung für den Redner und „natürliche Voraussetzungen" wie: „Stimme, Ausdauer, Anmut [...], sind diese in bescheidenem Maße vorhanden, kann man sie systematisch entwickeln. Doch manchmal fehlen sie so völlig, dass sie auch die Vorzüge der Begabung und des Fleißes zunichte machen: sowie auch diese Naturanlagen selbst ohne einen erfahrenen Lehrer, zähes Studium, ununterbrochene gründliche Übung im Schreiben, Lesen und Reden für sich allein nichts nützen."

Es sollte nicht verwundern, wenn wieder einmal ein antiker Autor das schon gewusst hat, was moderne Untersuchungen zutage förderten: Schreiben, Lesen, Reden; d. h. die Rhetorik ist die Grundlage für die Entwicklung und Entfaltung seiner Begabung, und dann wird die „Sprachkompetenz" auch zu einer „Schlüsselqualifikation". Ohne „natürliche Anlagen", rechnen wir Studieneifer und „Fleiß" darunter, und ohne gründlichen Unterricht wird sie nicht erworben – und wer dieses Buch bis hierher durchgelesen hat – dürfte dem zustimmen. Diese Kompetenzen lassen sich aneignen – unsere Studierenden sind ein Beweis. Die erforderlichen Anlagen weisen die Jugendlichen heute im allgemeinen auf, „Studieneifer und Fleiß" nicht immer (aber das ist kein neues Phänomen!). Es muss auch nicht gleich auf den „perfekten Redner" hinauslaufen: besser lesen, schreiben, argumentieren zu können, hilft auch schon weiter.

Das Endziel ist hehr, hochgesteckt und, wie schon Quintilian realistisch einsah, nicht für alle zu erreichen. Denn es geht nicht nur darum, schöne Sätze zu Papier zu bringen, sie müssen auch einen entsprechenden Gehalt aufweisen: der Sache angemessen sein, im Inhalt überzeugend, gut aufgebaut und argumentiert, durchaus auch von ethischem Bewusstsein geformt. Alles zusammen genommen – in einem gelungenen Text vereint und vorgetragen – stellt keine leichte Aufgabe dar – sicher auch nicht das „Trainingsergebnis" von vier Wochenenden!

Wir sehen gegenwärtig (vielleicht eigentlich: immerwährend), wie Bewerber für politische Ämter oder deren Inhaber sich einschlägigen „Schnellsiedekursen" unterwerfen. Bei den wenigen mit „natürlicher Begabung" durchaus mit einigem Effekt; auch wenn das Training immer in der (zwangsläufigen) Monotonie der Aussage, des Gestus, Duktus durchschimmert. Bei anderen tritt dagegen

Konfusion ein, wenn Gestus und Duktus gleichzeitig zu kontrollieren – und noch inhaltliche Aussagen zu machen sind. Es reicht nicht, ein Parteiprogramm zu haben – es muss sprachlich, es muss rhetorisch kommuniziert werden.

Gerade die zunehmende Komplexität, die vielfältigen Optionsmöglichkeiten lassen in der Öffentlichkeit neue „Geltungs- und Rechtfertigungsfragen" entstehen. Sie müssen – besonders in der Politik – „vernünftig", „anschlussfähig" diskutiert und argumentiert werden. Die Frage einer „Diskursethik" bleibt aktuell.

So zeigt sich, von der Spitze herab, wie nötig eine Rhetorik im umfassend verstandenen Sinne „in diesem unserem Lande" (und anderswo) immer noch und schon wieder ist.

Zu lernen und zu lehren ist diese Rhetorik, wie früher schon einmal: In den Schulen.

Top 20 der Stilmittel

Vorschläge zur Erarbeitung der Stilmittel unter Berücksichtigung verschiedener Textgattungen und Epochen (Aufzählung jeweils in der Reihenfolge ihres Vorkommens innerhalb des Buches):

Top 20 für Einsteiger:

1. Alliteration
2. Homoioteleuton (Reim)
3. Geminatio
4. Anapher
5. Parallelismus
6. Chiasmus
7. Inversion
8. Parenthese
9. Ellipse
10. Klimax
11. Antithese
12. Rhetorische Frage
13. Exclamatio
14. Vergleich
15. Pointe
16. Synekdoché
17. Metonymie
18. Metapher
19. Personifikation
20. Ironie

Top 20 für Fortgeschrittene:

1. Lautsymbolik
2. Polyptoton
3. Paronomasie
4. Polysyndeton
5. Asyndeton
6. Synonymie
7. Oxymoron
8. Paradoxon
9. Apostrophé
10. Interiectio
11. Praeparatio
12. Enumeratio
13. Descriptio
14. Exemplum
15. Paraphrase
16. Barbarismus
17. Periphrase
18. Hyperbel
19. Allegorie
20. Allusio

Für die eigene Texterstellung bieten sich auf der konzeptionellen Ebene neben den ☞Argumentationsschemata die ☞Figuren der Gedankenführung an, zur Ausschmückung auf der Satzebene besonders die ☞Figuren der Struktur. Eine Rede gewinnt zuvorderst durch ☞Figuren der Kontaktaufnahme Lebendigkeit. Die Eindringlichkeit einer Aussage wird durch die ☞Figuren der Wortwiederholung bzw. durch die der ☞Erklärung und Veranschaulichung gesteigert, ☞Klangfiguren erhöhen besonders deren ästhetischen Wert. ☞Tropen regen in erster Linie die Vorstellungskraft an, beeinträchtigen gleichzeitig jedoch auch die ☞Klarheit einer Botschaft, v. a. trifft dies auf die ☞Sprungtropen zu. Je nach Textgattung und Aussageabsicht sind deshalb entsprechend ihrer jeweiligen Funktion die geeigneten Stilmittel auszuwählen. Hilfestellung dazu sollen die pragmatischen Erläuterungen geben.

Kurzbiographien der Beispielautoren

1. Lucius Annaeus Seneca der Jüngere
(Cordoba zw. 2 v. und 4 n. Chr. – nahe Rom 65 n. Chr.)

Der im spanischen Cordoba geborene Seneca, Spross einer Familie aus dem Ritterstand, kam frühzeitig zur rhetorischen und philosophischen Ausbildung nach Rom, wo er seine wesentlich stoische Prägung erhielt. Er schlug schließlich die politische Laufbahn ein. Aus der Verbannung nach Korsika rief ihn Agrippina 49 n. Chr. zur rhetorischen Ausbildung ihres elfjährigen Sohnes Nero nach Rom zurück. In den ersten fünf Jahren von Neros Regierungszeit (54-59 n. Chr., Ermordung Agrippinas) gelangte Seneca an den Gipfel seiner politischen Macht und stieg zu einem der reichsten Männer Roms auf. Als sich Nero vom Einfluss Senecas gelöst hatte, bat ihn dieser 62 n. Chr. um die Rücktrittsgenehmigung und Vermögensrücknahme, was ihm vom despotischen Kaiser verweigert wurde. Seneca kehrte dennoch auf seine Güter bei Rom und in Kampanien zurück, wo er die nächsten drei Jahre sehr produktiv literarisch tätig war. Nach dem Scheitern der Pisonischen Verschwörung wurde er 65 n. Chr. als angeblicher Mitwisser zur Selbsttötung gezwungen. Die eindrucksvolle Schilderung vom „Philosophentod" Senecas findet sich in den „Annalen" des Tacitus (XV, 60-64).

Senecas Werk ist umfangreich und umfasst verschiedene Gattungen. Es besteht heute aus philosophischer Prosa: „Dialogi" (Abhandlungen über einzelne Themen der Ethik sowie Trostschriften), „De clementia" („Über die Milde", Kaiser Nero gewidmet), „De beneficiis" („Über die Wohltaten") sowie den „Epistulae morales ad Lucilium" (124 moralphilosophische Briefe an seinen Freund Lucilius, zur Veröffentlichung bestimmt), die als Senecas gelungenstes und wirkungsvollstes Werk gelten können, daneben aus „physikalischen" Schriften, Tragödien und der Satire „Apocolocyntosis" („Verkürbissung") auf den eben ermordeten Kaiser Claudius.

Senecas philosophische Schriften behandeln Grundfragen von Ethik und Moral; sie wurden prägend für die „lebenspraktisch" ausgerichtete Philosophie der Römer. Senecas Bilderwelt entstammt dem alltäglichen Leben Roms des 1. Jh. n. Chr. und stellt eine reiche Fundgrube für diese Alltagswelten dar.

Senecas Stil ist eminent rhetorisch – seine Vorliebe für die ☞brevitas im Ausdruck, die teilweise zu einem abgehackten Stil führt, ist für seine Darstellung ebenso charakteristisch wie die häufige Verwendung von ☞Antithesen und allgemein pathossteigernder Mittel.

Die Widersprüchlichkeit von Leben (immenser Reichtum und politische Verstrickung) und Werk (Forderung nach Bedürfnislosigkeit und Zurückgezogenheit) Senecas empfanden schon dessen Zeitgenossen, doch konnte Seneca durch seinen alleinigen Maßstab der inneren Haltung beides für sich in Einklang bringen.

2. Martin Luther
(Eisleben 1483 – ebd. 1546)

Sein Vater hatte sich aus dem Bauernstand zu einem mittleren Bergwerkunternehmer hochgearbeitet. Der Sohn sollte nach dem Grundstudium in Erfurt (1501-5) die Rechte studieren, doch gegen diesen väterlichem Willen trat er nach einem Gelübde in das dortige Augustiner-Eremiten-Kloster ein. Der Priesterweihe 1507 folgte ein Studium der Theologie an den Universitäten Erfurt und Wittenberg. Seine entscheidende Frage, ob der sündige Mensch von Gott und dessen Gerechtigkeit letztlich Erbarmen oder Verwerfung zu erwarten habe, löste er in seinen Arbeiten über die Heilige Schrift: Gott schenke dem Menschen die Gerechtigkeit in Christus; sie werde nicht durch gute Werke, sondern durch den Glauben des Menschen erworben. Dies führte zum Überdenken seines Theologie- und Kirchenverständnisses und zur Formulierung der 95 Thesen (gegen den Ablasshandel als kirchliche Bußpraxis, d. h. den Sündenerlass gegen Bezahlung). Luther schlug dieses „Diskussionspapier" am 31. Oktober 1517 an der Schlosskirche zu Wittenberg an; die Veröffentlichung führte zum letztlich gescheiterten Ketzerprozess. Auch die Leipziger Disputationen mit dem Ingolstädter Theologieprofessor Johann Eck 1519 machten die Unterschiede in der Lehre deutlich. Luther bestritt die göttliche Einsetzung des Papsttums, seine Vorrangstellung und Unfehlbarkeit genauso wie die der Konzilien. 1520 verfasste er drei große Schriften, in denen seine Lehre manifest wird: „An den christlichen Adel deutscher Nation von des christlichen Standes Besserung" (weitgehend anti-römische Polemik zur Mobilisierung des Adels), „Von der Freiheit eines Christenmenschen" (sollte den Streit mit Papst Leo X. schlichten) sowie „Von der babylonischen Gefangenschaft der Kirche" (Luther erkennt von sieben Sakramenten nur mehr Taufe und Abendmahl an). Durch den noch jungen Buchdruck fanden diese Schriften in großer Zahl Verbreitung. Im selben Jahr drohte Rom Luther den Bann an, befahl die Verbrennung seiner Schriften, woraufhin Luther die Bannandrohungsbulle gemeinsam mit dem Kirchenrecht verbrannte, sich somit öffentlich von der römischen Kirche lossagte. Dem Kirchenbann folgte 1521 auf dem Wormser Reichstag die kaiserliche Acht durch Karl V., doch verbarg Luthers Landesherr, Friedrich der Weise, den Geächteten für ein Jahr auf der Wartburg, wo Luther das Neue Testament ins Deutsche übertrug.

Luthers Grundthese von der Freiheit eines Christenmenschen wurde auf die Realpolitik übertragen – so kam es gänzlich gegen Luthers Intention zu Bauernkriegen (1524/5). 1525 bricht Luther in seiner Schrift gegen Erasmus „Vom unfreien Willen" schließlich auch mit dem Humanismus. Zur gleichen Zeit heiratete er die ehemalige Nonne Katharina von Bora. Die Reichsacht schränkte Luthers Bewegungsfreiheit stark ein, die Reformationsgeschichte verlief damit über weite Strecken ohne ihn. Luther widmete sich neben der (vollständigen deutschen) Bibelübersetzung (erscheint 1534) und Predigttätigkeit wesentlich dem inneren Aufbau des Kirchenwesens in den lutherisch-reformierten Ländern, der Ordnung des Gottesdienstes, ersten Visitationen, der Schaffung neuer Kirchenlieder, von Kleinem und Großem Katechismus sowie der Ausbildung von Theologen an der Universität Wittenberg. Kurz vor dem Ausbruch der Schmalkaldischen Kriege starb Luther 1546 und wurde in der Schlosskirche zu Wittenberg beigesetzt.

Der Erfolg von Luthers Ideen ist wesentlich seinen volkssprachlichen Schriften zuzuschreiben – im Gegensatz zu den lateinischen der Humanisten. Luther war ein ausgebildeter Redner. Trotz seiner Kritik an der Rhetorik wusste er deren Kraft durchaus für seine Ziele einzusetzen. In den vorliegenden Beispielen – Polemik gegen die römische Kirche und ihre Missstände, Propagierung der Ehe – wird besonders das Streben nach Nachdruck und Deutlichkeit manifest; Luther beherrschte vor allen anderen die Fähigkeit, seine Sprache auf seinen jeweiligen Adressatenkreis auszurichten.

3. Johann Nepomuk Nestroy
(Wien 1801 – Graz 1862)

Nestroy wurde am 7. 12. 1801 in Wien als Sohn eines Hof- und Gerichtsadvokaten in gutbürgerlichen Verhältnissen geboren. Nach einer soliden Ausbildung am benediktinischen Schottengymnasium begann er 1820 ein Jura-Studium, mit Zusatzkursen in Rhetorik und Poetik, das er 1822 zugunsten einer Sängerkarriere abbrach. Seit 1825 übernahm er immer mehr komische Sprechrollen: während seines sechsjährigen Engagements in Graz hatte er 226 Sprech- gegenüber nur mehr 7 Opernrollen. Damals fing er auch an, fremde Stücke zu bearbeiten und auf seine eigene Weise zu interpretieren. Der Durchbruch gelang ihm in Wien als Komiker und Bühnendichter 1833 mit der Zauberposse „Der böse Geist Lumpazivagabundus oder Das liederliche Kleeblatt", einer Parodie auf Goethes Faust. Doch die Karriere verlief alles andere als geradlinig, weil er immer wieder mit dem Publikum und mit der bestehenden Zensur Schwierigkeiten bekam. Das Publikum fühlte sich zu direkt karikiert, die Theaterzensur durch die eingelegten Couplets, die nicht vorab genehmigt waren, zum Einschreiten veranlasst; doch Nestroy leistete sich die fälligen Strafgelder. Die absolutistischen Grundfeste freilich tastete er nicht an, er unterwarf seine Stücke selbst einer Vorzensur. Die nötigen Theaterkonzessionen erhielt er ohne Probleme, alle Polizeigutachten waren positiv.

Im ausgehenden Vormärz verstärkten sich die gesellschaftskritischen Elemente in Nestroys Stücken. Im Revolutionsjahr 1848 führte er seine große politische Komödie „Freiheit in Krähwinkel" auf, in der er Fortschrittsglauben, Technisierung und Industrialisierung eine Absage zu Gunsten des Menschen erteilte. Die Zeit des politischen Umbruchs schien Nestroy zu beflügeln und brachte bedeutende Werke hervor.

Nestroy spielte in seinem Leben 879 Rollen (ab 1845 nur mehr am Leopoldstädter Theater) und schrieb 83 Stücke, wobei himmelstürmenden Erfolgen (1835 „Zu ebener Erde und erster Stock", 1840 „Der Talisman", 1841 „Das Mädl aus der Vorstadt", 1842 „Einen Jux will er sich machen", 1843 „Liebesgeschichten und Heiratssachen", 1844 „Der Zerrissene", 1846 „Der Unbedeutende") häufig abgrundtiefe Niederlagen (z. B. 1834 „Der Zauberer Sulphurelektrimagnetikophosphoratus") folgten.

Da die Stücke erst ab 1840 in der Druckfassung geschützt wurden, blieben sie gewöhnlich ungedruckt, auch die finanziellen

Verhältnisse somit schwierig. Diese besserten sich erst 1854, als Nestroy als Pächter und Direktor das Wiener Karlstheater übernahm. 1860 bezog er seinen Altersruhesitz in Graz, wo er 1862 starb.

Nestroy hatte die Unbeständigkeit der Welt am eigenen Leibe erfahren. Sein Vater starb 1834 völlig verarmt an Tuberkulose, seine Frau verließ ihn nach vier Jahren Ehe 1827; die gerichtliche Scheidung erfolgte erst 1845, doch seit 1828 lebte er mit der Schauspielerin Marie Weiler zusammen. Unvermuteter sozialer Auf- und Abstieg, heftige Schicksalsschläge, Unbeständigkeit der Liebe, stoische oder resignative Lebensweise finden sich als Widerspiegelung eigener Erfahrung als Themen der Stücke.

Als Dramatiker, der stets für das Theater und nicht für die Literatur schrieb, blieb er zeitlebens dem Alt-Wiener Possen- und Volkstheater treu. Nestroys Stücke leben von Elementen des Stegreiftheaters, von Rollentypen, von der sprachmelodisch eingesetzten Mundart, von scharfem Witz und brillantem Wortspiel, von Charakterzeichnungen sowie ironisch-moralischen Welteinsichten; nicht die Handlung, sondern deren Aufbereitung fesselt Publikum und Leser. Nestroy verfügte über das ganze Spektrum der rhetorischen Stilmittel, er spielte die Mehrdeutigkeit, die Antithetik von Wörtern aus, setzte verschiedene Stilebenen in komische Konkurrenz, karikierte falschen Wortgebrauch, gerade von Fremdwörtern und die leeren Klischees.

4. Friedrich Torberg
(Wien 1908 – ebd. 1979)

Friedrich Torberg wurde 1908 in Wien geboren, wuchs in Wien und Prag auf. Seine Matura in Prag bestand er im zweiten Anlauf nur knapp 1928. Seine Schulerfahrungen verarbeitete er im Roman „Der Schüler Gerber hat absolviert", der ihm 1930 den literarischen Durchbruch brachte (Neufassung unter dem Titel „Der Schüler Gerber", 1954). Er wurde von Max Brod gefördert und in den Prager Dichterkreis aufgenommen. Als Mitarbeiter des „Prager Tagblatt" schrieb er Glossen, Literatur- und Sportbeiträge, bald auch Theaterkritiken. Der Sportroman „Die Mannschaft" (1935) speiste sich aus seinen Erfahrungen als Leistungssportler in den Disziplinen Schwimmen und Wasserball (1926 bis 1932). Nach dem Einmarsch Hitlers in Österreich 1938 emigrierte er hellsichtig in die Schweiz; 1940 entkam er gerade noch aus Frankreich nach Portugal. Mit Hilfe von schon emigrierten Freunden des „Emergency Rescue Committee" für gefährdete Flüchtlinge und des amerikanischen PEN-Clubs gelangte er nach Amerika, konnte dort aber nicht Fuß fassen (Briefe und Dokumente aus den Jahren seiner Flucht (1938-41) in: „Eine tolle, tolle Zeit"). Die Eindrücke des Zweiten Weltkriegs veränderten Torbergs bislang unpolitische Inhalte. Die Novelle „Mein ist die Rache" (1943) und der 1948 erstmals erschienene Roman „Hier bin ich, mein Vater" behandeln jüdische Einzelschicksale unter dem Nazi-Regime, im Roman „Die zweite Begegnung" (1950) zieht es Torberg in das nunmehr kommunistische Böhmen zurück.

Nach vorausgehenden Sondierungen kehrte Torberg 1951 nach Wien zurück. Dort gab er von 1954 bis 1965 das „Forum", eine kulturpolitische Zeitung, heraus. In diesen Jahren des Kalten Krieges vertrat er entschlossen, hartnäckig und polemisch die amerikanischen Positionen, wohl auch weil von dort entsprechende „Presseförderungen" erfolgten. Seine literarischen – und sonstigen – Gegner bekämpfte er mit allen Mitteln und entfremdete sich dabei von ehemaligen Exilautoren wie Hilde Spiel, deren Erfolg er neidete. Torbergs literarisches Schaffen erstreckt sich von Romanen, Erzählungen und Gedichten über Kritiken und Essays, Pamphlete und Feuilletons bis hin zu Übersetzungen (z. B. von Ephraim Kishon) und verdienstvollen Editionen (z. B. der Gesammelten Werke von F. von Herzmanovsky-Orlando).

1975 publizierte er „Die Tante Jolesch oder Der Untergang des Abendlandes in Anekdoten", aus dem die Beispieltexte entnommen sind. In einer Vielzahl von kurzweiligen Erinnerungen und Bonmots beschwört er die kulturelle Atmosphäre des jüdischen Bürgertums, der literarischen Szene, der Bohème in der Monarchie vor 1918 herauf. 1978 folgten „Die Erben der Tante Jolesch". Fünf Jahre nach Torbergs Tod erschien der Roman „Auch das war Wien" (1984) über den Untergang seiner Heimatstadt.

Diese Werke zeigen seinen Konservativismus, seine geistige Verhaftung im Alten Österreich. So singt er das Hohe Lied des Kaffeehauses, der Personen und Gassen eines vergangenen Prag und Wien. Doch Torberg erweist sich dabei als Meister der Charakterzeichnung durch die Aussprüche der beschriebenen Personen, die er brillant in den Eigenheiten ihrer Sprache, in Wortwahl, Aussprache und Dialekt als Repräsentanten einer vergangenen Zeit lebendig werden lässt.

Friedrich Torberg, der die Nacht zum Tag machte und sie mit viel Kaffee und Zigaretten durchschrieb, starb 1979 in Wien.

Quellen

Abaelard: Der Briefwechsel mit Heloisa. Historia Calamitatum. Abaelards Trostbrief an seinen Freund, übers. u. hg. v. Hans-Wolfgang Krautz (Reclam 3288), Stuttgart 1989

Adelung Johann Christoph: Ueber den deutschen Styl, Berlin ³1789

Arbeo von Freising: Leben und Leiden des Hl. Emmeram, übers. u. hg. v. Bernhard Bischoff, München 1953

Aristoteles: Die Nikomachische Ethik, übers. u. hg. v. Olof Gigon, Rainer Nickel, München 1972

Aristoteles: Organon, übers. u. hg. v. Hans Günter Zekl, 4 Bde., Darmstadt 1997f.

Aristoteles: Poetik. De arte poetica, übers. u. hg. v. Manfred Fuhrmann (Reclam 7828), Stuttgart 1999

Aristoteles: Rhetorik, übers. u. hg. v. Franz G. Sieveke, München ⁵1995

Aristoteles: Rhetorik. De arte rhetorica, übers. u. hg. v. Gernot Krapinger (Reclam 18006), Stuttgart 1999

Aristoteles: Rhetorik an Alexander. Die Lehrschriften, hg. v. Paul Gohlke, Paderborn 1959

Aristoteles: Sophistische Widerlegungen, übers. u. hg. v. Eduard Rolfes, Hamburg 1995

Augustinus Aurelius: Confessiones. Bekenntnisse, übers. u. hg. v. Kurt Flasch (Reclam 2792), Stuttgart 1996

Augustinus Aurelius: De civitate Dei. Vom Gottesstaat, übers. v. Wilhelm Timme (dtv 30123), München 1997

Augustinus Aurelius: De doctrina christiana. Vier Bücher über die christliche Lehre, übers. u. hg. v. Sigisbert Mitterer (Bibliothek der Kirchenväter 1, 49), München 1925

Bernhard von Clairvaux: Sancti Bernardi Opera, hg. v. J. Leclerq, C. H. Talbot, H. M. Rochais, 8 Bde., Rom 1957-77
Sämtliche Werke, lat. u. dt., hg. v. Gerhard B. Winkler, 10 Bde., Innsbruck 1990-99

Die Bibel. Die Heilige Schrift des Alten und Neuen Bundes. Deutsche Ausgabe mit den Erläuterungen der Jerusalemer Bibel, hg. v. Diego Arenhoevel, Alfons Deissler, Anton Vögtle, Freiburg i. Br. 1968

Blankenburg Friedrich von: Literarische Zusätze zu Johann Georg Sulzers Allgemeiner Theorie der schönen Künste, 3 Bde., Leipzig 1796-98

Bohse August (Talander): Gründliche Einleitung zu Teutschen Briefen (...), Jena 1706, Nachdr. Kronberg/Ts. 1974

Büchmann Georg: Geflügelte Worte, neu bearb. u. hg. v. Hanns Martin Elster, Stuttgart [2]1977

Carmina Burana, übers. v. Carl Fischer u. Hugo Kuhn, hg. v. Bernhard Bischoff (dtv 2063), München 1974
übers. u. hg. v. Günter Bernt (Reclam 8785), Stuttgart 1995

Catullus Valerius: Carmina. Sämtliche Gedichte, übers. u. hg. v. Rudolf Helm (Reclam 6638), Stuttgart 1994
übers. u. hg. v. Werner Eisenhut, Düsseldorf 1999

Cicero Marcus Tullius: De amicitia. Über die Freundschaft, übers. u. hg. v. Robert Feger (Reclam 868), Stuttgart 1990

Cicero Marcus Tullius: Brutus, lat. u. dt., hg. v. Bernhard Kytzler, Darmstadt [5]2000

Cicero Marcus Tullius: De finibus bonorum et malorum. Über das höchste Gut und das größte Übel, übers. u. hg. v. Harald Merklin (Reclam 8593), Stuttgart 1996

Cicero Marcus Tullius: De inventione. Über die Auffindung des Stoffes, lat. u. dt., hg. v. Theodor Nüsslein, Darmstadt 1998

Cicero Marcus Tullius: De officiis. Vom pflichtgemäßen Handeln, lat. u. dt., hg. v. Heinz Gunermann (Reclam 1889), Stuttgart 1992

Cicero Marcus Tullius: De oratore. Über den Redner, lat. u. dt., hg. v. Bernhard Kytzler, München (1975)
übers. u. hg. v. Harald Merklin (Reclam 6884), Stuttgart 1991

Cicero Marcus Tullius: In C. Verrem. Die Reden gegen Verres, lat. u. dt., hg. v. Manfred Fuhrmann, Düsseldorf 1999

Cicero Marcus Tullius: In L. Catilinam. Die catilinarischen Reden, lat. u. dt., hg. v. Manfred Fuhrmann, Düsseldorf 1998

Vier Reden gegen Catilina, lat. u. dt., hg. v. Dietrich Klose (Reclam 9399), Stuttgart 1991

Cicero Marcus Tullius: Orator. Der Redner, lat. u. dt., hg. v. Bernhard Kytzler, München [3]1988

Cicero Marcus Tullius: Sämtliche Reden, lat. u. dt., eingel., erl. u. übers. v. Manfred Fuhrmann, 7 Bde., Zürich und München 1970-82

Cicero Marcus Tullius: Topica. Die Kunst, richtig zu argumentieren, lat. u. dt., hg. v. Karl Bayer, München 1993

Cicero Marcus Tullius: Tusculanae disputationes. Gespräche in Tusculum, lat. u. dt., hg. v. Olof Gigon, München [6]1992

Eberhardus Alemannus: Laborintus, hg. v. Edmond Faral, Les arts poétiques du XIIe et du XIIIe siècle, Paris 1962, 337-377

Erasmus von Rotterdam: De conscribendis epistolis. Anleitung zum Briefschreiben, übers. v. Kurt Smolak, Ausgewählte Schriften 8, Darmstadt 1980

Eschenburg Johann Joachim: Theorie der schönen Wissenschaften und Künste, Berlin 1789

Fabricius Johann Andreas: Philosophische Oratorie, Das ist: Vernünftige Anleitung zur gelehrten und galanten Beredsamkeit [...], Leipzig 1724, Nachdr. Kronberg/Ts. 1974

Goethe Johann Wolfgang: Gedenkausgabe der Werke, Briefe und Gespräche, 24 Bde., Zürich ²1959

Gottsched Johann Christoph: Ausführliche Redekunst, Nach Anleitung der alten Griechen und Römer, Leipzig 1736, Nachdr. Hildesheim, New York 1973

Gottsched Johann Christoph: Grundriß zu einer vernunfftmäßigen Redekunst, Hannover 1729

Gottsched Johann Christoph: Versuch einer critischen Dichtkunst, Leipzig ⁴1751, Nachdr. Darmstadt 1982

Gryphius Andreas: Gesamtausgabe der deutschsprachigen Werke, hg. v. Martin Szyrocki, Hugh Powell, Tübingen 1963f.

Günther Johann Christian: Sämtliche Werke, hg. v. Wilhelm Krämer, 1964f.

Hallbauer Friedrich Andreas: Anleitung zur Politischen Beredsamkeit / Wie solche / Bey weltlichen Händeln / In Lateinisch= und Teutscher Sprache üblich, Jena 1736, Nachdr. Kronberg/Ts. 1974

Hallbauer Friedrich Andreas: Anweisung zur Verbesserten Teutschen Oratorie, Nebst einer Vorrede von den Mängeln der Schul=Oratorie. Jena 1725, Nachdr. Kronberg/Ts. 1974

Hofmann von Hofmannswaldau Christian: Gedichte, hg. v. Helmut Heissenbüttel, Frankfurt a. M. 1968
Gesammelte Werke, hg. v. Franz Heiduk, Hildesheim 1984

Horaz Flaccus Q.: Sämtliche Werke, lat. u. dt., hg. v. Hans Färber, Wilhelm Schöne, München ¹¹1993

Hrabanus Maurus, Allegoriae in sacram Scripturam, in: J.-P- Migne, Patrologia Latina 112, Paris 1852, 849-1088

Isidor von Sevilla: Etymologiarum sive originum libri 20, hg. v. W. M. Lindsay (Scriptorum Classicorum Bibliotheca Oxoniensis), Oxfort 1911

Klopsch Paul (Hg.): Lateinische Lyrik des Mittelalters, lat. u. dt. (Reclam 8088), Stuttgart 1995

Kramer (Institoris) Heinrich: Der Hexenhammer. Malleus Malefi-
carum. Kommentierte Neuübersetzung, hg. v. Wolfgang Behrin-
ger, Günter Jerouschek, Werner Tschacher, München 2000
Kudla Hubertus: Lexikon der lateinischen Zitate. 3500 Originale
mit deutschen Übersetzungen, München 1999

Longinus: Vom Erhabenen, griech. u. dt., hg. v. Otto Schönberger
(Reclam 8469), Stuttgart 1988
Lothar von Segni (Innozenz III.): De miseria humane conditionis,
hg. v. Michele Maccarrone, Lugano 1955
Lukrez Carus Titus: De rerum natura. Von der Natur, lat. u. dt., hg.
v. Herrmann Diels, München 1993
Luther Martin: An den christlichen Adel deutscher Nation. Von der
Freiheit eines Christenmenschen. Sendbrief vom Dolmetschen,
hg. v. Ernst Kähler (Reclam 1578), Stuttgart 1982
Luther Martin: Vom ehelichen Leben und andere Schriften über die
Ehe, hg. v. Dagmar C. G. Lorenz (Reclam 9896), Stuttgart 1978
Luther, Von dem Papsttum zu Rom, wider den hochberühmten Ro-
manisten zu Leipzig, 1520, in: M. L. ausgewählte Schriften 3, hg.
v. Karin Bornkamm, Gerhard Ebeling, Frankfurt 1982

Martianus Capella: De nuptiis Philologiae et Mercurii et de septem
artibus liberalibus libri novem, hg. v. Adolf Dick, Leipzig 1925/64
Montaigne Michel de: Essais. Erste moderne Gesamtübersetzung v.
Hans Stilett, hg. v. Hans Magnus Enzensberger, Frankfurt a. M.
1998

Nestroy Johann: Sämtliche Werke. Historisch-Kritische Ausgabe v.
Jürgen Hein und Johann Hüttner, Wien, München 1977-96
Nestroy Johann: Werke, hg. v. Oskar Maurus Fontana, München
1962
Nestroy Johann: Das Mädl aus der Vorstadt (Reclam 8553), Stutt-
gart 1994
Nestroy Johann: Der böse Geist Lumpazivagabundus (Reclam
3025), Stuttgart 1997
Nestroy Johann: Der Talisman (Reclam 3740), Stuttgart 1998
Nestroy Johann: Einen Jux will er sich machen (Reclam 3041),
Stuttgart 1966

Opitz Martin: Buch von der deutschen Poeterey, hg. von Corneli-
us Sommer (Reclam 8397), Stuttgart 1980
Otto von Freising, Chronica sive Historia de duabus civitatibus.
Chronik oder Die Geschichte der zwei Staaten, lat. u. dt., übers.

v. Adolf Schmidt, hg. v. Walther Lammers (Ausgewählte Quellen zur deutschen Geschichte des Mittelalters 16), Reutlingen 1960

Ovidius Naso P.: Epistulae ex Ponto. Briefe aus der Verbannung, lat. u. dt., hg. v. Willhelm Willige, München ²1995

Ovidius Naso P.: Heroides. Briefe der Heroinen, lat. u. dt., übers. u. hg. v. Detlev Hoffmann (Reclam 1359), Stuttgart 2000

Ovidius Naso P.: Metamorphosen, übers. u. hg. v. Michael von Albrecht (Reclam 1360), Stuttgart 1994

Paulus Diaconus: Carmina, in: MGH, Poetarum Latinorum Medii Aevi 1, hg. v. Ernst Duemmler, Berlin 1880, 27-86

Paulus Diaconus: Die Gedichte. Kritische und erklärende Ausgabe, hg. v. Karl Neff (Quellen und Untersuchungen zur lateinischen Philologie des Mittelalters 3. 4), München 1908

Peacham Henry: The Garden of Eloquence (1593), hg. u. komm. v. Beate-Maria Knoll, Frankfurt 1996

Petronius Arbiter C.: Satyricon, übers. u. hg. v. Harry C. Schnur (Reclam 8533), Stuttgart 1987

Petrus Damiani: L'opera poetica. Descrizione dei manoscritti, edizione del testo, esame prosodico-metrico, discussione delle questioni d'autenticità, hg. v. Margareta Lokrantz (Studia Latina Stockholmensia 12), Uppsala 1964

Platon: Sämtliche Werke, griech. u. dt., hg. v. Gunther Eigler, Darmstadt 2001

Plautus Titus Maccius: Comoediae, hg. v. Friedrich Leo, 2 Bde., Berlin 1895-6

Plautus Titus Maccius: Curculio, übers. u. hg. v. Andreas Thierfelder (Reclam 8929), Stuttgart 1964

Plautus Titus Maccius: Epidicus (Loeb Classical Library 61), 1912

Poésie latine chrétienne du moyen age. IIIᵉ-XVᵉ siècle. Textes receuillis, traduits et commentés par Henry Spitzmuller, Desclée de Brouwer 1971

Propertius Sextus: Elegien, lat. u. dt., hg. v. Willhelm Willige, München 1950

Quintilianus Marcus Fabius: Institutio oratoria. Ausbildung des Redners, lat. u. dt., hg. v. Helmut Rahn, 2 Bde., Darmstadt ³1975

Rhetorica ad Herennium, lat. u. dt., hg. v. Theodor Nüßlein, München 1994

Roswitha von Gandersheim: Opera omnia, hg. v. Walter Berschin, München 2001

Roth Joseph: Hiob. Roman eines einfachen Mannes (Herder-Bücherei 25), Freiburg i. Br. 1958

Sallustius Crispus Gaius: Bellum Iughurtinum, übers. u. hg. v. Karl Büchner (Reclam 948), Stuttgart 1993

Sallustius Crispus Gaius: De coniuratione Catilinae. Die Verschwörung des Catilina, übers. u. hg. v. Karl Büchner (Reclam 889), Stuttgart 1987

Schiller Friedrich: Sämtliche Werke, München [2]1960

Schröter Christian: Gründliche Anweisung zur deutschen Oratorie nach dem hohen und sinnreichen Stylo der unvergleichlichen Redner unsers Vaterlandes [...], Leipzig 1704, Nachdr. Kronberg/Ts. 1974

Seneca Lucius Annaeus: Medea, lat. u. dt., hg. v. Bruno W. Häuptli (Reclam 8882), Stuttgart 1993

Seneca Lucius Annaeus: Philosophische Schriften, lat. u. dt., hg. v. Manfred Rosenbach, 5 Bde., Darmstadt 1999

Suetonius Tranquillus C.: Vita Caesarum. Kaiserbiographien, lat. u. dt., hg. v. Otto Wittstock, Berlin 1993

Tacitus P. Cornelius: Annalen, lat. u. dt., hg. v. Erich Heller, Darmstadt [3]1997

hg. v. Walther Sontheimer (Reclam 2457), Stuttgart 1987

Tacitus P. Cornelius: Dialogus de oratoribus. Gespräch über die Redner, lat. u. dt., hg. v. Hans Volkmer, München [4]1998

hg. v. Dietrich Klose (Reclam 7700), Stuttgart 1981

Tacitus P. Cornelius: Germania, lat. u. dt., hg. v. Alfons Städele, Zürich [2]1999

Tibullus Albius: Elegien. Elegische Gedichte, lat. u. dt., hg. v. Joachim Lilienweiß (Reclam 18131), Stuttgart 2001

Torberg Friedrich: Die Tante Jolesch oder Der Untergang des Abendlandes in Anekdoten, München [6]1980

Varro M. Terentius: De lingua latina. On the latin language, lat. u. engl., übers. v. Roland G. Kent, 2 Bde., London 1977/79

Vergilius Maro P.: Aeneis, lat. u. dt., hg. v. Johannes Götte, Düsseldorf 2000

hg. v. Wilhelm Plankl (Reclam 221), Stuttgart 1992

Vergilius Maro P.: Bucolica, Georgica, Catalepton. Landleben, lat. u. dt., hg. v. Johannes u. Maria Götte, Zürich [6]1995

Vico Giambattista: De nostri temporis studiorum ratione. Vom Wesen und Weg der geistigen Bildung, lat. u. dt., hg. v. Walter F. Otto, Darmstadt [3]1984

Weise Christian: Politischer Redner. Das ist kurtze und eigentliche Nachricht, wie ein Hofmeister seine Untergebenen zu der Wohlredenheit anführen soll, Leipzig 1681, Nachdr. Kronberg/Ts. 1974

Literatur

Anzenbacher Arno: Einführung in die Philosophie, Linz 1981

Alt Jürgen August: Miteinander diskutieren. Eine Einführung in die Praxis vernünftiger Argumentationen, Frankfurt a. M. 1994

Apel Hans Jürgen, Koch Lutz (Hg.): Überzeugende Rede und pädagogische Wirkung. Zur Bedeutung traditioneller Rhetorik für pädagogische Theorie und Praxis, Weinheim 1997

Arbusow Leonid: Colores Rhetorici. Eine Auswahl rhetorischer Figuren und Gemeinplätze als Hilfsmittel für akademische Übungen an mittelalterlichen Texten, hg. v. Helmut Peter, Göttingen ²1963

Audi Robert: The Cambridge Dictionary of Philosophy, Cambridge (UK) 1995

Bachem Rolf: Einführung in die Analyse politischer Texte (Analysen zur deutschen Sprache und Literatur), Oldenburg 1979

Barner Wilfried: Barockrhetorik, Untersuchungen zu ihren geschichtlichen Grundlagen, Tübingen 1970

Barthes Roland: Das semiologische Abenteuer, Frankfurt a. M. ³1994

Berg Wolfgang: Uneigentliches Sprechen. Zur Pragmatik der Semiotik von Metapher, Metonymie, Ironie, Litotes und rhetorischer Frage, Tübingen 1978

Black Max: Models and Metaphors. Studies in Language and Philosophy, Ithaca, New York ²1963

Bloch Ernst: Zwischenwelten in der Philosophiegeschichte, Frankfurt 1977

Bornscheuer Lothar: Topik. Zur Struktur der gesellschaftlichen Einbildungskraft, Frankfurt a. M. 1976

Braungart Georg: Hofberedsamkeit. Studien zur Praxis höfisch-politischer Rede im deutschen Territorialabsolutismus, Tübingen 1988

Breuer Dieter, Schanze Helmut (Hg.): Topik, Beiträge zur interdisziplinären Diskussion, München 1981

Buchwald Wolfgang, Hohlweg Armin, Prinz Otto: Tusculum-Lexikon griechischer und lateinischer Autoren des Altertums und des Mittelalters, Zürich ³1982

Cersowsky Peter: Johann Nestroy. Eine Einführung, München 1992

Conley T. M.: Rhetoric in the European Tradition, Chicago 1994

Conrady Karl Otto: Lateinische Dichtungstradition und deutsche Lyrik des 17. Jahrhunderts, Bonn 1962

Crusius Friedrich: Römische Metrik. Eine Einführung, neu bearb. v. Hans Rubenbauer, München [8]1992

Curtius Ernst Robert: Europäische Literatur und lateinisches Mittelalter, Bern [3]1961

Dubois Jacques u. a.: Allgemeine Rhetorik, München 1974

Dyck Joachim: Ticht-Kunst. Deutsche Barockpoetik und rhetorische Tradition (Rhetorik-Forschungen 2), Tübingen [3]1991

Eisenhut Werner: Die antike Rhetorik. Eine Einführung, München [3]1990

Eisenhut Werner: Einführung in die antike Rhetorik und ihre Geschichte, Darmstadt 1974

Fauser Markus: Das Gespräch im 18. Jahrhundert, Rhetorik und Geselligkeit in Deutschland, Stuttgart 1991

Fuhrmann Manfred: Die antike Rhetorik, München [3]1990

Fuhrmann Manfred: Rhetorik und öffentliche Rede. Über die Ursachen des Verfalls der Rhetorik im ausgehenden 18. Jahrhundert, Konstanz 1983

Geißner Hellmut: Rede in der Öffentlichkeit. Eine Einführung in die Rhetorik, München [4]1978

Geißner Hellmut: Rhetorik, München [2]1974

Göttert Karl-Heinz: Argumentation. Grundzüge ihrer Theorie im Bereich theoretischen Wissens und praktischen Handelns (Germanistische Arbeitshefte 23), Tübingen 1978

Göttert Karl-Heinz: Argumentation, Tübingen 1978

Göttert Karl-Heinz: Einführung in die Rhetorik, München [2]1994

Halm Karl (Hg.): Rhetores latini minores, Leipzig 1863

Haverkamp Anselm (Hg.): Die paradoxe Metapher, Frankfurt 1989

Haverkamp Anselm (Hg.): Theorie der Metapher, Darmstadt 1983

Hinderer Walter (Hg.): Deutsche Reden, Stuttgart 1973

Horn Hans Arno: Christian Weise als Erneuerer des deutschen Gymnasiums im Zeitalter des Barock. Der „Politicus" als Bildungsideal, Weinheim 1966

HWRh – s. Ueding

Jens Walter: Republikanische Reden, Frankfurt a. M. 1979

Jens Walter: Rhetorica, Aufsätze zur Theorie, Geschichte und Praxis der Rhetorik, Hildesheim 1985

Kennedy George: A History of Rhetoric. The Art of Persuasion in Greece, Princeton 1964

Kennedy George: A New History of Classical Rhetoric, Princeton 1994

Kennedy George: The Art of Rhetoric in the Roman World: 300 B.C. – A.D. 300 (A History of Rhetoric 2), Princeton 1972

Kienpointner Manfred: Alltagslogik. Struktur und Funktion von Argumentationsmustern, Stuttgart 1992

Kienpointner Manfred: Vernünftig argumentieren, Reinbek bei Hamburg 1996

Kopperschmidt Josef: Argumentationstheorie zur Einführung, Hamburg 2000

Kopperschmidt Josef: Methodik der Argumentationsanalyse, Stuttgart 1989

Kopperschmidt Josef: Sprache und Vernunft. Das Prinzip vernünftiger Rede./: Argumentation, 2 Bde., Stuttgart 1978/80

Kopperschmidt Josef, Schanze Helmut (Hg): Argumente – Argumentation, Interdisziplinäre Problemzugänge, München 1985

Kopperschmidt Josef (Hg): Rhetorik. Bd. 1: Rhetorik als Texttheorie. Bd. 2: Wirkungsgeschichte der Rhetorik, Darmstadt 1991

Krämer Helmut: Rhetorik. Philosophie versus Rhetorik. Rhetorische Theorie und Didaktik, Frankfurt 1982

Kristeller Paul Oskar: Studien zur Geschichte der Rhetorik und zum Begriff des Menschen in der Renaissance, übers. v. Renate Jochum, Göttingen 1981

Lakoff Georg, Johnson Mark: Leben in Metaphern. Konstruktion und Gebrauch von Sprachbildern, Heidelberg 1998

Landfester Manfred: Einführung in die Stilistik der griechischen und lateinischen Literatursprachen (Die Altertumswissenschaft. Einführungen), Darmstadt 1997

Lausberg Heinrich: Elemente der literarischen Rhetorik. Eine Einführung für Studierende der klassischen, romanischen, englischen und deutschen Philologie, München [5]1976

Lausberg Heinrich: Handbuch der literarischen Rhetorik. Eine Grundlegung der Literaturwissenschaft, Stuttgart [3]1990

Lumer Christoph: Praktische Argumentationstheorie. Theoretische Grundlagen, praktische Begründung und Regeln wichtiger Argumentationsarten, Braunschweig 1990

Manitius Max: Geschichte der lateinischen Literatur des Mittelalters. Bd. 1: Von Justinian bis Mitte des 10. Jahrhunderts, München 1911

Martin Josef: Antike Rhetorik, München 1974

Menge Hermann: Repetitorium der lateinischen Syntax und Stilistik, bearb. v. Andreas Thierfelder, Darmstadt [21]1995

Menzel Michael: Predigt und Geschichte. Historische Exempel in der geistlichen Rhetorik des Mittelalters, Köln 1998

Metzing Dieter W.: Formen kommunikationswissenschaftlicher Argumentationsanalyse, Hamburg 1975

Müller Richter Klaus, Larcati Arturo: Kampf der Metapher! Studien zum Widerstreit des eigentlichen und uneigentlichen Sprechens. Zur Reflexion des Metaphorischen im philosophischen und poetologischen Diskurs, Wien 1996

Murphy James J.: Rhetoric in the Middle Ages. A history of rhetorical theory from Saint Augustine to the Renaissance, Berkeley 1990

Ness Arne: Kommunikation und Argumentation. Eine Einführung in die angewandte Semantik, Kronberg/Ts. 1975

Neuber Wolfgang: Nestroys Rhetorik, Wirkungspoetik und Altwiener Volkskomödie im 19. Jahrhundert, Bonn 1987

Norden Eduard: Die antike Kunstprosa, 2 Bde., Stuttgart [7]1974

Oesterreich Peter L.: Fundamentalrhetorik, Untersuchung zur Person und Rede in der Öffentlichkeit, Hamburg 1990

Ottmers Clemens: Rhetorik, Stuttgart 1996

Perelmann Chaim: Das Reich der Rhetorik. Rhetorik und Argumentation, München 1980

Perelmann Chaim: Juristische Logik und Argumentationslehre, Freiburg i. Br. 1979

Perelmann Chaim, Olbrechts-Tyteca Lucie: La nouvelle rhétorique. Traité de l'argumentation, Brüssel 1988

Pielenz Michael: Argumentation und Metapher, Tübingen 1993

Plett Heinrich F.: Einführung in die rhetorische Textanalyse, Hamburg [8]1991

Plett Heinrich F.: Systematische Rhetorik. Konzepte und Analysen, München 2000

Plett Heinrich F.: Textwissenschaft und Textanalyse. Semiotik, Linguistik, Rhetorik, Heidelberg [2]1979

Plett Heinrich F. (Hg.): Rhetorik. Kritische Positionen zum Stand der Forschung, München 1977

Reclam Herta, Midderhoff Illo: Elemente der Rhetorik, München 1979

Römer Ruth: Die Sprache der Anzeigenwerbung, Düsseldorf [4]1974

Ryan Eugene F.: Aristotle's theory of rhetorical argumentation, Montreal 1984

Sahihi Arman: Kauf mich! Werbe-Wirkung durch Sprache und Schrift, Weinheim 1987

Sahihi Arman: Slogan-Rhetorik, Frankfurt 1985

Salmon Wesley C.: Logik (Reclam 7996), Stuttgart 1997

Savigny Eike von: Grundkurs im wissenschaftlichen Definieren, München 1970

Schanze Helmut (Hg.): Rhetorik, Beiträge zu ihrer Geschichte in Deutschland vom 16.-20. Jahrhundert, Frankfurt a. M. 1974

Schecker Michel (Hg.): Theorie der Argumentation, Tübingen 1977

Schleichert Hubert: Wie man mit Fundamentalisten diskutiert, ohne den Verstand zu verlieren, München 1997

Schlüter Hermann: Grundkurs Rhetorik. Mit einer Textsammlung, München [13]1994

Seidensticker Ulrike: Werbung mit Geschichte, Ästhetik und Rhetorik des Historischen, Köln 1995

Tichy Frank: Friedrich Torberg. Ein Leben in Widersprüchen, Salzburg 1995

Toulmin Stephen: Der Gebrauch von Argumenten, Weinheim [2]1996

Toulmin Stephen u. a.: An Introduction to Reasoning, New York 1979

Ueding Gert: Einführung in die Rhetorik, Geschichte – Technik – Methode, Stuttgart 1976

Ueding Gert: Klassische Rhetorik, München [2]1996

Ueding Gert: Klassische Rhetorik (Beck Wissen), München [3]2000

Ueding Gert: Moderne Rhetorik. Von der Aufklärung bis zur Gegenwart (Beck Wissen), München 2000

Ueding Gert: Rhetorik zwischen den Wissenschaften. Geschichte, System, Praxis als Probleme des „Historischen Wörterbuchs der Rhetorik", Tübingen 1991

Ueding Gert, Steinbrink Bernd: Grundriß der Rhetorik. Geschichte. Technik. Methode, Stuttgart, Weimar [3]1994

Ueding Gert (Hg.): Historisches Wörterbuch der Rhetorik, Bd. 1-5, Tübingen 1992-2001

Völzing Paul-Ludwig: Begründen, Erklären, Argumentieren. Modelle und Materialien zu einer Theorie der Metakommunikation, Heidelberg 1979

Walton Douglas N.: Informal Logic. A Handbook for Critical Argumentation, Cambridge 1993

Walton Douglas N.: Question-Replay Argumentation, New York 1989

Walton Douglas N.: Slippery Slope Arguments, Oxford 1992

Wardy Robert: The birth of rhetoric, London 1998

Willard Charles Arthur: A Theory of Argumentation, Tuscaloosa 1989

Zundel Eckhart: Clavis Quintilianea, Quintilians „Institutio oratoria" (Ausbildung des Redners) aufgeschlüsselt nach rhetorischen Begriffen, Darmstadt 1989

Register